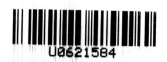

山东大学主办

山东大学国际问题研究院承办

东亚评论

第39辑

张蕴岭◎主编

世界知识出版社

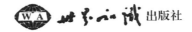

图书在版编目（CIP）数据

东亚评论．第39辑／张蕴岭主编．--北京：世界知识出版社，2023.12

ISBN 978-7-5012-6710-1

Ⅰ.①东… Ⅱ.①张… Ⅲ.①政治—东亚—丛刊 Ⅳ.①D731-55

中国国家版本馆CIP数据核字（2023）第232404号

责任编辑 刘豫徽
责任出版 李　斌
责任校对 陈可望

书　　名 东亚评论（第39辑）
Dongya Pinglun（Di 39 Ji）
主　　编 张蕴岭

出版发行 世界知识出版社
地址邮编 北京市东城区干面胡同51号（100010）
经　　销 新华书店
网　　址 www.ishizhi.cn
电　　话 010-65233645（市场部）
印　　刷 北京虎彩文化传播有限公司
开本印张 787毫米×1092毫米 1/16 18¾印张
字　　数 200千字
版次印次 2023年12月第一版 2023年12月第一次印刷
标准书号 ISBN 978-7-5012-6710-1
定　　价 79.00元

山东大学主办

山东大学国际问题研究院承办

编辑部联系方式：

地　　址：山东省威海市文化西路180号山东大学国际问题研究院

邮　　编：264209

投稿邮箱：dongyapinglun@163.com

电　　话：0631-5680812

This work is published with the collaboration of Institute of International Studies, Shandong University. The opinions expressed and arguments employed herein do not necessarily reflect the official views of the Institute of International Studies, Shandong University and World Affairs Press, Co., Ltd., or officially reflect the policy of the People's Republic of China, but as an academic, solely express the personal understanding of the contributors herein with their own responsibility.

Subscriptions: Call 0631-5680812
Manuscript should be sent to: dongyapinglun@ 163. com
Address: Institute of International Studies, Shandong University, No. 180, Wenhua Xilu, Weihai, Shandong Province, P. R. China, 264209

目录

主编笔记

关于区域国别学学科建设的思考　张蕴岭 / 1

区域与国别

南亚区域认同与区域合作　吴兆礼 / 21

东亚区域认同与区域合作的互动实践

耿协峰　陈灵芝 / 52

美国区域认同的历史演变　杜　娟 / 77

跨区域身份认同视角下

日本对非区域战略探析　高梓菁 / 120

美国亚太—“印太”区域合作

政策演变及其根源

全毅　徐秀军　金君达 / 159

国际政治

新形势下欧洲安全格局的变化

杨解朴 / 184

经济与合作

韩国半导体产业的战略定位与制约因素

崔明旭 / 209

青年学人

信仰与态度：

东南亚国家对华认知的微观数据分析

郝栋男　孔建勋 / 237

韩国促贸援助经验及其对中国的启示

全银华　赵世璐 / 258

Contents

Editor-in-Chief's Note

Reflections on the Subject Construction of Area Studies *Zhang Yunling* / 1

Area Studies

Regional Identity and Cooperation in South Asia *Wu Zhaoli* / 21

Compared with other regions in the world, regional cooperation in South Asia started late and has been less effective. South Asian countries differ in terms of regional identity and regional orientation. On the one hand, unique geographical units, Indian cultural influences, a history of common resistance to colonial rule, and similar stages of economic and social development have played a positive role in fostering regional identity in South Asia. On the other hand, factors such as the geopolitical pattern, inter-state conflicts and contradictions, and the influence of extraterritorial forces in South Asia also pose obstacles to the regional identity of South Asia. Moreover, the asymmetrical power relations in South Asia, the impasse in India-Pakistan relations, and the change in India's perception of the role of regional cooperation mechanisms in South Asia have had a profound impact on the effectiveness and process of regional cooperation in South Asia. This paper takes SAARC, BBIN, and BIMSTEC as typical cases to analyze the progress, effectiveness, and direction of regional cooperation in South Asia.

Interactive Practices of Regional Identity and Regional Cooperation in East Asia *Geng Xiefeng Chen Lingzhi* / 52

East Asia is a region crossed with diverse and united, traditional and modern, Oriental and Occidental, global North-South, regional and global, real and imagined features. Such distinctive regional characteristics are not only the representation of East Asian regional identity, which has undergone the historical construction of the ancient "East Asian world", the "Pan-Asianism" in modern times and the contemporary "new regionalism", but they are also engraved in the symbiotic interaction between regional identity and regional cooperation in East Asia, so that this interactive practice contains the characteristics of "taking development as the center, carrying out multi-field cooperation in a flexible manner, especially in economic and security cooperation, and linking closely regional governance and global governance". However, the cohesion of regional identity in East Asia is faced with many difficulties such as internal contradictions and differences in the region, multiple regional mechanism competition, and external power political interference. Therefore, the construction of East Asian regional identity needs to focus on the orientation of development, peace, system, interconnectivity and governance. In the future, the establishment of East Asian regional cooperation system based on consensus will be a tortuous process.

The Historical Development of Regional Identity in the United States

Du Juan / 77

The regional identity of the United States was formed on the basis of national identity, constantly enriched and changed in different historical periods according to different identity constructions and interest demands. It is a multidimensional and three-dimensional concept influenced by multiple factors, and manifests a strong hegemonic color. The regional identity of the United States is constantly expanding in space, from the initial national identity based on North America, to the "Pan-Americanism" based on geopolitical defense of the Americas, and then to the "Atlanticism" actively integrating into the "West" and expanding commercial interests, ultimately creating a hegemonic system centered on the United States, based on the Americas, flanked by the two oceans, enveloping the Eurasian continent and covering the world. The concept of regional identity in the United States is not aimed at cooperation and common development. Cooperation is only a means of excluding and suppressing "others" in specific periods and historical conditions. Its fundamental purpose is to seek and maintain regional and global hegemony.

Analysis of Japan's Regional Strategy for Africa from the Perspective of Cross-regional Identity *Gao Zijing* / 120

In recent years, Japan has implemented a comprehensive and cross-regional strategy, characterized by several modifications. The Indo-Pacific strategic concept by Japan encompasses the Pacific and Indian Oceans, as well as the Asian and African continents. The African continent, which is brimming with potential for development, holds considerable significance in Japan's Indo-Pacific strategy. The creation of a shared regional identity across different regions of the Indo-Pacific is what will ultimately bring countries together in a cohesive manner. As a non-African state, Japan utilizes three approaches towards Africa: cross-regional collaboration, the establishment of multilateral regional cooperation mechanisms, and the creation of new norms that transcend natural regional identity to shape a shared "Indo-Pacific" regional identity. Japan then promotes its regional strategy towards Africa. There are more extensive and complex regional strategic goals behind Japan's methods, which include three fundamental elements: value infiltration, rule advancement and interest-driven pursuits. However, Japan faces practical obstacles in the implementation of its regional strategy in Africa. These include the awakening of local African consciousness, the independence of the natural shared regional identity, competition from countries beyond the region and the utilitarian nature of Japan's regional strategy towards Africa.

The Evolution of the US Asia-Pacific-"Indo-Pacific" Regional Strategy and Its Roots *Quan Yi Xu Xiujun Jin Junda* / 159

The Asia-Pacific regional strategy of the United States has experienced a transformation process from the Asia-Pacific Economic Cooperation to the return to the Asia-Pacific and the "Indo-Pacific Strategy". Its strategic adjustment is closely related to the change in the international power pattern and the great power game in the Asia-Pacific region. However, whether it is to promote the general neoliberal order or the selective alliance partner cooperation strategy, the fundamental goal of the United States is still to maintain its own world hegemonic interests and regional dominance and prevent the emergence of challengers in the Asia-Pacific region. At present, the competition between China and the United States in the Asia-Pacific region is becoming increasingly fierce. How to manage differences, safeguard the long-term interests of the two countries, and maintain the peaceful development environment of the Asia-Pacific region is the most important issue in the region.

International Politics

Changing European Security Landscape in the New Context *Yang Xiepu* / 184

In 2022, the outbreak of the Ukrainian crisis not only caused two neighboring countries–Russia and Ukraine–to become hostile sides, but also led to a confrontation in Euro-Russian relations, resulting in significant changes in the European security landscape. This paper analyzes the causes and manifestations of the intensification of the geopolitical struggle in Europe before and after the outbreak of the Ukrainian crisis, pointing out that Russia's strategic anxiety and Ukraine's pursuit of integration into the West are the potential reasons for the outbreak of the conflict. Taking Germany as an example, this paper analyzes the specific measures taken by European countries to adjust their defense policies, increase military investment, and get rid of their energy dependence on Russia after the outbreak of the Ukrainian crisis. And it pointed out that the Ukrainian crisis has caused Europe to fall into a confrontational security order, which not only highlights NATO's role as a "protective umbrella" for European security, but also promotes European strategic autonomy to become a more important goal of the EU. The author believes that the possibility of the Ukrainian crisis spilling over is unlikely, but the confrontation between Europe and Russia will not end with the end of military operations. On the contrary, this confrontation will continue to expand to other fields including politics, economy, culture, and cyberspace.

Economy and Cooperation

The Strategic Positioning and Constraints of the ROK's Semiconductor Industry *Cui Mingxu* / 209

The semiconductor strategy of the Republic of Korea (ROK) has undergone a development trajectory from catching up through technology transfer to establishing competitive advantages through indigenous innovation. This trajectory is characterized by significant government support, the leading role played by chaebols (large conglomerates), increased R&D investment, emphasis on talent cultivation, and a cautious approach to avoiding confrontation with the United States. The ROK's semiconductor strategy is characterized by a high-level strategic positioning and a targeted implementation focus, aiming to utilize the semiconductor industry chain as a strategic instrument to uphold and augment its influence over global semiconductor production, security, and knowledge structure. This strategy, however, is constrained by various factors, including the volatility of the semiconductor market, the evolving international landscape, and the policies pursued by different countries. To counteract the potential negative repercussions of ROK's semiconductor strategy on China's semiconductor landscape, China should strive to build a self-reliant and controllable comprehensive semiconductor industry chain, thereby enhancing the resilience against risks and strategic maneuverability of its semiconductor industry.

Young Scholars' Forum

Beliefs and Attitudes: A Microdata Analysis of Perceptions of China in Southeast Asian Countries *Hao Dongnan Kong Jianxun* / 237

As the The Belt and Road initiative is recognized by more and more countries, regions, and international organizations, how to build an image of a wise, confident, and responsible major country and enhance China's international influence in the context of the new era has become an important topic for academic research. This article takes ordinary people in Southeast Asia as the research object, and based on the fourth wave data of the Asian Barometer Survey (ABS), analyzes the religious differences and causes of people's perceptions of China's international influence in Southeast Asian countries. Research shows that there are large religious differences in Southeast Asian people's perception of China's influence. Meanwhile, Southeast Asian people's favorability towards China's influence needs to be further improved. Given this, this article proposes that we should continue to promote Southeast Asian people's awareness and favorability of China's international influence from aspects such as national system construction and policy promotion, shaping the image of religious organizations, and expanding media propaganda. These measures are of great significance for China in the new era to promote the joint construction of "the Belt and Road", avoid religious risks, and enhance international influence.

ROK's Experience in Promoting Aid for Trade and Its Inspiration to China

Quan Yinhua Zhao Shilu / 258

The eradication of poverty is a major United Nations goal for sustainable development. Capable countries taking responsibility for overseas development assistance is an important way to achieve this goal. It is also the best way to demonstrate the value of a "community with a shared future for mankind". The Republic of Korea (ROK) is at the forefront of aid for trade, particularly foreign aid for trade facilitation. The main features of ROK's aid for trade projects are as follows: First, aid recipients include the ROK's major overseas investing developing countries. Second, the aid targets are diverse. Third, the types of aid are reasonable. Fourth, aid for trade is based on the principles of "effectiveness" and "coherence". Given China's national circumstances, we make the following practical suggestions: First, make full use of the Belt and Road Initiative and expand aid for trade in terms of resources and dimensions. Second, enhance intra-regional trade facilitation support and cooperation among RCEP trade partnerships. Third, speed up the standardization of port infrastructure at various levels along the coastal and inland borders, and improve the application level and system functions of the national single window. Fourth, establish a system for evaluating trade-related assistance in line with China's national conditions. Fifth, carry out the issuance of "soft power" and "hard power" simultaneously, and further enrich the types of aid for trade subjects.

主编笔记

关于区域国别学学科建设的思考

张蕴岭*

2020年，国务院学位委员会批准设立了交叉学科门类。2022年9月，国务院学位委员会、教育部将区域国别学列为交叉学科门类一级学科。在我国学科建设上，这是一个具有里程碑意义的发展。在百年未有之大变局以及中国不断推进高水平对外开放和深度参与全球治理的大背景下，如何构建好这一学科，使区域国别学建设能够在战略层面发挥重要作用，成为我们应当深入思考的问题。围绕区域国别学建设的一系列问题，本刊对中国社会科学院学部委员，山东大学讲席教授、国际问题研究院院长，《东亚评论》主编张蕴岭教授进行了访谈。本期刊出，以飨读者。

问：张老师好，在国家将区域国别学列为交叉学科门类下一级学科后，各大学和研究机构都积极开展区域国别学的研究。请您谈谈，为什么要建立和发展区域国别学？区域国别学在学科建设中的位置和意义如何？与传统相关学科的关系又是怎样的？

---

* 张蕴岭，中国社会科学院学部委员，山东大学讲席教授、国际问题研究院院长。

张蕴岭：科学的发展有两个大趋势：一是学科细分，二是学科交叉。在科学的发展中，学科细分越来越受到重视，无论是理科还是文科，都发展了诸多的细分学科；而学科交叉受到重视比较晚，西方发达国家从20世纪70年代开始发展交叉学科，在我国，只是近年才开始推进。

随着科学的发展，学科交叉的特性愈加凸显。学科交叉不仅体现在理科和文科领域之内，也体现在理科与文科之间。从科学发展的角度看，设立交叉学科门类，在交叉学科门类下设立一级学科，既体现了科学内在的特性，也适应了科学发展的需要。目前，交叉学科门类下设立的一级学科多属于自然科学，其实，社会科学具有更强的学科交叉性。以学科交叉为特征的跨学科发展，正在改变着科学发展本身的特性，推动新科学的发展。

区域国别学属于国际问题研究范畴，区域国别研究是国际问题研究的主要内容。以往，国际问题研究被分割成不同学科，专业性很强，有着明确的学科边界。这样的研究实属必要，因为分科研究可以对学科领域内的问题给予更专业和更有深度的分析与观察。但是，区域国别领域的大量问题需要用学科交叉的方法来分析，特别是许多带有综合性特征的问题，离开多学科的交叉分析，难以得到全面的、科学的认知。只用单学科的方法，容易产生偏差，甚至可能导致以偏概全。

作为交叉学科门类下的一级学科，区域国别学提供了一种新的分析方法。新方法的基本特征是多学科知识的交叉融合。学科交叉只是方式，知识融合才是目的。融合不是混合，而是创新，即创造新的方法、知识和理论。因此，交叉学科门类下的新学科建设，所应强调的是推动学科交叉基础上的融合创新，有了融合创新，才会有立得住的区域国别学。

设立交叉学科门类下的新学科，不是替代现有学科，而是利用现有多学科的知识，进行交叉、融合与创新，形成新的学科方法和理论，是做加法，不是做减法。有人担心，有了区域国别学，会不会削弱现有的国际问题研究学科，肯定不会。从学科交叉的角度来说，区域国别学能够为现有学科发展提供新的平台。

现在公布的交叉学科门类下的新学科，都加了括弧，表明可授予原有学科的学位。这容易产生误解，好像新学科只增加了多学科知识，并没有跳出现有学科的围墙。从国际经验来看，区域国别学早就是一门独立的学科，可授予独立的学位。从这个角度来说，我国的交叉学科体系构建，还没有走出单学科的“小院高墙”，去理直气壮地推动新学科体系的构建。

构建一门新学科，需要时间，更需要人才。人才从哪里来？在开始阶段，需要一些人转向，致力于区域国别学的发展。其实，在现有学科人才队伍中，已经有不少人具备多学科交叉融合的能力和学术知识基础，这些人是推动区域国别学发展的开拓者和中坚力量。同时，区域国别学学科的设立，也会激励一些人致力于该学科的发展，在发展进程中培养出越来越多的具备区域国别学知识体系和研究能力的人才。

区域国别学学科的发展离不开现有学科的支持，因为它们既是交叉学科知识的基础，又是新学科创新的因子。以经济问题为例，许多问题都需要把经济学方法与多学科交叉方法相结合。比如各国的经济政策，都不是单纯的经济学问题，涉及社会、政治、环保等多方面综合因素。又比如外语，大量的外语人才并非只从事语言教学和研究，而是以外语作为工具研究该国家，这样的研究往往找不到学科归属。外语既是语言工具，又是知识载体，区域国别学学科建设为外语学科由以语言工具为中心向以语言知识为中心转变提供了学科支持。

问：全球有 190 多个国家，由此可以想象区域国别学内容上是怎样的复杂和多样，如何才能做好区域国别学研究？在当前全球化背景下，如何理解区域国别学的重要性？中国特色的区域国别学建设有什么样的特点？

张蕴岭：区域国别学是一个大系，与单学科不同，它是复杂多样的区域国别研究不同方法和理论的集大成。以国别研究为例，联合国有 193 个成员，各有不同，研究的方法和得出的认知也不同。比如，研究美国的方法和理论与研究中国的方法和理论就很不一样。从这个角度来说，任何一个国家都可以成为一门“学”，因为每个国家都有自己的历史、文化、政治、社会、经济等不同的个性特征，这构成了区域国别学内容上的多样性和复杂性。

区域国别研究需要“沉下去”，去研究的对象地区和国家深入体验和调查。尽管在信息时代可获得知识的渠道多了，能够“秀才不出门，便知天下事”，但是，实地体验和调查还是必不可少的。即便到对象地区和国家体验和调查，每个人得出的感知和认知也会有所不同。从“学”的角度看，可能正是这些不同，为全面和深刻地认识对象地区或国家提供了“全息图像”。区域国别研究难有全才，但可以有大家。所谓大家，就是能够基于深厚的知识功底，对一些问题看得更透、更高和更远的人。

对于我国设立区域国别学一级学科，大致有三种说法：一是人才培养的需要。我国大学教育实行学科制，人才培养都被置于一定的学科圈定范围，按照严格规定的学科要求设置课程、授课、指导学生和授予学科专业学位。在学科制下，每一个学科都有严格的学科边界，人才培养不能越界。设立交叉学科门类就是旨在打破学科边界壁垒，适应科学发展和现实需要，培养跨学科的新型人才。二是研究的需要。区域国别研究具有很强的综合性，越来越细化的学科分类使得区域国别研究只注重分学科研究、通用性研究，不能体现区域国别研究的综合性和个性特征。区域国别学学科的设立，不仅为区域国别研究提供了新的研究方法，还为区域国别研究提供了新的平台。平台很重要，因为无论是研究立项，还是成果评介、认定，都由此有了地位和规则，让被边缘化的区域国别问题有了平台支撑，受到公平对待。三是国家战略需要。中国的不断发展强大，需要对区域国别扩大和加深了解，从而为国家制定对外战略提供智力支持，培养国际问题新型人才。

有人提出，区域国别学是大国之学，中国是世界大国，设立区域国别学是必然之举。引以为证的是，英美都把推行区域国别研究和人才培养作为国家战略，服务于其对外战略。大国固然有加强对区域国别战略研究的特别需求，但是，了解外部世界，对区域国别问题加深了解，并非大国专有，任何国家都有加强区域国别研究的需要。比较而言，小国对于区域国别研究的需求在广度和战略性上与大国有着很大的不同。

各国都有自己的区域国别研究方法和认识论。欧洲率先实现现代化，凭借其超强的实力向世界扩张，对世界广大区域进行殖民，形成从欧洲和以欧洲看外部世界的认识论和以“欧洲中心论”为导向的世界观。美国崛起后，基于其超强的实力和影响力，看世界的方法和认识论与欧洲不同，形成以“美国霸权论”为导向的世界观。基于美国霸权形成的认知、理论对其对外战略、政策的制定发挥了重要作用。当然，这并不是说他们对外部世界的认识都是不对的，全盘否定显然是不可取的。但我们必须有自己对外部世界的认识方法和理论，我们所形成的认知和提出的理论应有中国特色。

中国特色的区域国别学建设不是封闭的，而是开放的。中国人看外部世界与外国人看中国是互相联系的，是互动的。我们不仅要更好地了解他们，也要让他们更好地了解我们。我们看他们，重要的是要深入了解他们如何看自己，不能先入为主。研究也是一个学习的过程，特别是通过实地调查与体验，才能更好地发现“是什么”和“为什么”。

我们进行区域国别研究，不仅要更好地了解外国，也要让外国更好地了解中国。我们到外国调查研究，听人家讲自己的故事，我们也要让对方听我们讲自己的故事，人家也会有这样的需求。事实上，从事区域国别研究者更能讲好自己的故事，语言能力加上对对方的了解，能用让对方听得懂、易理解的方式讲故事。从我个人的经历看，也是如此。我的外国朋友问我最多的是中国的情况，希望从我这里了解中国。我讲的他们好像更能听得进去，也更愿意相信。研究区域国别的学者，实际上起着桥梁的作用：在国内，让国人更好地了解外国；在国外，让外国人更好地了解中国。

问：区域国别学作为一个学科应该有自己的理论体系，在区域国别学构建中，如何看待区域与国别的关系，以及区域重建与构建的意义？

张蕴岭：区域国别学，就学科来说，是一个整体，但内容结构上是包括区域和国别的，二者有联系，也有区别。区域是国别的地缘载体，国别是区域的构成基础，这是二者之间的内在关联性。但区域和国别都有本身存在的方式和特性。国外一般用“区域学”（area studies），我国用区域国别学（region and country studies），相比之下，我们的用法更能体现这个学科的内涵与特征。

区域，鉴于其国际性质，应称为国际区域，有其单独存在的形式和特征。所谓区域，是指一定的地缘空间，大者被称为洲，洲内又分为不同规模的次区域。本来，人类以族群分，划区域居，区域是共有的活动空间。有了国家，区域成为实力争夺的空间，强者占领更大的区域。现代民族国家制度把区域分为不同的国家，尽管区域的连接性仍然存在，但是联系的性质和方式发生了变化，成为国家间的联系空间和被法律分割的破碎空间。由此，地缘共处区域变为具有国际关系性质的国际区域。

民族国家制度的确立为各国提供了受保护的生活空间和治理空间。但是，一则，民族国家的确立并没有阻止国家间因争端和实力争夺而引发的冲突和战争；二则，区域所具备和能够提供的地缘空间被分割了。从这个角度来看，区域的回归有着内在的需求，是一个必然趋势。区域重建与构建是区域国别学理论的重要内容。

区域重建与构建做什么，如何做？区域重建就是把分割的联系恢复起来，发挥区域对于各国发展所能提供的空间的作用。区域构建就是在区域层次上进行治理，建立区域治理制度，比如，打开被民族国家边界分割的区域市场，建立维护区域关系、秩序，特别是区域和平的机制、法规，推动区域公共资源的管理和利用，创建区域公共资源，便利区域人文交流，等等。

区域重建和构建的一个重要前提是区域国家的区域认同，也称区域身份认同。区域认同的首要问题是“我是谁”，即区域身份。国家的区域身份认同具有二重性：一是作为独立的法人实体，具有独立的身份，在领土主权、国家治理上拥有排他性；二是作为区域成员，具有不完全的独立身份，在资源、利益和责任上与他国有着共享性（sharing）。因此，区域认同的“我是谁”问题，对各国来说都有二重性关系，即“我与区域”和“区域与我”。前者是主体意识的认同，后者是客体意识的认同，二者有机结合形成国家区域认同的完整性。

区域有多个层次，有大区域层次，即亚洲、欧洲、美洲、大洋洲。有次区域层次，而次区域亦可以根据不同的情况分为不同的次区域，如亚洲有西亚、中亚、东亚、南亚、东南亚、东北亚，而东北亚和东南亚又构成东亚；欧洲有西欧、东欧、中欧、北欧，而中欧和东欧又构成中东欧；美洲有北美、中美、南美，而中美洲和南美洲又构成拉丁美洲；非洲有南部非洲、西部非洲、东部非洲、北部非洲；等等。因此，在区域认同上，每一个国家都有双重或多重的身份。

基于多方面的原因，各国对不同层次的区域认同有着不同的特征。比如，大洲的区域身份认同有着很强的自然性，具有自然性认同特征。在很多情况下，自然性认同作为一种区域身份定位，往往只是一种象征性“符号”。由于大地缘区域范围广，国家之间的联系较为松散，使得区域认同往往停留在一般的意义上。次区域作为地缘连接紧密的共生区域，各国的区域认同受到历史、人文、利益的影响，有着较强的主体和客体认知取向。尽管各国在区域认同上会有很大的差别，但由于地缘、人文和利益连接紧密，相互关联性强，在认同上能形成较强的共识性。

总体而言，区域认同以三个要素为基础：一是自然要素，二是人文要素，三是利益要素，每一种要素都有非常多的影响因子。区域认同是多要素综合影响下形成的综合认知，这种认知既通过综合的形式表现出来，也通过不同要素作用下的特殊性形式表现出来。

因此，区域认同性并不是恒定不变的，而是具有很强的可变性，同时，也是多维的。

由于区域各国共处一区，因此，无论从自然要素，还是人文要素和利益要素，都会形成诸多区域共识。正是各国在区域认同上的共识，推动各国在区域重建和构建上开展合作，推动区域层次的制度构建，推动区域治理的开展。如今，以区域重建和构建为导向的区域化得到很大的发展，区域化成为世界现实与未来发展的一个大趋势。从区域国别学学科的建设来说，需要对区域化的发展有深入的研究，需要创新区域重建和构建的理论体系。

问：我们知道您主编了两本区域国别学的理论著作《国际区域学概论》和《国际区域治理概论》。想请您结合这两本书谈谈，您当时考虑区域国别学理论构建的出发点是什么？此外，书中有谈到基于共生理念的中国特色区域观，请谈谈这种观念对区域合作和区域和平发展的影响。

张蕴岭：对于区域的研究早就有之。以往，有关区域的政治研究，主要是从地缘政治的视角进行分析，对于区域合作的研究，主要是从区域主义、比较区域主义的视角进行分析。这样的研究并不能全面认识国际区域本身的内在特性，不能对区域重构和构建的内在性和规律性进行深刻认识。区域国别学学科建设为深刻认识区域，构建国际区域学理论体系提供了契机。

区域学理论的方法论和认知论是从区域重构和构建出发的，把区域作为一个相关国家共处地缘空间，作为一个客观存在，作为一个各国的共生之地。我主编的《国际区域学概论》《国际区域治理概论》就是基于这样的出发点，力图为国际区域的重构和构建建立理论体系框架。

其中，区域研究大体可以分为：基础研究、功能研究和制度研究。基础研究着重对构成区域的基础因素——地缘和国家进行研究；功能研究着重对构成区域的链接机制——政治、经济、文化在区域运行中的功能进行研究；制度研究着重对国际区域的制度构建和治理进行研究。

地缘链接是区域的基本形态，因为地缘链接把域内各国天然地连接在一起。国际区域学所研究的主要是自然属性、国家属性之间的联系结构，内在平衡与矛盾，如何构建可持续的地缘环境。区域内有诸多基于地理要素的链接，而这些链接一方面要求维护区域的整体性，另一方面存在被民族国家归属所造成的分割与利益冲突。地缘区域有大有小，不同层次上地缘区域有着不同的特征和存在方式。国际区域学研究的重点是附着在地缘之上的政治、经济和人文因素。从理论研究上看，形成了不同的理论，如地缘政治学、地缘经济学、地缘关系学、地缘社会学、地缘文化学等。

区域构建主要是推动区域的功能运行，包括区域政治、区域经济、区域文化和区域制度的功能性构建。区域政治不是国别政治的累加，而是相互交叉与融合，政治构建是在区域层面增进政治认同，推动政治联合和政治秩序；区域经济不只是国别之间经济的双向或多向流动，还包括区域层次上的制度（机制）构建，推动构建开放的区域空间，创建区域共享利益；区域文化具有历史和现实的双重含义，包括长期历史形成的文化传统、价值和现实中各国间的思想、文化、艺术、宗教等的相互交流。不同文化之间有着各种形式的交流和传播，通过互学互鉴，形成区域文化的特殊联系与凝聚。区域制度是国际区域构建的重要组成部分；制度建设有多种形式，功能各异，制度化的程度也很不相同，但有共同之处，即对区域事务进行治理，成立区域组织是国际区域制度化建设的重要形式。

区域作为一个国家共处区，有着诸多超越国家范畴的公共资源、公共环境、公共空间、公共关系、公共文化等，因此，需要区域层次的构建。区域治理可以通过签订区域性协议，或者建立区域组织进行。推动区域治理的动机，主要是共同应对面临的问题和挑战，创建区域性共利空间，维护区域的和平与发展环境。

国际区域学下的区域研究，要走出地缘政治、区域主义等研究范式的框架，以区域重构与构建的方法论来进行。中国特色的国际区域学理论，其主要特征是基于区域共处、区域共生的理念，为创建新的区域关系、区域利益、区域制度提供理论支持。

中国人的区域观有着基于共生理念的历史认知基础，古代的“天下观”具有“天下一家”的基本内涵。现代中国先后提出了一系列基于共生观的理念、政策和倡议，如“和平共处五项原则”“睦邻、安邻、富邻”“亲、诚、惠、容”“和谐周边”“命运共同体”等。在中国特色的国际区域学理论体系里，它们应该得到充分的体现。

推动基于共生理念的区域构建，并不是无视区域内的矛盾，而是正视矛盾，目的是缓解、化解矛盾。历史和现实都表明，区域是矛盾、冲突和战争的多发地，特别是战争，为区域各国带来无量的损失，造成难以消解的积怨。事实上，正是这些问题的存在，使区域重构和构建的动力增强。二战后欧洲联合的动力主要来自对两次世界大战灾难的反省，东南亚国家建立东盟也是基于合作应对内部冲突和外部威胁的共识。通过构建欧盟、东盟，欧盟区和东盟区内实现了持久和平与发展。它们的成功证明，基于区域共生理念，增进区域共识的凝聚，推进区域重构和构建，是可行的，区域共生之道是现代区域重构和构建的核心价值观。

问：区域国别学科的设立对国别研究有什么影响？国别研究的理论体系是什么？需要注意哪些问题？当前我们应当如何加强并优化这一领域的研究？

张蕴岭：国别研究是区域国别研究的基础。顾名思义，国别研究就是对世界其他国家的研究。不过，国别研究不仅仅是对他者的研究，也包括对本国与他者关系的研究。

国别研究，一是分科研究，分门别类地研究它们的政治、经济、社会、文化等，每一个方面又都可以分为更细的多个专门研究，这方面的研究具有很鲜明的学科边界；二是综合研究，包括国别的整体研究和某个领域的综合性研究，这方面的研究具有多学科交叉的跨学科特征。

区域国别学学科不仅为国别的综合问题研究提供了学科支撑，也为原来的专学科研究提供新的方法。比如，国别经济研究中的大量的问题涉及学科交叉。经济发展问题是一个多学科交叉问题，经济安全也是一个多学科交叉问题，科技发展更是一个多学科交叉问题，即便是经济增长研究，也需要交叉学科分析方法。像国家的政策问题，涉及政策决策、政策目标、政策执行等；国家的社会问题，涉及族群问题、宗教问题、社会阶层问题、社会关系问题、社会舆论问题等，对它们的研究都离不开交叉学科的方法。

世界上国家众多，“一国一体”，“一国一学”，一个人很难成为多国别研究的专家，国别研究需要大批研究队伍。区域国别学学科为国别研究，特别是关于中小国家的研究提供了学科支撑和机制构建环境。如今，国内的国别研究力量和资源配置主要集中在少数大国，这种状况必须改变。

外语院校是国别研究的最大储库，且有语言优势，这是从事国别研究的基本条件。语言是交流工具，更是知识载体。以往语言教育更注重交流工具的作用，今后应该更注重知识载体的教育，培养会语言、懂知识的国别学人才。在区域国别学学科建设中，应该大力支持外语院校设立以对象国语言为基础的国别研究中心，对小语种、小国家的研究给予特别支持和扶植。为了推动国别学研究，应该支持建立国别研究协同中心，或者其他形式的研究团体，大力推动与对象国相关机构、学术团体建立交流合作关系。

国别研究的基础是国情研究，也就是要从历史到现实，把对象国国情的各个方面搞清楚。特别是现实的发展，需要进行实地体验和调查。国别研究既要知情，也要知人，特别是后者，对国别研究具有特殊意义。国别研究人员都应在对象国有丰富的调查经历，与当地各界人士有深交。

世界国家众多，各有不同，是否需要国别研究理论呢？答案是肯定的。国别学的理论可以建立在两个基础之上：一是利用现有学科的方法和理论，如经济学、政治学、历史学、语言文学等，研究相关问题；二是以多学科交叉的方法，研究相关问题，包括专门问题和综合问题。区域国别学学科为两个方面的研究都提供支持，特别是为用学科交叉研究方法创建国别学理论提供学科支撑。从国别学的角度，每一个国家都可以成“学”。所谓“学”，就是自成一体的国情和建立在该国情基础上的学问。就学科建设而言，要制定大小国家学问平等的评价制度，纠正只重视大国学问、大国之学的偏向。

各国都有了解其他国家的需求，但不同国家有不同的关注重点。对各国来说，国别研究的重点首先是接邻、近邻国家。我国有20多个接邻、近邻国家，通常称它们为“周邻国家”，从区域的意义上，被称为“周边地区”。“周邻国家”和“周边地区”是我国区域国别研究的首要对象。从目前情况看，关于周邻国家的研究缺乏全面布局，对小国的研究非常薄弱。以东盟研究为例，目前的研究大多集中在东盟整体，对成员国，特别是针对规模小的国家的深入研究，无论在资源配置还是成果产出上，都严重不足。国别研究要求研究者做到“会语言、懂国家、有思想”，做到这些不容易，其中难点在于缺乏相应的扶植和支持。

周邻国家和周边地区的研究具有特殊性。总的来说，要进行三个层次的研究：一是他者层次，即邻国和邻区的研究；二是双边层次，主要是本国与邻国、邻区关系的研究；三是第三方层次，即域外国家在邻国、邻区的存在。只研究一个层次不行，许多问题都是三个层次要素的交叉。对这方面的问题，特别需要用学科交叉的方法进行专门和综合研究。

作为一个大国，我国具有世界情怀，有着对世界各国的研究需求。我国与世界上所有国家都有经济、政治、文化关系，都需要对它们进行全面、深入的研究。受学科设置和其他因素的影响，为数众多的国家在研究上被边缘化，甚至处于空白状态。改变这种状况的一个办法是国家制定特殊的支持政策，在资金支持、人员配置、成果评定、研究者职称晋升等方面给予可持续的专项支持，像扶植边缘学科、绝学那样给予特殊的支持。

问：一个学科建设的重要内容是培养学科人才，区域国别学的人才培养如何区别于传统学科？如何在交叉学科背景下优化和完善我国的区域国别学学科建设和人才培养模式，以满足实际需求并推动学科发展？

张蕴岭：区域国别学学科的设立为我国区域国别人才培养提供了学科平台。区域国别研究具有很强的学科交叉特征。区域国别相关工作，包括外交、外事、公司企业，与国际问题有关的研究以及教育等领域的人员，越来越需要具备交叉学科知识和处理问题的能力。

区域国别学学科人才主要是通过招收硕士、博士生来培养。按照现在通知的方案，区域国别学学科招收学生后，按照交叉学科的方法进行课程安排，按现有学科方向进行培养，授予经济学、法学、文学、历史学学位。这样的人才培养方案的特点，是在现有学科下进行具备交叉学科知识和能力人才培养，以现有学科为支撑。比如经济学方向，区域国别经济中的大量问题需要用学科交叉的方法进行研究，需要培养能够具备交叉学科知识基础和分析能力的人才。文学也是如此，大量的文学问题涉及多学科的知识，文学本身所体现的是复杂的政治、经济、社会、文化问题，运用交叉学科的方法进行研究分析，为文学学科的发展提供新路径。事实上，按照这样的思路，不仅是上述四个学科，其他学科也可以开展区域国别学学科的人才培养。

但是，这种方案的问题是，可能使交叉学科的人才培养流于形式，使区域国别学学科体系的构建之路被封堵。一则，导师对学生的培养方向势必以现有的学科为标准，这样可能跨不出现有学科的边界，培养人才的思维方式和分析方法还是以单科为引领，这与单学科下设立二级学科没有大的区别；二则，难以在学科交叉的基础上进行融合与创新。以我所推动的国际区域学、国际区域治理学、国际区域认同等为例，都是区域国别学科下进行的理论创新和体系构建，不属于任何一个现有单科学的扩展。显然，没有独立的区域国别学方法论和理论体系的人才培养，就难以培养出新型的复合型区域国别研究人才。

学科建设是人才培养的根基，因此，人才培养必须与学科建设紧密结合起来，包括学科方法论、学科理论体系、学科方向结构、课程设置框架、导师资格认定、学科成果评定、学位授予等，需要在区域国别学学科框架下进行研究并形成基本方案。从学科发展的角度，初始方案可以先确立基本原则和框架，鼓励学校按照基本方案原则创新人才培养方式。从学科建设和新型人才培养的角度，对符合培养要求的学生，应授予独立的区域国别学学位。考虑到交叉学科的难度和现有导师知识结构的条件，在培养人才上，可以实行多导师指导或多导师联合招生的方式。同时，考虑到现有单学科新型人才培养的需要，可以继续进行在单学科下设立二级学科的培养方式。

目前的区域国别学学科方案只适用于研究生培养。本科生教育如何为区域国别学学科人才培养提供支持呢？一是拓展本科教育的知识基础，比如，调整外语教育培养方式，大幅度增加语言教育中的知识语言内容，让学生从国别语言学习向国别学学习转变，支持本科生辅修学位，培养多学科知识型本科生；二是让学生更多地参与区域国别研究的学术活动、研究项目等，这不仅可以增加学生的知识，而且可以培养学生对于区域国别研究的兴趣。本科是基础教育，也是培养学生兴趣方向的重要阶段，因此，加强本科教育的区域国别知识和兴趣培养，对于区域国别学学科的建设具有非常重要的意义。

专题培训是区域国别学人才培养的重要方式。全国高校设立了大批国别区域研究院、研究中心，研究涉及领域广，储备了大批区域国别研究人才。受制于研究生招收制度的限制和申请接受研究生培养的限制，仅通过研究生教育渠道培养人才，远不能满足各方面对区域国别研究人才的需要。大学、研究机构开办以需求为导向的培训班是可行的方法，有些培训可以与需求单位合作进行，有的可以通过网络进行，在网络时代，应该充分发挥网络平台在人才培养方面的作用。区域国别研究人才培养应该多平台、多方式相结合，国家层面和大学层面，也应该支持多平台、多方式的人才培养，以适应各方面对区域国别人才的需要。

育人先育己。在区域国别学学科建设中，教师队伍本身的学习与提高应该走在前面。尽管我国的区域国别研究有很好的基础，但从学科建设的角度看，还是需要在队伍建设上下大功夫。高校区域国别学人才培养与学科建设联盟的建立，为我国区域国别学学科教师队伍建设提供了一个很好的平台。

人才培养所涉及的许多问题，需要在具体实施中逐步细化，碰到问题，在实践中逐步加以解决。比如，由于导师和授课教师来自多个学院，如何统筹解决导师资格、教师授课、绩效、成果认定以及研究平台共享等问题。作为新学科，如何增拨导师和招生名额，解决导师资格认定和招收硕博生的方向选择等问题。选修课数量多，研究生人数少，不像本科生阶段有选课的人数规模，如何进行安排等也需要研究解决。区域国别学学科人才培养需要让师生都能有到对象国进行“田野调查”的机会，从机制上如何给予支持，也需要有特殊的规定。特别是区域国别学学位方向培养如何与学位授予相协同，由单科授予转变到交叉学科授予等问题都需要在实践中寻求解决方案。我国区域国别学学科建设任重道远，只能前行，不能后退。

南亚区域认同与区域合作

吴兆礼*

摘　要　相较于世界其他地区，南亚区域合作起步晚、成效低，南亚各国在区域认同和区域定位导向上是有差别的。一方面，独特的地理单元，印度文化影响，共同反抗殖民统治的历史，相似的经济社会发展阶段，这些因素对培育南亚区域认同有促进作用；另一方面，南亚地缘政治格局、国家间冲突与矛盾、域外力量影响等因素也对南亚区域认同构成阻碍。而且，南亚权力格局不对称、印巴关系僵局以及印度对南亚区域合作机制作用的认知变化，对南亚区域合作成效与进程产生了深远影响。本文以南亚区域合作联盟、“孟不印尼”次区域合作和环孟加拉湾多领域经济技术合作倡议作为典型案例，分析南亚区域合作的进展、成效以及方向。

关键词　南亚区域认同；南亚区域合作；南盟；印巴对抗

* 吴兆礼，中国社会科学院亚太与全球战略研究院副研究员。

区域认同是区域主义和区域合作的基础，国家对区域的认同和参与是区域机制或区域制度构建的关键。区域主义需要政治和谐、经济相互依存和区域认同三个支柱的有力支撑，缺少任一支柱都会使预期收益同实际结果产生差距。[①] 自20世纪40年代中期以来，地区主义一直是影响国际关系的重要力量。几乎所有国家都认为，区域主义有利于其社会经济发展以及和平与安全，区域主义也日益被视为应对地区以及全球化挑战的重要机制。与东盟和欧盟区域主义快速发展相比，南亚地区在形成制度化的区域合作框架方面启动相对较晚，其进程与成效也受到地缘政治等因素的制约。

有学者早在20世纪60年代就认为南亚国家间存在共同特征，即社会和文化同质性、共同的政治态度和行为、政治与经济上相互依存、地理接近。[②] 但也有学者始终质疑南亚是否是一个“区域”概念，更有学者认为南亚区域合作联盟（SAARC，简称南盟）的成立并不是基于区域认同或区域建设，而更多是建立一种比域内双边合作更有效的社会经济发展合作秩序的权宜之计。实际上，南亚区域主义的发展以及南盟的成立、进程与成效，表明南亚各国在区域认同和区域定位导向上是有差别的。国家实力不对称、双边矛盾与冲突、国内与区域内种族与宗教问题、非传统安全问题、国家战略及优先事项等，尤其是危机、矛盾与挑战，一方面成为南亚国家凝

① Aditi Paul, “Regional Cooperation in South Asia: Exploring the Three Pillars of Regionalism and Their Relevance,” *The Journal of Indian and Asian Studies* 1, no. 2 (July 2020): 1-22.

② Bruce M. Rusett, *International Regions and the International System: A Study in Political Ecology* (Chicago: Rand McNally and Company, 1967).

聚区域共识和开展区域合作的驱动力量，但同时也对区域认同形成制约，对区域合作成效产生负面影响。

一、南亚区域认同历史演变

认同或者身份，是一个跨学科的概念，在心理学、社会学以及越来越多的人类、文化和区域地理学中使用，[①] 而区域认同属于集体认同范畴，[②] 它反映了区域成员之间在历史、语言和意识形态上的共同性，并有助于协调区域内的社会文化、政治和经济等活动。与其他地区的区域认同相似，为更好地理解南亚区域认同的性质、差别和复杂性，需要从四个维度对南亚区域认同进行综合评价，即定义特征、测度方法、因果关系或相关性，以及识别和描述。由于南亚的种族、宗教、语言、文化、政治、领土和历史的多样性，加之国家间地缘政治现实矛盾与冲突，南亚区域认同的程度和潜力都大打折扣。总体上，作为相对独立的地理单元，南亚各国处于相同文化圈的辐射范围，有共同的殖民与反殖民历史，在地区主义不断发展的潮流中，南亚区域认同有一定的基础。然而受地缘政治尤其是国家间冲突矛盾影响，南亚区域认同度较低。

---

① Burke Peter J. and Stets Jan E., *Identity Theory* (New York: Oxford University Press, 2009).

② Keating Michael, *The New Regionalism in Western Europe: Territorial Restructuring and Political Change* (Cheltenham: Edward Elgar Publishing, 1998).

（一）南亚区域认同共识形成的地理、历史与文化因素

卡赞斯坦（Peter J. Katzenstein）认为，“地区不只是地图上可以被直接和客观描述的有形空间……区域也是根植于政治实践的社会与认知建构”。[①] 对于南亚区域认同的考察，其独特的地理单元、印度文化的影响、殖民统治与反殖民斗争的历史，应该成为研究的起点。

南亚是相对独立的地理单元。从地理上看，北有喜马拉雅山脉把南亚与亚洲大陆主体隔开，东、西和南三面为孟加拉湾、阿拉伯海和印度洋所环绕，在地理上形成一个相对独立的单元。因独特的地理条件，南亚次大陆形成了明显区别于其他地域的文化特征。对此，有学者指出，“它是一个拥有文化、语言、宗教和历史的地区，有自己的身份标志”。[②]

南亚也处于印度文化及其涵盖范围。古代南亚地区存在与西方罗马体系、东亚朝贡体系和近代国际体系并列的“大法体系”，其由孔雀王朝时代阿育王建立，以印度宗教中的“法”（Dharma）为合法性基础，具有“强文明体、弱组织体”的特点。该体系下族群间的融合度较低，国家间的联系松散而脆弱，国家力量有限。在此体系下，国家认同和凝聚主要是宗教上的，而经济联系十分脆弱，

---

① Peter J. Katzenstein, “Regionalism and Asia,” *New Political Economy* 5, no. 3 (2000): 354.

② Aditi Paul, “Regional Cooperation in South Asia: Exploring the Three Pillars of Regionalism and Their Relevance,” *The Journal of Indian and Asian Studies* 1, no. 2 (July 2020): 16.

政治上则通常是分裂和离心的。[①] 佛教作为昔日“大法体系”合法性基础及连接“大法体系”下各行为体的精神纽带，在南亚地区已发生很大变化。南亚国际体系的“强文明体、弱组织体”特点一直影响到近代。而南亚地区的“大法体系”作为一种集体记忆，其影响主要表现在印度某些政治和知识精英心中的“大印度圈”与“大国”梦想中。[②]

西方殖民与“南亚次大陆”的影响延续。15—20 世纪的五百年中，欧洲殖民者，包括葡萄牙、荷兰、法国和英国先后入侵南亚地区，马尔代夫、斯里兰卡、印度沦为殖民地，阿富汗被迫成为英俄之间的缓冲国，尼泊尔也长期遭到英国殖民者的控制。殖民者用武力使印度次大陆在历史上首次实现了地域统一，并实行了有效统治，这也导致次大陆在地缘上基本是一体的。实际上，在西方殖民者征服统治次大陆的整个历史阶段，“这是一个不仅存在伊斯兰教徒和印度教徒对立，而且存在着部落与部落、种姓与种姓对立的国家，这是一个建立在所有成员之间普遍的互相排斥和与生俱来的排他思想所造成的均势上面的社会”。[③] 这也是马克思所指出的“印度本来就逃不掉被征服的命运”以及能被殖民者“分而治之”的重要原因。因殖民历史，除阿富汗和尼泊尔之外，印度、巴基斯坦、孟

---

① 尚会鹏：《论古代南亚国际体系——“大法体系”的特点及原理》，《国际政治研究》2015 年第 5 期，第 9—27 页。

② 张金翠：《〈政事论〉与印度外交战略的古典根源》，《外交评论》2013 年第 2 期，第 119—130 页。

③ 中共中央马克思恩格斯列宁斯大林著作编译局：《马克思恩格斯选集》第一卷，人民出版社，2012，第 856 页。

加拉国、斯里兰卡和马尔代夫都是英联邦成员。[①] 这些国家的地区认同，明显带有殖民历史的印记。

（二）南亚区域认同共识“赤字”

民族国家的建立与“南亚”概念的外部构建。20 世纪 40 年代以来，南亚国家先后摆脱殖民统治，南亚地缘政治版图逐渐形成。巴基斯坦和印度于 1947 年 8 月相继独立，斯里兰卡于 1948 年 2 月独立，马尔代夫于 1965 年 7 月独立，1971 年 3 月东巴基斯坦宣布独立并于 1972 年 1 月建立孟加拉国，至此南亚地区的政治版图由八个国家组成——印度、巴基斯坦、孟加拉国、斯里兰卡、尼泊尔、不丹、马尔代夫、阿富汗。然而客观来看，将印度次大陆称为“南亚”（South Asia）更多的是源于外部建构。20 世纪 60 年代，欧美的大学开始广泛采用“南亚”一词，联合国、世界银行等国际机构也在这一时期逐渐开始使用“南亚”来界定这一区域。[②]

区域认同较为混乱。随着南亚地缘政治版图的逐渐形成，南亚区域认同却停滞不前，甚至呈现混乱与倒退趋势。对于 20 世纪 50—70 年代这 30 年南亚区域认同现状，有学者明确指出，南亚国家有着充分与确切的地理上的南亚身份认知，但缺乏有效的、足够

---

① 巴基斯坦曾于 1972 年退出英联邦，后于 1989 年重新加入。马尔代夫于 1982 年加入英联邦，2016 年宣布脱离，后于 2020 年重新加入。

② 林民旺：《南亚的地缘政治博弈及其战略格局的演进》，《云大地区研究》2019 年第 2 期，第 112 页。

的、真切的和观念上的地区认同，南亚区域认同甚至呈现“赤字”状态。[①] 实际上，对于是否属于南亚身份，甚至一些地区国家也并没有完全认同自己的“南亚身份”，例如斯里兰卡和孟加拉国都曾希望加入东南亚国家联盟（ASEAN，简称东盟），印度甚至认为缅甸属于南亚，[②] 阿富汗自身和南亚国家也都不认为阿富汗具有“南亚身份”。

国家生存与国家安全优先导致意识形态认同超越了地理空间认同。实际上，自 20 世纪 50 年代以来的很长时期内，南亚区域认同更多是呈现出“既没共同区域，也没共同利益，有的只是国家生存与国家安全”。民族国家建立和民族主义高涨，使次大陆内部原有的联通性和共通性由于国家边界的逐步确立而被人为地切割开来。[③]“两个民族”理论是印巴分治的重要因素，导致印度次大陆地缘政治版图的构造性断裂，其间，印度和巴基斯坦爆发过三次战争，彼此视对方为国家生存与国家安全的最大威胁。同时，印度将南亚次大陆视为其势力范围，推行“印度版门罗主义”，导致印度与邻国关系存在系列矛盾与分歧。而且，南亚国家自身内部也存在多种挑战——分裂、分离、反叛以及动乱，这些都对国家安全构成威胁。因此，应对内外挑战，确保国家生存与安全，成为地区国家的优

① 陈翔：《南亚区域合作联盟的发展现状及前景》，《国际研究参考》2015 年第 6 期，第 12 页。

② 林民旺：《南亚的地缘政治博弈及其战略格局的演进》，《云大地区研究》2019 年第 2 期，第 113 页。

③ 同上。

先事项。

出于安全需要，南亚区域认同中意识形态认同取代了地理空间认同，跨区域结盟成为维护国家主权和安全的重要手段。为此，巴基斯坦于 1954 年 5 月与美国签订《美巴共同防御协定》，同年 9 月加入“东南亚条约组织”（SEATO），1955 年 9 月加入巴格达条约组织（后于 1959 年 8 月改名为中央条约组织，CENTO）。可以看出，寻求安全是巴基斯坦自独立以来一贯追求的外交政策的核心，通过与美国和伊斯兰世界的结盟来应对印度威胁。印度则与苏联在 1971 年 8 月签署《印苏和平友好合作条约》。这一时期，印度与巴基斯坦都通过寻求与区域外军事集团的结盟或准结盟来维护国家安全。

“大印度联邦”与巴基斯坦区域认同的“脆弱”与“困惑”。20 世纪 50 年代至 70 年代，印度区域认同的重要特征是“大印度联邦”设想，认为南亚是印度的南亚。尼赫鲁的“大印度联邦”，或者说“印度中心论”继承了英国殖民政府的政治战略思想。这个以印度文化圈为基础、印度民族为主体的“大印度联邦”计划，在当时的“印度国民大会党”（国大党）与印度资产阶级和知识分子阶层有着深刻的影响。尼赫鲁的心中一直隐存着一个“大印度联邦”计划，期望巴基斯坦、克什米尔，甚至更多的国家或地区纳入“大印度联邦”。尼赫鲁认为，“小的民族国家是注定要灭亡的，它可以作为文化上的自治区苟延残喘，但不能成为独立的政治单位”。[1] 实

① 尼赫鲁：《印度的发现》，齐文译，世界知识出版社，2017，第 712 页。

际上，所谓的“大印度联邦”包括所有受南亚次大陆文化影响的区域，以及英国在南亚次大陆周围所有的原殖民地，包括并不限于现代印度、巴基斯坦、孟加拉国、缅甸、斯里兰卡、阿富汗的一部分、尼泊尔、不丹、锡金甚至中国西藏自治区的一部分。

巴基斯坦区域认同的“脆弱”与“困惑”在南亚国家中最具代表性。有学者发现，巴基斯坦与南亚其他国家相比有着非常不同的历史和性质。首先，除了英属印度帝国时期，巴基斯坦各地区曾经很少是任何南亚的一部分，即使是最东部的巴哈瓦尔布尔也效忠于喀布尔而不是德里。卡拉特地区只在17世纪向莫卧儿朝廷效忠了几十年，从那时起它更偏向波斯或阿富汗。其次，他们的统治者几乎不是印度意义上的“王公”，这些王国也主要是部落，这与印度明显不同。只是在英国统治时期这些“土邦”与印度建立起非常紧密的联盟，印度统治者也试探性地在这些土邦身上烙上了“印度”的身份。事实上，组成的“土邦”更多是中亚、波斯、阿富汗和印度习俗和传统的独特混合体。基于这一地区相当复杂的历史，以及对更“穆斯林化”的普遍渴望，巴基斯坦在独立后走上了伊斯兰化的道路。巴基斯坦开国总理利亚卡特·阿里·汗（Liaquat Ali Khan）决定巴基斯坦应该更多地向中东和阿拉伯国家寻求灵感，他改变了一个多世纪以来专注于南亚地区的传统。然而，这种激进的转变让巴基斯坦感到困惑和孤独，因为它既没有被阿拉伯俱乐部所接受，也没有像伊朗那样为自己的地区身份感到自豪，同时它试图与南亚脱离关系。[1] 因此，巴基斯坦的区域身份认同是较为脆弱的。

总体上看，印度曾设想将南亚地区的所有国家都纳入其“大印度联邦”框架，始终认为南亚是印度的南亚，其对南亚区域认同最为强烈。一些南亚国家则认为其地域属性并非唯一。阿富汗定位其是南亚与中亚的联结与枢纽；巴基斯坦认为其是连接南亚、中亚和中东的十字路口，甚至自认为是包括阿富汗在内的“大中东”的一部分；斯里兰卡和孟加拉国认为其是南亚与东南亚的桥梁。显然，南亚各国都有着定位不同的区域认同，各国间认同的共识很弱，存在区域认同共识的赤字。

二、南亚区域合作进程

20 世纪 70 年代末以来，尤其是进入 80 年代，南亚的地缘格局基本形成。以印度为代表的南亚国家在对外政策中奉行不结盟，而巴基斯坦也从 70 年代开始从奉行结盟转变为不结盟。同时，南亚各国的内部族群矛盾和教派矛盾仍十分突出，经济社会发展问题较为普遍，地区国家间分歧、矛盾与冲突也时常激化，和平、发展、繁荣与稳定成为地区国家必须解决的问题。在此背景下，南亚的区域认同有了进一步发展，以南亚区域合作联盟的成立为标志，南亚区域合作进程开始起步，这标志着各国有了一定的区域认同共识基

---

① Yaqoob Khan Bangash, “Pakistan ‘in’ South Asia,” *The Express Tribune*, September 10, 2012, https://tribune.com.pk/story/434353/pakistan-%E2%80%98in%E2%80%99-south-asia.

础。然而，受印巴矛盾影响，南盟框架下的区域合作成效不佳，印度为此开始强化以“孟不印尼”（BBIN）为主的次区域合作和以环孟加拉湾多领域经济技术合作倡议（BIMSTEC）为代表的次区域合作。

（一）南亚区域合作联盟

1977 年，时任孟加拉国总统齐亚·拉赫曼（Ziaur Rahman）倡导成立南亚区域合作组织，并于 1980 年倡议召开高级别会议讨论区域合作事宜。1983 年 8 月召开的南亚七国[①]外长第一次会议通过了《南亚区域合作宣言》和《综合行动纲领》两份文件，标志着南亚区域合作正式启动。1985 年 12 月，第一届首脑峰会在孟加拉国首都达卡召开，峰会发表《达卡宣言》并签署《南亚区域合作联盟宪章》，这标志着南亚区域合作联盟正式成立。

南盟的合作领域从社会民生逐渐扩展到经贸与安全。南盟成立之初，成员国意识到彼此脆弱的双边关系和对国家安全、主权的不妥协立场，认为最好在无争议、非政治和不干涉但互利的领域进行合作。因此，为推进南盟合作开展，南盟成立初期将农业、气象、卫生、交通和科技等作为合作的主要领域，避开政治、经济与安全问题，为此宪章明确规定“不讨论双边以及有争议的问题”以打消

---

① 南盟创始成员包括孟加拉国、不丹、印度、马尔代夫、尼泊尔、斯里兰卡及巴基斯坦七个国家。

各成员国疑虑。[①] 实际上，1987 年第三届南盟峰会通过的《关于防止恐怖主义的地区公约》以及 1993 年签署的《南亚优惠贸易安排》，标志着南盟合作已经进入非传统安全领域和经贸领域。2004 年第十二届南盟峰会达成《南亚自由贸易区协定框架条约》（FA-SAFTA），2006 年《南亚自由贸易区协定》正式生效，区域经济合作与贸易自由化进程加速。2005 年 11 月第十三届南盟峰会决定成立南盟能源中心以进一步促进能源合作，2010 年 4 月南盟第十六届峰会签署了《南盟服务贸易协定》。

南盟机制建设取得进展。南盟框架下先后设立了峰会、部长理事会、常务委员会、技术委员会、秘书处、特别部长会议、经济合作委员会和区域中心等机构，成员也从创始七国发展到八个成员国和九个观察员。2005 年 11 月，第十三届峰会同意吸收阿富汗为新成员。2006 年 8 月，南盟第 27 届部长理事会审议通过南盟观察员指导原则，并陆续接纳观察员。目前，南盟吸纳了包括中国、日本、韩国、缅甸、美国、欧盟、澳大利亚、伊朗和毛里求斯在内的九个观察员。

南盟合作成效较低。因南盟框架内的合作机制，尤其是在政治与传统安全领域合作机制存在缺失与不足，导致南盟机制成效受到影响。而且，1998 年印巴核试验和 21 世纪以来南亚地区地缘政治形势发展，导致南盟框架内合作发展曲折。对此有学者认为，南盟

---

① 曹峰毓等：《南亚区域合作的历程、成效及挑战》，《太平洋学报》2017 年第 10 期，第 76 页。

在组织扩容、合作领域增加以及自身机制建设等方面取得重大发展与突破的同时，也出现了一系列困境与麻烦，包括自由贸易区进展缓慢且发展水平低下、政治与安全方面的合作进程缓慢、联盟机制仍然相对落后、对促进地区发展和改善人民生活水平等方面作用有限等。[①] 甚至有学者认为，南盟的成立并不是基于区域认同或区域建设的真实体现，其更多是建立一种比区域内各国间双边合作更有效的社会经济发展合作秩序的权宜之计。

南盟合作陷入僵局。2014 年，印度邀请南盟国家领导人参加莫迪总理新政府宣誓仪式，并随后出台了针对南亚邻国的“邻国优先政策”（NFP），从中可以看出印度希望将南盟塑造为一个以结果为导向的区域合作组织。第 18 届南盟峰会通过了《加德满都宣言》，强调加快推动区域一体化建设，加强在贸易、投资、金融、能源、安全、基础设施建设、互联互通以及文化领域的合作，优先推进区域和次区域内项目。然而巴基斯坦在本次峰会上对印度提出的互联互通倡议持反对立场。而且更为严重的是，印度和巴基斯坦之间的矛盾因 2016 年 9 月发生的“乌里恐袭”事件显著上升，印度带头抵制原定于 2016 年 11 月在巴基斯坦首都伊斯兰堡举行的第十九届峰会。2019 年新冠肺炎疫情以来，南盟国家为应对疫情召开多次线上会议，印度还启动新冠信息交流平台“CoinEx”，但南盟出现的新转机随后被阿富汗政局变化以及印巴间根深蒂固的矛盾所吞噬。

---

① 陈翔：《南亚区域合作联盟的发展现状及前景》，《国际研究参考》2015 年第 6 期，第 11—12 页。

（二）“孟不印尼”次区域合作①

发展是南亚国家的优先课题。尽管南亚区域整体合作陷入停滞，基于共同发展的利益，次区域合作存在利益共识，如“南亚增长四角”（SAGQ）的发起与发展。1996 年底，孟加拉国总统提议建立孟加拉国、不丹、印度和尼泊尔等四国为参与方的次区域合作新模式。1997 年 4 月，四国在尼泊尔首都加德满都举行首次会议，会议围绕在南盟机制外形成四国次区域合作达成共识，并在尼泊尔的建议下将四国间的次区域合作称为“南亚增长四角”，会议同时发布了关于“南亚增长四角”的七项目标与原则。② “南亚增长四角”是孟加拉国和尼泊尔试图避开印巴对抗而寻求次区域合作的努力与尝试，其定位于寻找解决南亚次区域经济社会问题的现实出路，不追求次区域“市场一体化”，而是以项目为导向，并且认为这个机制具有地理毗连、文化传统相似等先天优势。③ 然而，受南亚地区政治环境、基础设施条件以及相关国家内部缺乏共识等因素的影响，“南亚增长四角”的进展在初期阶段十分缓慢，甚至更多停留在概念阶段，尤其是“南亚增长四角”发展初期部分成员国内

---

① 吴兆礼：《印度推进“孟不印尼”次区域合作的政策路径》，《太平洋学报》2017 年第 5 期，第 34—43 页；吴兆礼：《印度推进“孟不印尼”合作：诉求与挑战》，《国际问题研究》2017 年第 2 期，第 70—84 页。

② Ishtiaq Hossain, “Bangladesh-India Relations: The Ganges Water Sharing Treaty and Beyond,” *Asian Affairs* 25, no. 3 (1998): 144-145.

③ Isher Judge Ahluwalia, “Economic Cooperation in South Asia,” ICRIER, p. 321, http://jica-ri.jica.go.jp/IFIC_and_JBICI-Studies/jica-ri/publication/archives/jbic/report/paper/pdf/rp16_e09.pdf.

部也缺少共识。尤其是进入21世纪以来，因缺乏政府与私人投资，"南亚增长四角"动力不足，其中基础设施落后成为限制"南亚增长四角"目标实现的最大障碍。[①]

在曼莫汉·辛格（Manmohan Singh）领导的团结进步联盟政府（UPA）后期，印度对次区域合作的重要性有了新的认知。在南盟框架内合作踟蹰不前的背景下，印度促成了2013年4月在孟加拉国首都达卡举行的孟加拉国—不丹—印度三边会谈（BBI），并决定成立"水资源管理/电力与水电"和"联通/交通"两个联合工作组（JWGs）。[②] 2014年5月就任印度总理的纳伦德拉·莫迪（Narendra Modi）对南亚区域合作给予高度重视，决定绕开南盟框架，以次区域合作为突破口，寻求以次区域合作带动区域合作渐进前行的新路径。在此背景下，"孟不印尼"成为莫迪领导的全国民主联盟（NDA）政府推进次区域合作的重要倡议。"孟不印尼"与"南亚增长四角"相似，两个倡议都强调成员国在互联互通、能源电力、过境与贸易和人文交流等领域的合作，然而，印度并没有沿用"南亚增长四角"概念，而是另起炉灶倡导"孟不印尼"合作，除追求次区域合作的主导权、变被动的参与方为积极的倡导者外，倡议的管理与决策机制也是印度弃用"南亚增长四角"的重要原因。"南亚增长四角"倡议的决策与管理原则明确规定，项目要由四国集体确定并选

---

① Ishtiaq Hossain, "Bangladesh-India Relations: The Ganges Water Sharing Treaty and Beyond," *Asian Affairs* 25, no. 3 (1998): 146-147.

② 尽管此时印度官方还未正式提出"孟不印尼"合作，但随着尼泊尔的加入，印度官方和学界开始将2013年4月联合工作组的成立视为"孟不印尼"合作的开端。

择，但项目必须通过南盟行动委员会（SAARC Action Committee）依据《南盟宪章》第七条和第十条的规定加以实施。[①] 然而，印度倡导的“孟不印尼”则不受《南盟宪章》的约束，这对未来灵活把握次区域合作的发展方向具有较为明显的现实意义。在此背景下，“孟不印尼”倡议得到印度莫迪政府的积极推动。

次区域电力与联通基础设施建设成为“孟不印尼”合作的重要内容。目前，“孟不印尼”合作已经建立了联合工作组机制。其中，“水资源管理/电力与水电”工作组的主要任务是继续探讨电力贸易和电网联通的范围和潜力，推动四国在电力领域的经验交流与最佳实践分享，推动在水资源管理领域的水文数据分享以及探讨分享盆地水资源管理与开发的实践经验，建议并指导成立相关领域的专家小组等；“联通/交通”工作组的主要任务目标是推动以“南盟地区铁路协议”框架为样板的《孟不印尼铁路协议》的磋商进程，推动四国间基础设施分享和陆路口岸贸易便利化进程等。[②] 经过多轮磋商与谈判，“孟不印尼”合作框架内的《孟不印尼机动车辆协议》（BBIN-MVA）于 2015 年 6 月正式签署。2017 年 4 月，不丹以协议

---

① Madhukar SJB Rana, “The SAARC Growth Quadrangle,” *New Business Age*, July 2015, p. 32, https://www.newbusinessage.com/MagazineArticles/view/1235.

② MOFA, Government of Bangladesh, “The Second Joint Working Groups (JWG) Meetings On Sub-Regional Cooperation between Bangladesh, Bhutan, India and Nepal (BBIN),” http://mofa.gov.bd/media/second-joint-working-groups-jwg-meetings-sub-regional-cooperation-between-bangladesh-bhutan; MEA, Government of India, “Third Joint Working Group (JWG) Meetings on Sub-Regional Cooperation between Bangladesh, Bhutan, India and Nepal (BBIN),” January 19 – 20, 2016, http://mea.gov.in/press-releases.htm?dtl/26284/Third_Joint_Working_Group_JWG_Meetings_on_SubRegional_Cooperation_between_Bangladesh_Bhutan_India_and_Nepal_BBIN_January_1920_2016.

对不丹的可持续性和环境影响为由退出《孟不印尼机动车辆协议》，并表示同意其他三方继续推进协议，即《孟印尼机动车辆协议》（BIN-MVA）。2022年3月，孟印尼三方签署备忘录决定推进《孟印尼机动车辆协议》。但是，亚洲开发银行已经将此前《孟不印尼机动车辆协议》框架内的项目列为其南亚次区域经济合作计划的一部分予以支持，2022年世界银行南亚项目也决定为“孟不印尼”项目提供资金。[①] 目前，“孟不印尼”框架内的《孟印尼机动车辆协议》虽已达成但尚未完全生效，铁路联通协议开始讨论并已有前期收获，其他领域尚未进入正式谈判阶段。[②]

“孟不印尼”次区域合作面临诸多现实困难与挑战。“孟不印尼”成员具有显著的异质性，在政治稳定性、经济规模、发展水平、政策优先事项上各有不同，在主要安全关切上也各有侧重。目前，“孟不印尼”次区域合作面临基础设施条件先天不足、区域经济一体化程度较低、地缘政治环境不理想、利益集团抵制以及专业技术人才缺乏等诸多挑战，如何在“孟不印尼”框架内协调各方诉求、在形成更大共识的基础上化解消极因素的影响，推进“孟不印尼”合作目标实现，是“孟不印尼”四国需要共同面对的现实挑战。更为重要的是，加强次区域互联互通并实现交通走廊向经济走廊转型，需要次区域各国和利益攸关方达成政治共识，而目前“孟

① Suhasini Haidar, “Bangladesh, India, Nepal Move Ahead on Motor Vehicle Agreement Project,” *The Hindu*, March 9, 2022, https://www.thehindu.com/news/national/bangladesh-india-nepal-move-ahead-on-motor-vehicle-agreement-project/article65205145.ece.

② 张家栋：《“孟不印尼”合作倡议及其发展趋势》，《南亚东南亚研究》2021年第2期，第50页。

不印尼”更接近于交通走廊的概念，距离形成经济走廊可谓任重道远。

（三）环孟加拉湾多领域经济技术合作倡议

与“孟不印尼”次区域合作机制注重南亚次区域不同，环孟加拉湾多领域经济技术合作倡议是第一个横跨南亚和东南亚的区域性合作组织。成立环孟加拉湾多领域经济技术合作倡议的目的是创造有利于经济快速增长、加快社会进步和促进成员国间合作的氛围。从组织发展过程考察，环孟加拉湾多领域经济技术合作倡议经历了从“孟印斯泰经济合作倡议”（BIST-EC）再到环孟加拉湾多领域经济技术合作倡议的发展历程。早期的孟印斯泰经济合作倡议由孟加拉国、印度、斯里兰卡和泰国组成，由泰国提出并于1997年6月创建。1997年12月缅甸加入后，组织名称变为孟印缅斯泰经济合作倡议（BIMST-EC）。尼泊尔和不丹于2004年2月加入后，该组织更名为环孟加拉湾多领域经济技术合作倡议。

环孟加拉湾多领域经济技术合作倡议合作领域不断扩展。最初，“孟印斯泰经济合作倡议”涵盖6个优先合作领域，主要包括贸易与投资、交通与通信、能源、旅游、技术和渔业。2005年，环孟加拉湾多领域经济技术合作倡议将农业、公共卫生、扶贫、反恐和跨国犯罪、环境与自然灾害管理在内的新领域纳入合作框架。2008年，气候变化被列入原有的优先领域，成为第14个优先合作领域。按照机制规定，每个成员国在特定领域担负领导责任。例如，印度负责交通与通信、旅游、环境与自然灾害管理、反恐和跨国犯罪，孟加拉国负责贸易和投资，缅甸担负能源和农业，斯里兰卡负责技术合作，泰国承担渔业、人员往来和公共卫生方面的职责，不丹负责文化合作，尼泊尔负责扶贫合作等。多年来，环孟加拉湾多领域经济技术合作倡议逐渐扩大了合作领域并使其多样化，尤其将安全问题，如打击恐怖主义和生态问题纳入合作范畴，反映了组织在应对新出现的区域问题和共同努力解决跨国问题方面的灵活性。2014 年，环孟加拉湾多领域经济技术合作倡议在达卡建立常设秘书处，负责协调该组织的活动和项目。

印度对深化环孟加拉湾多领域经济技术合作倡议有浓厚兴趣。虽然环孟加拉湾多领域经济技术合作倡议成立于 1997 年，但事实上它的初期发展并不顺利，受国家间关系掣肘、各国政府重视不足以及合作机制松散等因素的影响，环孟加拉湾多领域经济技术合作倡议框架下的合作进展缓慢，有学者认为 2004—2014 年是环孟加拉湾多领域经济技术合作倡议失去的“黄金十年”。① 2014 年以来，因南盟功能失调，印度开始致力于重振环孟加拉湾多领域经济技术合作倡议，希望通过加强与东南亚国家的基础设施互联互通，推动孟加拉湾地区经济一体化，挖掘未开发的贸易机遇，促进能源和粮食安全，促进其东北地区的发展。在莫迪政府推动下，环孟加拉湾多领域经济技术合作倡议进入快速发展阶段。2014 年，第三届环孟加

① 张赫、史泽华：《区域性国际公共产品视角下的环孟加拉湾区域合作》，《区域与全球发展》2022 年第 1 期，第 43 页。

拉湾多领域经济技术合作倡议峰会在缅甸举行并决定在达卡设立秘书处，重启“货物贸易协定”与“服务和投资协定”谈判。2018年，第四届首脑峰会决定建立常设工作委员会（BPWC）以提高组织的运行能力。同时，环孟加拉湾多领域经济技术合作倡议将合作扩展到军事安全领域，并且在2016年实现了金砖国家与环孟加拉湾多领域经济技术合作倡议国家的领导人对话会。

环孟加拉湾多领域经济技术合作倡议下的合作仍存在障碍因素。环孟加拉湾多领域经济技术合作倡议作为孟加拉湾地区主要的次区域合作机制，在地缘政治经济的共同作用下获得迅速发展并取得一定的成效，但地缘政治经济的冲突与合作属性也使得环孟加拉湾多领域经济技术合作倡议面临新的发展机遇与挑战。① 环孟加拉湾多领域经济技术合作倡议的目标是实现次区域或跨区域的经济一体化，然而现实是，它并没有比南盟国家内部存在的贸易模式做得更好。② 截至2023年9月，环孟加拉湾多领域经济技术合作倡议成员国之间的自由贸易协定谈判已经进行了20轮，但僵局仍在继续。2022年3月在环孟加拉湾多领域经济技术合作倡议第五届峰会上，印度总理莫迪再次强调了自由贸易协定的必要性。总体上看，与南盟一样，环孟加拉湾多领域经济技术合作倡议的机制化发展存在障碍，印度主导地位、印度与其他成员间的双边分歧，孟缅关系以及

---

① 卢光盛、李江南：《地缘政治经济视角下的环孟加拉湾多领域经济技术合作倡议的发展及应对》，《印度洋经济体研究》2020年第3期，第51页。

② Reena Marwah, et al., “Political Economy of Trade in BIMSTEC: A Contemporary Perspective,” *Millennial Asia* 14, no. 3 (2022): 440.

泰缅关系等，都对环孟加拉湾多领域经济技术合作倡议机制深化形成制约。

总体上看，南亚区域合作起步于20世纪80年代，目前已建立并达成了一些地区组织和合作倡议，并在多个领域开展了合作，其中影响力较大的有“南亚区域合作联盟”、“孟不印尼”次区域合作和“环孟加拉湾多领域经济技术合作倡议”。然而，南亚区域合作联盟机制的有效性受成员国间双边关系的严重制约，2016年后该组织基本上处于停摆状态；“孟不印尼”次区域合作具有可以逐步推动从政治到经济和文化的各个领域发展的巨大的潜力，但印度的主导地位形象，其他成员国对其社会、经济、政治和文化独特特征被影响的顾虑，尤其是成员国的权力不对称导致“孟不印尼”次区域合作进展缓慢。同时，环孟加拉湾多领域经济技术合作倡议的成效也不尽如人意，机制建设较为落后，取得的实质性进展微乎其微。概括而言，尽管南亚国家具有相似的地理、文化和社会特征，南亚仍然是世界上一体化程度最低的地区之一。

三、南亚区域合作面临的挑战

宗教、文化、历史都在不同层面上塑造了地区国家的区域认同。独特的地理单元，印度文化影响，共同反抗殖民统治的历史，相似的经济社会发展阶段，这些因素对培育南亚区域认同有促进作用。但南亚地缘政治格局，国家间冲突与矛盾，域外力量影响等，也对南亚区域认同构成阻碍。而南亚权力格局不对称，印巴关系僵局以及印度对南亚区域合作机制作用的认知变化，对南亚区域合作成效与进程产生了深远影响。

（一）权力不对称：印度地区霸权国身份以及小国对印度的不安全感

在区域组织中，当一个国家在权力上相比其他国家具有显著优势时，国家间很难建立平衡的关系。① 南亚区域合作与次区域合作的成效较低，关键的结构性障碍是区域制度的不对称性质。地理位置不对称、实力不对称以及由此导致的权力不对称，造成印度与南亚其他国家的不对称特征较为明显。孟加拉国倡导并推进南盟，表明南亚小国希望通过南盟机制为其提供一个平等的合作平台，但南亚国家的不对称尤其是权力不对称又导致南亚小国在与印度的互动中处于不利地位。总体上看，印度担心会遭到小国在南盟论坛中的反对，而小国则担心印度利用南盟强化其霸权。② 这种权力不对称造成的结构性矛盾是制约南亚区域合作的重要因素。实际上，印度与南亚小国关系的历史、现状与发展趋势，对南亚区域合作的影响是显而易见的。

印度是南亚事实上的霸权国家。长期以来，印度通过政治、经

① T. P. Thornton, "Regional Organizations in Conflict Management," *Annals of the American Academy of Political and Social Science* 518, no. 1 (1991): 135.

② M. Inayat, "The South Asian Association for Regional Cooperation" in A. J. K. Bailes and J. Gooneratne, M. Inayat, J. A. Khan & S. Singh, "Regionalism in South Asian Diplomacy," *SIPRI Policy Paper*, no. 15 (2007): 15.

济、外交和军事手段不断强化对其他南亚国家的影响。历史上看，自独立以来，印度以大英帝国在南亚的殖民遗产继承者自居，致力于维系与尼泊尔、锡金、不丹三个内陆小国的特殊关系，与巴基斯坦先后爆发三次大规模战争，1971 年利用巴基斯坦国内矛盾策动东巴基斯坦地区独立为孟加拉国，1975 年正式吞并锡金，1987 年派遣维和部队直接干预斯里兰卡内战，1969 年、1989 年和 2015 年印度先后三次对尼泊尔实施经济封锁。目前，印度与不丹在本质上形成"保护与被保护"或"指导与被指导"的"特殊关系"，并不是现代国家间独立、自主、平等的关系。[①] 尽管印度自 20 世纪 90 年代中期倡导睦邻和不要求对等回报的"古杰拉尔主义"，其南亚政策显示出从军事和外交干预的硬实力战略向强调政府间合作、谈判解决和经济合作的软实力战略的转变，但有学者认为，"古杰拉尔主义"实际上试图将印度形象从地区恶霸转变为"良性霸权"，而且这种转变不是由于利他原因造成的，而是由印度 20 世纪七八十年代硬实力策略的失败、1991 年后经济自由化需求以及印度对大国地位渴望导致南亚地区被赋予新战略价值驱动的。[②] 可以说，印度的霸权地位以及南亚小国对主权安全和国内因素的强烈敏感，成为阻碍区域合作的重要因素。在此背景下，印度的倡议经常被这些国家误解并

---

① 陈宇：《印度与不丹国家间"特殊关系"：过程、动因与影响》，《印度洋经济体研究》2022 年第 1 期，第 59—79 页。

② Pratip Chattopadhyay, "The Politics of India's Neighbourhood Policy in South Asia," *South Asian Survey* 18, no. 1 (2011): 100.

定性为“霸权”。[1]

印度在地理上位于南亚中心，南亚国家地缘结构不对称特征明显。在地理上，印度与大多数南亚国家（除两个岛屿国家斯里兰卡和马尔代夫以及阿富汗外）接壤，然而没有两个南盟原始成员（阿富汗除外）彼此共享陆地边界。有观点认为，这种结构性不对称抑制区域合作。由于印度与大部分其他南盟国家接壤，大多数机制安排都以印度为中心，尤其是在非传统安全领域，如移民、网络安全、跨国有组织犯罪等受广泛关注的地区安全问题，往往无法在多边平台上得到有效回应，大多是通过双边渠道来解决的。

印度的综合国力超过南亚地区其他国家的总和，权力不对称对区域合作的制约效应日益突出。南亚由一群经济和政治不对称的国家所组成，印度在地区内处于政治、经济、人口和军事的绝对领先地位。从数据上看，印度的国土面积、经济实力、资源禀赋和军事实力比其他南亚国家的总和还要大，这使南亚本质上成为一个以印度为中心的地区。甚至可以说，南亚地区的权力极性显著，印度位居区域权力“金字塔”的顶端。[2] 尤其是在印巴对抗背景下，印度倾向于认为，在巴基斯坦的领导下该地区的其他国家可能会联合起来反对印度。同样，由于印度规模较大、人口众多、经济比较发达和技术基础更加广泛，这一系列的不对称，使该地区的小国对印度

---

① K. Bajpai, “Security and SAARC” in E. Gonsalves & N. Jetly (eds.), *The Dynamics of South Asia: Regional Cooperation and SAARC* (New Delhi: SAGE Publications, 1999), pp. 75-90.

② 陈翔：《“回归区域”？——理解全球安全治理区域化的演进》，《世界经济与政治》2021年第8期，第59页。

可能的主导地位产生不安全感。因此，南亚小国希望通过南盟机制防止优势大国印度的霸权行径，特别是在次大陆建立新的强制性秩序方面通过南盟制约印度。

印度的权力地位是客观存在的，南亚国家倾向于建立新的区域倡议和对话而不是完善现有合作机制，这导致南亚区域和次区域合作机制的成效都不尽如人意。而在次区域层面，“孟不印尼”次区域合作实现一体化和形成政治共识的主要挑战之一是规模、地理位置和其他因素造成的权力不对称。不丹和尼泊尔等较小的国家通常认为，区域内贸易的增加意味着印度等较大经济体的主导地位和自身对其依赖程度的增强。在这个次区域，其他国家对印度的贸易逆差很大。此外，成员国从合作倡议中获得的收益不平等，也往往限制了彼此间的合作。

（二）国家间冲突矛盾与《南盟宪章》缺陷

南亚的地区主义从一开始就存在问题，因为南亚一直受到国家间和国内冲突的困扰，而印度与巴基斯坦的矛盾与冲突是制约南亚区域合作的主要障碍。南盟第十九届峰会计划于 2016 年 11 月在巴基斯坦首都伊斯兰堡举行，但受印巴双边关系紧张影响，峰会遭到推迟，因印度带头抵制峰会，南盟被迫停摆。尽管印度莫迪政府推进其“邻国优先”政策，但印度孤立巴基斯坦并致力于将巴基斯坦挤出地区一体化进程的意图十分明显。在此背景下，印度与巴基斯坦区域认同错位进一步显化，南盟机制被弱化，“孟不印尼”次区域合作和环孟加拉湾多领域经济技术合作倡议等未包括巴基斯坦的次区域合作机制受到印度重视。

政治互信始终是南亚区域合作的主要障碍，而印巴矛盾是南亚区域合作低效甚至失效的核心因素。客观上分析，南盟的有效性取决于印巴关系是否正常化。理论上，正常的印巴关系将为地区所有国家带来多重利益，包括减少国防开支，通过增加贸易和分享南亚的水、石油和天然气资源以促进经济增长，并为进一步一体化空间提供条件。印巴未能实现政治和贸易关系正常化，直接阻碍了南盟机制的发展，但反过来又成为推动次区域合作机制建设的重要因素，导致南盟机制的影响被稀释。印巴对抗以及地区国家间互信程度有限，导致地区认同度较低，区域合作机制尤其是南盟机构更像“清谈馆”，甚至是彼此间“竞争性欺骗讲坛”。

次区域合作同样受困于高政治议题。有学者认为，印度和巴基斯坦在南盟的相对不作为是地区其他国家加入双边、次区域和区域外协议的主要原因，而且印度和巴基斯坦的顽固立场实际上已经导致南盟框架不合时宜。① 为此，一些国家试图通过次区域合作机制来绕过陷入长期僵局的南盟。而且一种普遍的观点认为，环孟加拉湾多领域经济技术合作倡议会在南盟失败的方面取得成功，因为其成员主要以经济利益而不是政治利益为导向，在巴基斯坦缺席的情况下环孟加拉湾多领域经济技术合作倡议将成为友好国家的成功尝

---

① S. G. Pandian, “Moving South Asia’s Economies beyond the Indo-Pakistan Paradigm in the South Asian Regional Association for Cooperation,” *Contemporary South Asia* 11, no. 3 (2002): 329-344.

试。事实上，次区域合作同样面临成员间不信任形成的挑战。

《南盟宪章》在处理高政治议题上存在先天不足。《南盟宪章》第 10 条强调协商一致性原则，但规定双边和有争议的问题应排除在议程之外。[①] 南盟缺乏解决或调解双边冲突的机制安排，这在某种程度上阻碍了为解决影响区域合作前景的问题而进行的任何有意义的对话。而且，南盟成员也忽视了它们在地理上相互联系并面临共同挑战的事实，没有就威胁认知达成共识，在彻底解决跨境恐怖主义问题上也陷入制度性困境。

（三）印度对区域合作认知变化

在 20 世纪 80 年代中期南盟成立时，印度只是一个不情愿的被动参与方。随着经济改革深入，印度开始重新审视南亚地区的经济机遇，并逐渐放弃对双边主义的偏好而转向多边接触，从一个不情愿的参与者变为积极参与者。在 2007 年举行的第 14 届南盟峰会上，印度将其对该地区的政策定义为“不对称责任”，即提供单方面让步而不期望互惠，这表明印度已经找到了积极参与南亚区域合作的外交政策路径。

印度人民党 2014 年执政以来，随着“邻国优先政策”出台，印度对区域合作的立场出现更为积极的变化——从积极参与者变成了推动区域合作议程的主要引领者。2014 年 5 月 26 日，印度总理莫迪邀请所有邻国的国家元首参加其宣誓就职仪式。莫迪政府积极

---

① *SAARC Charter*, https://www.saarc-sec.org/index.php/about-saarc/saarc-charter.

推动区域和次区域层面合作，使其日渐成为印度邻国优先政策的重要工具。印度重视区域与次区域合作，主要是出于两个因素：第一，对印度来说，南亚地区的重要性并不是因为它是一个地理上的既成事实，而是因为它作为基于“共同遗产”的连续文化空间的重要性需要得到培育和维持；第二，由于其所处的中心地理位置及作为地区实力国家，印度有推动区域与次区域合作的先天优势。[①] 这是印度莫迪政府自2014年以来积极推动区域与次区域合作的重要原因。

面对南盟发展困境，印度被迫改变追求区域合作的路径与方向。长期以来，南盟成员国一直在努力达成一项旨在深化区域内贸易、旅游和互联互通的区域机动车辆协定。尽管2014年9月政府间运输工作组（IGGT）批准了关于“南盟机动车辆协定”的专家组报告，但因成员国（巴基斯坦）持保留意见，南盟第十八次首脑会议仍未能签署“南盟机动车辆协定”。随后印巴矛盾因恐怖袭击事件升级，南盟峰会停摆，印度被迫得出南盟对其不重要结论，[②] 甚至通过抵制南盟峰会实现孤立打压巴基斯坦的战略目标。在此背景下，在南盟框架外倡导次区域合作成为印度追求区域合作的“另一种出路”。对于印度绕开南盟推进“孟不印尼”次区域合作和环孟加拉湾多领域经济技术合作倡议等次区域合作倡议，有学者认为，

① Smruti S. Pattanaik, “Sub-regionalism as New Regionalism in South Asia: India’s Role,” *Strategic Analysis* 40, no. 3 (2016): 210-217.

② Partha S. Ghosh, “An Enigma that Is South Asia: India versus the Region,” *Asia-Pacific Review* 20, no. 1 (2013): 100-120.

基于印度的认知先验，区域多边主义的全球规范已被本地化为主要受印度影响的多边主义模式。因此，实际上从来没有任何真正的多边合作的余地，而实际的合作结果只在双边领域中出现。[①]

综合来看，目前成员国之间的政治分歧和长期的双边争端，导致南亚区域认同度较低，南亚区域合作深化有限，南盟机制功能几近失效。客观上，南盟未能利用区域内贸易潜力的重要原因是南亚成员国间分歧矛盾较为突出，尤其是印度与巴基斯坦对区域认同的错位。有学者将南亚列为世界上一体化程度最低的地区之一，[②] 一些分析人士也认为南盟在减少双边紧张局势、加强区域安全和促进人民经济福祉方面的作用几乎可以忽略不计。[③] 但南盟过去近 40 年的发展也表明，成员国至少在某些方面认为南盟是有益的，南盟国家不愿意承担被排除在区域合作之外的成本，以及区域和全球利益层面的潜在负面影响。[④]

四、结语

相较于世界上其他地区，南亚在接受区域主义和区域组织的概

---

① Arndt Michael, "Cooperation is What India Makes of It-A Normative Inquiry into the Origins and Development of Regional Cooperation in South Asia and the Indian Ocean," *Asian Security* 14, no. 2 (2018): 119-135.

② C. R. Mohan, "India and the Asian Security Architecture," In M. J. Green & B. Gill (eds.), *Asia's New Multilateralism: Cooperation, Competition, and the Search for Community* (New York, NY: Columbia University Press, 2009), p. 131.

③ Suman Sharma, "India and SAARC," *India Quarterly* 57, no. 2 (April 2001): 115.

④ Zahid Shahab Ahmed and Munir Hussain, "Lessons from the European Union's Economic Integration for South Asian Regionalism," *Journal of Developing Societies* 35, no. 3 (2019): 329.

念方面较晚。概括而言，南亚小国在很大程度上渴望加强区域内部的整合，但是南亚的区域主义一方面鼓励经济上的相互依存，另一方面限制政治安全一体化以及共同价值观和规范。客观上，南亚地区的政治与安全决定了南亚区域合作的成效。目前，在威胁感知、外交政策取向、政治意识形态以及对关键地区大国作用等方面都未形成共识的背景下，南亚区域主义在概念上是狭隘的，在议程上是有限的，不足以解决区域和平与安全的问题。

作为南亚区域合作的典型案例，南盟在贸易等领域取得一定进展，但其低效甚至失败更为明显。有学者认为，南盟的建立主要出于政治目的，区域国际关系模式也决定了南亚区域主义的结果。经济社会发展是南盟成立的初衷，但其运作方式是政治的和战略的，这导致南盟目标逐渐受到侵蚀。[①] 除南盟外，次区域和跨区域合作也是南亚区域主义发展的两个重要方向，这虽然是对南盟代表的区域主义的有益补充，但也对南盟机制形成稀释效应。尽管印度主导的以限制巴基斯坦影响为目的的次区域合作机制在一定程度上排除了印巴矛盾对区域合作的负面影响，印度国家主导力也对推动南亚次区域一体化产生积极影响，[②] 但合作机制内的权力不对称以及机制成员间的政治互信问题，也导致次区域合作进展缓慢。同时，尽

---

① Bhumitra Chakma, *South Asian Regionalism: The Limits of Cooperation* (Bristol: Bristol University Press, 2020) .

② 邱实、蔡立辉：《印度在南亚区域合作中的主导性影响》，《南亚东南亚研究》2021 年第 5 期，第 17—29 页。

管印度自认为是该地区的天然霸主，但南亚缺乏霸权安全秩序，[1]印度的影响相对有限，对其试图主导区域合作形成制约。

在南亚，南盟、环孟加拉湾多领域经济技术合作倡议和“孟不印尼”次区域合作对区域主义的三大支柱——政治、经济和身份认同的选择不全面，导致在构建明确成员国意识形态、价值观和指导利益的连贯区域合作安排方面存在不足。因缺乏同质化的政治动力、强大的制度架构和社会化，南盟以及一些次区域合作机制在解决成员国的安全困境方面没有发挥积极作用。因此，如果南亚不能优先考虑安全困境，不能塑造政治和谐，不能形成经济相互依存，不能形成地区认同，那么南亚的区域主义就只能停留在浅层的区域一体化阶段。[2] 换言之，除非南亚国家的优先事项从传统安全转向普遍意义的人类安全，从竞争安全、主导安全转向共同安全、合作安全，否则南盟以及其他次区域合作机制将很难摆脱“僵尸机制”的宿命。

---

① Shrikant Paranjpe, “Development of order in South Asia: Towards a South Asian Association for Regional Cooperation Parliament,” *Contemporary South Asia* 11, no. 3 (2002): 345-356.

② Aditi Paul, “Regional Cooperation in South Asia: Exploring the Three Pillars of Regionalism and Their Relevance,” *The Journal of Indian and Asian Studies* 1, no. 2 (2020).

东亚区域认同与区域合作的互动实践

耿协峰　陈灵芝*

摘　要　东亚是一个多样性和统一性、传统性和现代性、东方性和西方性、南方性和北方性、区域性和全球性、现实性和想象性兼具的区域。如此鲜明的区域特性既是东亚区域认同的表征，历经了古代“东亚世界”、近现代“泛亚主义”以及当代“新地区主义”三个时期的历史构建；又镌刻在东亚区域认同与区域合作的共生互动之中，使其互动实践蕴含了以发展为中心，通过灵活方式开展多领域合作，其中尤以经济合作与安全合作双轮驱动，并将区域治理与全球治理紧密联系之特点。当前东亚区域认同共识的凝聚面临着地区内部矛盾与差异、多重区域机制竞争以及区外强权政治干扰等诸多困境，因此东亚区域认同的构建需要把握好发展、和平、制度、互通和治理导向。未来，基于认同共识的东亚区域合作制度构建，将会是一个反复曲折的进程。

* 耿协峰，中国政法大学全球化与全球问题研究所教授；陈灵芝，中国政法大学全球化与全球问题研究所博士研究生。

关键词 东亚；东亚区域认同；东亚区域合作；全球性地区治理

东亚作为一个地缘区域通常是指亚洲大陆东部各国及太平洋西部相关国家组成的地区，主要包括中国、日本、韩国、朝鲜、蒙古和东南亚诸国，分为东北亚和东南亚两个次地区，由于东北亚的地缘链接包括俄罗斯远东地区，因此，东亚也往往将俄罗斯（至少其远东地区）包括在内。

鉴于地缘和政治经济特点，东亚具有很强的开放性和外部链接，包括与南亚、中亚和大洋洲（主要是澳大利亚和新西兰）链接，构成区域合作大框架，建立了上海合作组织（SCO）和《区域全面经济伙伴关系协定》（RCEP）等机制；与太平洋对岸的美洲链接，构成亚太地区，成立了亚太经合组织（APEC）；东亚峰会（EAS）除东南亚、东北亚、澳新参加外，还邀请了美国与俄罗斯参加；等等。在这一系列地缘链接中，东亚始终居于核心地位。

一、东亚的区域特性

经过20世纪下半期持续高速的经济发展，东亚早已为世人公认为“发展高地”和“合作热土”，甚至不少人认为世界的未来将属于亚洲,[1] 从“东亚奇迹”到“亚洲世纪”，各种赞誉之声不绝于耳。尽管如此，人们对于东亚的认知却充满悖论，一方面认为它作为一个地区整体实现了或正在实现着崛起，另一方面认为它日益走向多极化和分裂；一方面认为它正在建构东亚区域意识和认同，并开始建设“东亚共同体”，另一方面认为它处于冲突边缘，甚至会陷入“新冷战”。这种悖论性认知往往是人们对东亚地区的概念认识不够全面、准确而造成的。作为一个国际区域，东亚具有一些凸显的特点，而正是这些特色，构成了东亚的区域特性。

（一）东亚是一个兼具多样性和统一性的地区

东亚首先是一个多样性突出的地区。东亚地缘上处于海陆交汇地带，陆地景观和海洋景观兼备，气候、生态和文化都极为丰富多样；同时，东亚政治上多元共存，既包容了资本主义性质和社会主义性质的政权，也包容了民主共和制度和现代君主制、中央集权制和联邦制等不同政体；东亚经济上多元分层，既有发达经济体，也有发展中经济体，既有高速增长的新兴经济体，也有积贫积弱的最不发达经济体；东亚社会文化多样复杂，既有发达的后现代社会，也有发展中的转型社会，既有宗教色彩深厚的国家，也有世俗化程度很高的国家。总之，多样性使得人们常常怀疑东亚是否具有地区合作的基础条件。不过，东亚的统一性也不能否认。东亚不仅在地

---

① 帕拉格·康纳：《亚洲世纪：世界即将亚洲化》，丁喜慧、高嘉旋译，中信出版集团，2019。

理环境、历史传统、习俗规范和集体记忆方面享有共同性，而且政治文化上具有一定相似性（“亚洲价值观”和“文化东亚”等），经济交往上出现区域一体化和集团化趋势，安全关系上共处于一个或多个“地区安全共同体”之内，这些均令东亚的统一性日益凸显。

（二）东亚是一个兼具传统性和现代性的地区

随着东亚崛起，东亚国家整体上都已迈入现代社会，但传统文化的影响渗透在经济、政治和社会生活的方方面面。现代性讲究民主、人道、法治和文明，这在东亚地区已是普遍追求，而东亚文化传统中重视权威和关系、看重人情和面子的特色始终有着广泛而深厚的影响。在现代化过程中，东亚从西方引进了理性、科学、自由、民主、市场经济等现代观念、现代知识和现代制度。但是东亚社会没有被西方“现代性”所湮没，而是表现出许多不同于西方的特点，其中，东亚自身的文明传统起了重要作用。[①] 因此，传统性和现代性共同塑造着东亚地区独特的政治文明、经济制度和社会规范。

（三）东亚是一个兼具东方性和西方性的地区

东亚位于东半球，其东方性与生俱来。东方性虽然意味着古

① 董正华：《东亚传统文化与现代变革》，《世界知识》2018 年第 5 期。

老、感性和精神性,[①] 但也一度被视为是落后、威胁和异域的代名词，意味着被动和屈辱。东亚在20世纪的重新崛起已经打破了这种观念，西方性中的理性和现代性也早已与上述东方性水乳交融，而且，随着东亚文明的复兴，东方性中蕴含的宇宙观、国际观、社会观和道德观得到发扬并日益扩散，使得东亚实际上成为一个包容东西方文明而“无问西东”的世界性地区。

（四）东亚是一个兼具南方性和北方性的地区

世界经济上的南北差距由来已久，并且长期没有得到解决，这在东亚地区也有鲜明体现。过去人们习惯认为，东亚地区绝大多数是发展中国家，是一个典型的南方地区，对北方发达国家的经济依赖明显。但是，随着东亚经济成为世界经济的引擎，日本、韩国和新加坡先后迈入发达国家行列，中国经济总量已位居全球第二，因此今天的东亚很难被视为一个纯粹意义上的南方地区，而是一个兼具南方性和北方性的地区。

（五）东亚是一个兼具区域性和全球性的地区

东亚具有鲜明的区域性，但同时也是具有突出的全球性特点的地区。区域性突出了各国之间紧密的地缘联系，而全球性则体现了其高度的开放性。东亚经济相互依赖不仅表现在地区内部，更因其

---

① 范笔德：《亚洲的精神性：印度与中国的灵性和世俗》，金泽译，社会科学文献出版社，2016。

开放性而表现出与世界经济的联系性和一体性。东亚安全秩序也因中美全球博弈加剧而成为全球安全的新重心，如何维护东亚（或亚太、“印太”）地区的安全与和平，如今已成为世界各国都关心的全球事务。为了解决东亚的区域经济合作、地区安全合作或者地区环境和社会问题，需要结合全球化时代的种种宏大挑战，从整个地球甚至行星尺度上思考出路，[①] 这就不仅需要发挥区域合作机制的作用，还需要推动全球治理。

（六）东亚是一个兼具现实性和想象性的地区

东亚当然具有时空上的现实性，是一个客观具体的地理存在，但同时它又是一个越来越具有想象性的地区，这主要体现在地区各国通过在经济和安全等领域开展日益紧密的合作而进行的认同构建上。随着一系列东亚区域合作制度（正式和非正式制度）的建立，东亚地区的制度化程度逐步提高，对于一个结构更加紧密、认同程度更高的“东亚共同体”的想象或建构已进入地区各国政策议程。由此，现实性的东亚合作与想象性的东亚区域认同相互塑造，使东亚成为世界上最受瞩目的国际区域之一。

二、东亚区域认同的历史建构

东亚的上述区域特性，在很大程度上塑造或建构着本地区的区

① 奥兰·扬：《全球治理的大挑战：动荡年代的全球秩序》，杨剑、徐晓岚译，上海格致出版社，2023。

域认同，或者说它们本身就是东亚区域认同的表征。

所谓区域认同，主要是指地区内国家和人民在长期历史过程中逐渐形成或建构起来的某种区域意识和共同观念。同处一个区域的各国在区域认同上具有共识性，从而形成区域认同的共识，因此，东亚区域认同也常被称为“东亚意识”或“亚洲观念”。[①] 东亚作为一个社会建构性的“地区”或“区域”，其区域意识和认同共识是长期存在的，只是在不同历史时期，其类别和性质有所不同而已。

东亚区域认同的建构大致经历了三个历史时期：古代“东亚世界”形成的时期、近现代“泛亚主义”兴起的时期和当代“新地区主义”盛行的时期。

（一）古代“东亚世界”的形成

东亚区域认同意识的起源或“东亚的诞生”乃是这个地区历经几个世纪（至少从公元前 3 世纪到公元 10 世纪，即从秦汉到隋唐）的文化互动及其与周边地区长期交流的结果。[②] 有人甚至将其渊源追溯至周代的“五服”制度和九州划分，认为那时的人们已经形成了“天下、中国、四海、九州”等区域空间概念，从而对后来东亚区域意识的“发展、形成与扩大”[③] 有重要影响。不过，东亚地区

① 耿协峰：《重塑亚洲观念：新地区主义研究的中国视角》，《外交评论》2018 年第 3 期。

② 何肯：《东亚的诞生：从秦汉到隋唐》，魏美强译，民主与建设出版社，2021，第 434 页。

③ 陈奉林：《从东亚区域意识到东方国家的整体崛起——对东方国家历史进程的再认识》，《华中师范大学学报》2014 年第 5 期，第 130 页。

真正形成一个独立的“没有国界的东亚世界”，通常被追溯到早期经济全球化时代即大约在15—17世纪中叶，[①] 直到19世纪中叶遭到西方全球扩张的冲击之前，东亚的发展始终维持着整体关联性。[②]

古代东亚区域认同的构建主要体现在古老亚洲文明的中心性聚集及其初步的“整体化”趋势上，其历史特点包括：繁盛千年的古代亚洲文明一度成为欧洲文明所神往的“东方”世界，成为塑造“欧洲观念”的重要“他者”，同时也为未来欧洲扩张时代反向塑造“亚洲观念”制造了前提；以“丝绸之路”为代表的古代文明交流互鉴，为亚洲后来形成具有更紧密贸易网络的“世界区域”打下了基础；古代东亚世界已出现发达的政治智慧并形成政治交往方面成熟的体系和思想，如“朝贡体系”和“天下主义”等，这些成为后世构建东亚区域认同和共同体的政治思想基础；儒家思想不仅是中华文明中心的统治性政治思想和华夏多民族融合的巨大精神力量，同时也向海外广泛传播，影响波及朝鲜、日本和东南亚各地，从而形成“儒家文明圈”或“中华文化圈”。[③]

古代亚洲文明的上述特点，汇集起来构成了今世“亚洲观念”的古典传统或历史遗产，为建构东亚或亚洲认同打下了历史文化基础，某种程度上还意味着东亚地区对于内在“自我”身份的认知自

---

① 李伯重：《火枪与账簿：早期经济全球化时代的中国与东亚世界》，生活·读书·新知三联书店，2017，第95页。

② 罗荣渠、董正华主编《东亚现代化：新模式与新经验》，北京大学出版社，1997，第3—5页。

③ 耿协峰：《“亚洲观念”的历史想象：以5000年、500年和50年为视角》，《东亚评论》2019年第1辑，第68页。

觉。另外，多样而丰富的亚洲历史文化传统，还为今天地区各国人民塑造“我们东亚”这一共同身份打下了情感基础。[①]

（二）近现代“泛亚主义”的兴起

19 世纪成为“东亚历史的转折点”，其后东亚的整体性和一体化被打破，逐步被纳入西方中心的新的世界体系，开始了“自身衰败化、边缘化与半边缘化、革命化、现代化”[②] 的历史大转变过程。也正是自 19 世纪中叶开始，为回应西方帝国主义日益增长的外交、军事和经济势力，被称作“亚洲人”的群体，开始自发形成了作为“亚洲人”的意识和认同，视亚洲为整体的“泛亚主义”观念开始萌芽并生长，逐步建立起近代亚洲的跨国、跨民族的身份认同。

这种身份认同的建构集中体现在当时由中、日、印等亚洲国家的知识分子所大力倡导的“泛亚洲主义”或“大亚洲主义”思想运动中。无论是李大钊和孙中山等人的“大亚细亚主义”“新亚细亚主义”和“大亚洲主义”，冈仓天心的“亚洲一体”观念，还是泰戈尔对“亚洲团结”的呼吁，均表达了通过支持地区融合以实现亚洲独立自主的深切渴望。伴随这种“泛亚主义”思想而来的是亚洲各国的“自强”运动，包括印度的民族大起义、日本的“明治维新”和中国的“戊戌变法”等，亚洲人民从此开始“觉醒”。

---

① 耿协峰：《“亚洲观念”的历史想象：以 5000 年、500 年和 50 年为视角》，《东亚评论》2019 年第 1 辑，第 69 页。

② 罗荣渠：《现代化新论——世界与中国的现代化进程》，北京大学出版社，1993，第 239—242 页。

到20世纪五六十年代大批主权独立的亚洲国家建立后，它们又共同为摆脱西方殖民主义的影响并为克服尼赫鲁的“亚洲的苦恼”而努力实现地区联合自强，即实现“国家的主权、民族的独立和经济的自主”，通过两次“亚洲关系会议”（1947年和1949年）、万隆亚非会议（1955年）、东南亚国家联盟成立会议（1967年）等，广泛倡导“团结、友谊、合作、和平共处、求同存异”等新型地区合作观念和原则，为寻找相互间共同性和地区认同而不断努力。近现代兴起的“泛亚主义”思想运动及后续的地区联合自强运动，不仅反映了东亚或亚洲国家针对欧洲“他者”的认同构建，成为“亚洲观念”诞生的显著标志，而且成为当代东亚或亚洲认同建构的历史先声。

（三）当代“新地区主义”的盛行

自20世纪60年代开始，东亚或亚洲开启了持续约30年的“东亚奇迹”，此间多个经济体接力式高速发展，从而为此前以联合自强为核心内容的亚洲认同观念增添了新的内容，即区域发展理念或增长共识。东亚在世界经济中的整体性崛起增强了地区自信，有利于凝聚和塑造区域认同共识。与此同时，随着一系列地区经济合作政策构想的提出和落实，特别是“太平洋盆地经济理事会”（PBEC）、“太平洋贸易与发展会议”（PAFTAD）、“太平洋合作理事会”（PECC）和“亚洲太平洋经济合作组织”等跨地区经济合作机构的成立，东亚区域意识和认同得到新的有力刺激，增强了地区合作的新理念，并催生了东亚的“新地区主义”（new regionalism，又称“新区域主义”）。

在东亚，东南亚次区域先行构建区域合作机制，一方面推动以东盟为核心的次区域制度构建，另一方面“以东盟为中心”积极推动东亚区域合作机制的构建。20世纪90年代，东盟积极参与了亚太经合组织的构建，创立东盟地区论坛（ARF），推动“东盟+”系列区域合作机制（东盟+1、+3、+6）的构建，使得东亚的区域特性更为凸显。在此形势下，有关“东亚共同体”建设的意识增强。

1997年亚洲金融危机爆发，面对国际金融机构应对失灵、超级大国消极观望，东亚国家“抱团取暖”，组建东盟+3合作机制，包括领导人对话机制、金融合作机制（清迈倡议）、自贸区构建机制等。特别是有关东亚共同体构建的驱动，从区域认同的角度来说，是一个历史性的进步。“东盟+3”领导人一致同意设立“东亚展望小组”（EAVG），就东亚合作的愿景进行研究。东亚展望小组由各国政府推荐的专家组成，提出了“迈向东亚共同体”的展望报告，得到东亚领导人的一致认可，由此开启了东亚共同体构建的进程。尽管推动东亚共同体构建的进程遇到了困难，进而陷入停滞，但是，东亚的区域认同意识并没有泯灭，基于东亚区域定位的各种合作机制仍在发展。

从结构上看，东亚地区的合作机制呈现多框架、相互交叉的特点，表明东亚各国在区域认同的利益定位上存在不同。“以东盟为中心”的多重合作机制（“东盟+”），事实上创建了以东亚为核心的区域定位和区域认同基础。中日是东亚区域大国，出于多方面的原因，两国在区域认同上存在很大的分歧，在此情况下，东盟承担起东亚区域构建的“中心角色”，使得东亚区域构建有了“主心骨”，东亚的“新区域主义”有了聚合力，也有利于推动构建“以东亚为核心”的开放性合作框架，驱动了东亚区域内与区域间的“认同联动”。总之，“新地区主义”或“新区域主义”的生命力在于“立足于亚洲的整体发展与持久稳定，大力推进各类区域性合作，整合和优化配置本地区资源，进一步走出一条能为域内各国接受并得到国际社会欢迎的可持续发展的新思路”。[①] 并且，其鲜活的生命力对于维系地区合作进程、保障地区国家间信任与和平、持续推动构建东亚区域认同，均具有不可或缺的引导价值和鼓舞作用。

三、东亚区域认同与区域合作的互动实践

东亚区域认同与东亚区域合作不可分割，二者是密切关联、相互促进的共生互动关系。没有东亚区域认同的共识，就没有东亚合作，而东亚区域合作的实践则进一步增进区域认同共识。东亚区域认同与东亚区域合作的互动实践既来源于历史，带有鲜明的历史烙印，又超越于历史，不断改变着东亚区域秩序的面貌。

综合来看，东亚区域认同的实践有以下几方面的重要特点。

---

① 王毅：《思考二十一世纪的新亚洲主义》，《外交评论》2006 年第 3 期，第 9 页。

（一）以发展为中心，通过灵活方式开展多领域合作

当代东亚作为一个地缘区域的身份认同，其构建基础主要是“经济上的联系和由此产生的区域性经济利益”，也即本地区“逐步发展起来的区域链接和区域利益”。[①] 这种区域链接和区域利益，首先是东亚经济在二战后的20世纪60—90年代长达30多年持续高速增长的结果。“东亚奇迹”不仅带来了东亚或亚洲的整体性经济崛起，而且催生了东亚的文化自信和区域认同意识。

东亚经济崛起得益于东亚地区普遍采取的发展导向经济政策和以发展为目标的对外开放政策。开放型经济发展模式是东亚特色，也为东亚区域经济合作打开了方便之门。东亚国家日益意识到自己的区域特性和整体性，并且认识到只有进行区域联合与合作，才能在世界经济舞台上增强竞争能力，争得本地区的应有利益。

东亚合作以发展为中心，围绕发展而进行合作，并以经济合作推动发展，从而形成发展共识，进一步夯实区域认同的利益基础。这一特点在贸易和投资领域表现最为突出。东亚地区有着多重自贸安排网络，其中有双边的，也有区域综合的，如《区域全面经济伙伴关系协定》，也有混合参与的，如《全面与进步跨太平洋伙伴关系协定》（CPTPP），还有正在谈判的，如中日韩三边的中日韩自贸区（CJKFTA）。《区域全面经济伙伴关系协定》的签署是东亚作为

---

① 张蕴岭：《在理想与现实之间：我对东亚合作的研究、参与和思考》，中国社会科学出版社，2015，第6—7页。

核心区域制度构建的一个重要发展。

东亚经济发展进程中不断遭遇挑战和危机，而危机应对则为东亚经济合作创造了绝佳的机会。如在1997年亚洲金融危机发生后，东亚各经济体为实现融资协调与互助而建立了名为“清迈倡议”的“双边货币互换机制协议”（2000年），后来又于2008年全球金融危机之后升级为“清迈倡议多边化”机制（CMIM），并成立“10+3宏观经济研究办公室”（AMRO）以行使地区经济监控职能。中国还发起成立了“亚洲基础设施投资银行”（AIIB），同现有多边开发银行合作并相互补充，共同促进亚洲经济持续稳定发展。东亚地区在货币金融领域的合作进展，也鲜明体现了东亚区域认同的逐步构建过程。

《区域全面经济伙伴关系协定》走出了传统的自贸区架构，谈判过程也体现了原则性与灵活性的有机结合。从2013年5月首轮谈判开始至2020年11月协议正式签署，《区域全面经济伙伴关系协定》历经8年、多达31轮的艰苦谈判。由于覆盖国家发展水平参差不齐，加之各国在开放程度、市场准入程度等方面的痛点与难点各异，所以谈判前期异常艰难。第10轮谈判才就货物贸易、服务贸易、投资等核心领域展开实质性磋商，直至开启谈判的第六年（2018年）才相继在货物、服务、投资和部分规则领域议题谈判中取得积极进展。而在历经27轮谈判后，《区域全面经济伙伴关系协定》除印度外的15个成员国才终于结束全部20个章节的文本谈判。[①]《区域全面经济伙伴关系协定》的谈判过程就是尊重各国现实、安排灵活务实的过程，在这一过程中，各国拉近了彼此的距离，理解了对方的难处，兼顾了各方的诉求，在对待各自核心关切上形成共识，在反复的磨合与磋商中达成一致。

东亚基于区域认同共识推动的合作拓展到多个领域。比如，环境治理就被纳入东亚地区治理的重要议程。东北亚设立了次区域环境合作项目（NASPEC），中日韩合作把环境治理作为重要议题，东盟+3、东亚峰会和亚太经合组织等机制都设立了专门的环境合作议程，每年召开部长会议、高官会议，提出合作动议和推动合作进程。东亚在推动海洋治理方面也取得进展。比如，先后制定了“10+3海洋塑料垃圾治理合作行动倡议”“东亚海环境管理伙伴关系计划”。在中国的倡议与推动下，已举行了六届东亚海洋合作平台青岛论坛和东亚海洋博览会。在其他领域，如地区的公共卫生治理领域、社会文化合作领域等，东亚国家通过强调理念共融与利益共享，共同制定地区治理规则，积极回应各项地区治理需求，也取得了显著共识。

（二）经济合作与安全合作双轮驱动

东亚合作的进程虽说是从经济合作开始，以经济发展与合作为

① 《1.4万页法律文本！解密RCEP谈判背后不为人知的故事》，央广网，2021年11月16日，http://china.cnr.cn/xwwgf/20201116/t20201116_525331605.shtml。

重心，但同时也逐步发展了政治对话、安全合作和社会文化合作，通过合作建立各国之间的信任，发展制度性机制，从而实现地区的稳定和安全。[①]可以说，东亚合作总体上以经济合作和安全合作为双轮驱动，并以灵活多样的制度化建设，加强和巩固着东亚区域认同的制度基础。

东亚合作的制度化早已开始，尽管人们通常认为东亚合作的制度化水平低、制度化程度弱、制度化形式软，甚至因此认为亚洲目前经历的是“没有地区主义的地区化”[②]，但东亚特色的制度化建设始终在路上。东亚并不真正缺少“地区主义”，相反有很多地区制度上的创新。制度塑造认同，东亚地区组织和制度在认同建构方面的价值和作用越来越突出。

东亚经济合作的机制建设进展显著，主要体现在自由贸易区建设和地区金融合作机制建设上。《区域全面经济伙伴关系协定》的达成提升了东亚区域经济合作制度构建的水平，改变了以往多个“东盟+”自贸区并存的局面。重要的是，东亚在贸易规则制订等方面创建了“东亚方式”，即根据东亚区域的实际，采取高标准目标与逐步推进相结合的方式，不同于欧洲和北美的构建方式，从而为东亚区域大市场的构建提供了可行性和规则保障，有利于东亚国家的共同参与和区域供应链网络的构建。最初，为了应对 1997 年的金

① 张蕴岭：《为什么要推动东亚区域合作》，《国际经济评论》2003 年第 5 期，第 49 页。

② A. MacIntyre and J. Ravenhill, “The Future of Asian Regional Institutions,” in M. Kahler and A. MacIntyre (eds.), *Integrating Regions: Asia in Comparative Context* (Stanford, CA: Stanford University Press, 2013), pp. 245–266；转引自塔尼娅·A. 博泽尔、托马斯·里塞主编《牛津比较地区主义手册》，耿协峰译，天津人民出版社，2023，第 216 页。

融危机，东亚金融合作方面先后建立了“10+3”财金对话机制、“清迈倡议”及其多边化机制以及“10+3 宏观经济研究办公室”等，不断升级完善合作机制的建设。[①]

在安全领域，东亚区域整体的制度化建设比较缓慢，但围绕东亚区域安全的多重安全对话合作机制的构建进程并没有停息。东盟的安全和合作制度化成为推动东亚安全合作的重要力量。东盟本身的制度构建不断深化，把建立安全共同体作为东盟共同体的核心支柱之一。同时，东盟通过让其他国家签署《东南亚和平友好条约》构建共守安全规则；通过建立东盟地区论坛，邀请其他国家共商区域安全议题，推动规则制定，稳定区域安全大局；通过“东盟+”框架构建东亚防长会晤机制等。在大国博弈加剧，美国加大力度推动以安全为核心的“印太战略”的情况下，以东亚为区域定位的安全合作机制构建可以在很大程度上维护东亚的安全关系和秩序，因而具有重要意义。比如，在美国推出“印太战略”后，东盟发布了立场文件，坚持了“以东盟为中心”的立场和应对战略，中国明确表示支持东盟的立场和应对方式，这些都有助于维护东亚的核心区域认同地位。

（三）区域治理与全球治理紧密联系

全球化是世界发展的一个突出特征，国家、区域都被紧密地链接在全球体系之中。作为高度开放的区域，东亚的区域认同中具有

① 李巍：《东亚金融地区主义的制度升级》，《世界政治研究》2019 年第 2 辑。

很强的全球意识，把区域合作、区域治理与全球治理紧密联系起来，在很多方面体现出“全球性地区治理”特征。所谓“全球性地区治理”，就是指“在全球主义的观照下，各国际行为体在地区层面就某个或某些议题，或者就整个地区的全面合作问题，开展政策协调、构建制度性联系或者组织地区共同体等活动，旨在先行实现世界各个地区的治理和善治，最终达到全球的治理和善治”。[①]“全球性地区治理”这一新观念融合了传统国际区域治理的功能合作优势，不仅能针对不同的治理领域和问题，根据需要和可行性开展专项合作治理，针对性强，目标明确，效果明显，不需要复杂的制度设计和高度的政治认同，[②] 而且更强调面向全球实行“开放的地区主义”，最终走向全球治理与善治。实现全球性地区治理的方式，又与以“软性地区主义、不对称互动和过程主导”[③] 以及“相互尊重、协商一致、照顾各方舒适度”为特征的东亚区域合作和区域认同模式（“东亚模式”）相契合。

东亚区域认同的突出特点是开放性、包容性、渐进性，重视合作的进程和关系协调，通过制度内协商对话达成默契，渐进加深集体认同。其开放性体现为相互开放，面向全球开放，反对封闭和排他；包容性体现为承认多样性的现实，接纳多元行为体，容许多种声音和需求，照顾各方舒适度；渐进性表现为尊重差异，不强求一

---

① 耿协峰：《全球性地区治理的观念生成与实现路径：兼以互联互通的政策扩散为例》，《国际政治研究》2021 年第 4 期，第 84 页。

② 张蕴岭：《关于国际区域治理的思考（二）》，《世界知识》2022 年第 4 期，第 71 页。

③ 魏玲：《东亚地区化：困惑与前程》，《外交评论》2010 年第 6 期，第 37—39 页。

律，分阶段分步骤达成目标。总之，东亚国家不谋求区域趋同，而致力于通过区域共识建构区域认同，将区域治理与全球治理紧密联系在一起，推动实现新型的“全球性地区治理”。

四、东亚区域认同建构的困难与前景

作为一个多样性很强的区域，东亚的区域认同，特别是区域认同共识的凝聚存在许多困难，在大国战略竞争加剧的背景下，国家间的关系、区域认同定位和利益考量分歧增加。在此情况下，基于区域认同共识的东亚区域合作面临困难和严峻挑战。不过，只要把握好东亚区域合作与认同建构的导向，未来前景仍将充满希望。

（一）主要的挑战和困难

加强区域认同与开放合作对东亚区域而言意义重大。然而就当前来看，有三大挑战考验着东亚区域认同的持续性建构，即地区内部矛盾与差异、多重区域机制竞争，以及区外强权政治干扰。

1. 地区内部矛盾与差异的制约

历史遗留问题与现实政治经济问题叠加，东亚地区内部的诸种矛盾与差异持续冲击着东亚整体互信的建构，区域认同不断经受考验。

一方面，往昔一些战争、领土纠纷等历史遗留问题，严重影响着东亚各国对集体身份认同的原初判断。[①] 东亚历史记忆中各种遗留问题相互纠缠，不仅滋生了一定范围的狭隘民族主义，用保守且排外的态度去揣度其他国家与民族的意识观念，而且还造成一些国家间难以形成有效合作。种种不信任感、距离感，甚至敌对感，对区域集体身份认同观念造成损害。

另一方面，东亚各国之间的经济发展水平差异甚大，对深化区域认同与合作也构成不小阻碍。东亚地区各国经济发展水平差异明显，造成部分国家在经济权利、经济援助和资源配置等问题上产生冲突和矛盾。近年来，地区产业链、供应链和价值链发生了结构变迁和重组，导致区内各经济体之间竞争性加剧，这些对区域认同共识凝聚产生负面影响。同时，地区各国在经济发展水平上的差异和竞争、安全诉求上的矛盾和冲突，也带来地区主导核心归属问题上的分歧和博弈。东亚区域合作中的“信任赤字”[②] 以及围绕东亚安全合作的争论等，都形成东亚区域认同构建的障碍。

2. 多重区域机制竞争的制约

东亚合作过程中，多重机制竞争增加了区域合作与认同建构的难度。东亚各国体制多元，各有不同的区域合作构想，并纷纷付诸实践。当各国按照自身构想陆续与区内伙伴、次区域组建或签订合作协定时，区内其他国家会担心本国被孤立在主要市场之外，又纷

---

① 张丽华、杨仑：《建构主义视域下的东亚集体身份认同研究》，《社会科学研究》2022 年第 5 期，第 86 页。

② 蒋芳菲：《东亚区域经济合作中的“信任赤字”：演变与动因》，《当代亚太》2022 年第 6 期，第 64 页。

纷发起新的合作协定，或加入已成立的不同协定当中，结果就诱发了机制叠床架屋、复杂交错的问题。尽管东亚在认同与合作的互动实践中已经建立起各层级的磋商机制，但多层的合作框架也导致会议太多、议题重复，甚至各个框架之间产生相互竞争与制约，从而影响合作的实际效能和效率。①合作低效、沟通和协调不健全、机制利用热情不高等问题严重削弱了地区国家的集体身份认同，也致使东亚合作机制的功能没有得到充分发挥，最终影响到地区国家间利益的协调与融合，一定程度上减弱了它们开展区域合作的信心和耐心。

东亚区域整体建构的缺陷也困扰着东亚区域认同共识的凝聚。东亚国家间在地区建设目标与定位上未形成强烈的共识，未形成高度一致的政治意愿。区域认同建构是一个在磨合中建构的长期过程，其与区域合作的磨合结果可能有三种：认同相融、认同交叉和认同冲突。“狭隘民族主义”影响相关国家的政策选择，使得部分国家在特定政策上收缩后退，造成地区国家间的认同合力减弱。多重选择导致认同错位交叉，削弱东亚区域认同共识的凝聚力。东亚地区国与国之间在国家实力、政治制度、经济制度、意识形态和宗教文化等方面差异巨大，在某些特定问题上难以形成共识，这就需要各国努力寻找机会协商解决问题、消除分歧。

在东亚共同体构建的定位、方式和目标上各国立场并不一致。②

---

① 张蕴岭：《在理想与现实之间：我对东亚合作的研究、参与和思考》，中国社会科学出版社，2015，第 156 页。

② 王秋彬：《东亚共同体：挑战与对策》，《长白学刊》2009 年第 4 期，第 48 页。

东盟坚持“以东盟为中心”，尽管在构建东亚区域链接上发挥了特殊的作用，但是，东盟担心被东亚化解或者替代。中日在东亚区域认同、东亚区域制度构建上有着很大的差别，澳大利亚、新西兰作为东亚区域合作的参与者，对于以东亚地缘为核心的制度构建并不完全认同。同时，东亚区域认同与区域合作的实践中，搭台的主角是各国政府，而非政府组织、国内民众个体等非国家行为体在其中的参与和互动则十分欠缺。东亚区域认同与区域合作的实践主要是“精英制造”（created by the elite），并没有充分下沉至民间社会。缺乏民众间相互认同意识的有效形成，东亚区域认同构建和区域合作就缺乏稳固的社会基础。[①]

3. 区外强权的政治干扰

美国凭借其超级大国的影响力，以及长期在东亚地区的经营与安排，以直接或间接两种形式，双管齐下，积极干涉东亚地区化的各项事态，对东亚整体互信和认同构建造成干扰。

亚洲金融危机后，东亚区域认同与区域合作的互动实践得到很大的发展，但也引起了美国的关注。美国担心东亚地区化最终会冲垮其在东亚的同盟关系网，进而影响其在东亚的战略地位。[②]故而，美国推出许多措施加以干扰。比如，明确反对关于建立亚洲货币基金的倡议，推出“亚太再平衡”战略、排除中国的“印太战略”等，竭力打造以美国为中心的地缘政治空间，分裂东亚区域。在美

① 李文：《构建东亚认同：意义、问题与途径》，《当代亚太》2007 年第 6 期，第 10 页。
② 林利民：《美国与东亚一体化的关系析论》，《现代国际关系》2007 年第 11 期，第 4 页。

国的直接攻势下，东亚一些国家以各种形式参与“印太战略”下的多种安排。

美国的强势政治干扰对东亚区内和区外国家的战略选择产生了很大影响。在地区外部，其他地区力量纷纷效法美国，通过介入东亚区域而分化东亚区域认同与实践。在地区内部，由于美国对中国施行全面战略竞争，东亚部分国家采取所谓“对冲”政策，两方或多方下注，弱化了对东亚区域认同的共识，进而影响东亚区域构建的实践。

（二）未来前景展望

从未来发展看，东亚区域认同与区域合作的共生互动、磨合建构仍将继续，进程中会出现相融、交叉与冲突的交替，但东亚作为世界发展最有活力的地区，已经有了整合的区域经济合作机制构建，除了坚持稳定、开放与合作的大方向，没有别的选择。东盟会继续深化共同体建设，东亚其他国家也不会脱离东亚区域合作机制，因此，增进区域认同，构建开放合作的东亚区域是基本共识。为了推动东亚区域认同的正向发展，需要把握以下几个关键导向。

第一，发展导向。东亚区域认同的核心是经济发展共识，加强经济合作、使得区域经济发展可持续是东亚最重要的认同导向。以东亚为主体的《区域全面经济伙伴关系协定》成功签署，是东亚区域经济向高水平整合发展的重要推动力。在东亚区域合作发展进程中，不断增强在提升《区域全面经济伙伴关系协定》水平上的共识，既可以推动东亚区域经济的可持续发展，又可以为世界的发展提供动力和解决方案。

第二，和平导向。和平是东亚区域发展的根本保证，因此，增进安全互信、维护地区和平是具有优先性的重要认同导向。由于美国通过构筑新的同盟伙伴体系，推进“印太战略”，大力开展对华战略竞争，导致东亚地区安全困境加剧，东亚安全认同被撕裂和分化。因此，把握安全认同建构这只轮子的前行方向具有特别重要的意义。

第三，制度导向。东亚区域认同建构以“东亚模式”为引导，在制度建设上主张“软性制度主义”，不强推制度化建设，倡导软约束、舒适度、灵活性，这些是东亚合作的基本共识，也是未来东亚区域认同建构的合力和动力。

第四，互通导向。互联互通是推动东亚区域构建的基础元素，不仅体现在基础设施的互联互通上，也体现在政治、经济和社会的互联互通上。深化区域合作是推进东亚互联互通的路径，通过合作，形成一个“共通的区域”，[①] 增进一种共同理念和价值观，从而不断凝聚区域认同共识。

第五，治理导向。作为一个紧密连接的区域，存在诸多需要合作治理的领域，通过合作治理，实现区域的可持续发展与和平。国家治理、区域治理和全球治理是相辅相成的，通过深化政治共识、

① 吴泽林：《亚洲区域合作的互联互通：一个初步的分析框架》，《世界经济与政治》2016年第6期，第79页。

政策协调和共同行动，增进各方的责任感，通过治理成效实现各方的利益共享，这样，在治理进程中会逐步提升各方的区域认同性，增加认同共识点。东亚的有效治理也为其他地区和全球提供可资借鉴的经验。

五、结语

东亚是一个既存在巨大差异和矛盾，又充满发展和合作活力的区域。在东亚，区域认同有着历史的渊源，更有丰富的现实发展。相互依赖的经济发展是增进东亚区域认同和区域共识的主要推动力，在共同的发展中，各国不仅增进了区域合作的意识，也推进了合作实践的发展。亚洲金融危机是东亚区域合作的重要驱动力，也增进了区域认同的共识。各方认识到，区域是一个紧密连接的整体，只有开展合作才能走出危机，只有深化合作才能使得东亚区域发展可持续。但同时，东亚存在诸多差异、分歧和矛盾，也有外部势力的深度介入，这使得东亚区域的认同共识和区域合作制度的构建面临很多困难和挑战。在区域认同上，各国的定位和利益取向存在分歧，对于区域制度构建的目标认知存在差异，进程出现反复。因此，未来的东亚区域认同构建，特别是基于认同共识的区域合作制度构建，会是一个反复曲折的进程。

美国区域认同的历史演变

杜　娟*

摘　要　美国的区域认同是在国家认同基础上形成的，在不同历史时期根据不同的身份建构和利益诉求而不断丰富和变化的，是受多重因素影响的多维立体且带有强烈的霸权色彩的。美国的区域认同在空间上是不断延展的，从最开始以北美为基础的国家认同，到基于地缘固守美洲的“泛美主义”，再到积极融入“西方”的“大西洋主义”，拓展商业利益的“太平洋主义”，最终创造出以美国本土为中心、以美洲为基础、以两洋为侧翼，将欧亚大陆裹挟其中、覆盖全球的霸权体系。美国的区域认同观念不是以合作发展为目的，合作只是其在特定时段和特定历史条件下作为排挤和打压第三方“他者”的手段，谋求和维护地区和全球的霸权地位才是其根本目的。

关键词　美国；区域认同；泛美主义；大西洋共同体；太平洋商业帝国；霸权

* 杜娟，中国社会科学院世界历史研究所副研究员。

国际关系建构主义理论的代表人物亚历山大·温特认为，国家是具有身份和利益的实体。身份是利益存在的前提条件，行为主体只有明确了身份认同，才能界定自身的利益。所以，身份和利益是相互依存的，两者决定着一个国家的外交政策。具体而言，国家具有四种身份：个人/团体身份；类属身份；角色身份；集体身份。个人/团体身份是其他身份的基点或平台。类属身份指的是一种社会类别，只有具有社会内容或意义的相同特征才能构成类属身份，其具有内在的文化向度。角色身份依赖于文化，只能存在于和“他者”的关系之中，即“自我”通过“他者”的眼睛看到的“自我”。集体身份是角色身份和类属身份的独特结合，诱使行为体把“他者”的利益定义为“自我”利益的一部分。① 国际关系建构主义理论另一代表人物戴维·坎贝尔指出，身份的构成与差异密切相关。身份的构成是通过确定某些概念实现的，它们区分“内部”和“外部”，“自我”和“其他”，“国内”和“国外”。国家身份体现在外交政策中，并得以不断发展完善。② 从这个理论的逻辑关系可以看出，民族认同、国家认同和区域认同呈现逐渐递进的层级关系。美国的成长历程是一个不断建构自我、寻求共同体的过程，③ 在此基础上形成了“自我”和周边世界关系的区域认同。从这个意

---

① 亚历山大·温特：《国际政治的社会理论》，秦亚青译，上海人民出版社，2014，第220—225页。

② 戴维·坎贝尔：《塑造安全：美国的外交政策和身份认同政治》，李中、刘海青译，吉林人民出版社，2008，第11、13页。

③ Daniel Joseph Boorstin, *The Americans: The National Experience* (New York: Vintage Books, 1965), p. 1.

义上讲，在分析美国区域认同形成的历史过程时，需要结合美国人的国家构建和身份认同理念进行分析。

一、早期以北美为基础的国家构建

美国早期的国家构建问题并非一个传统的史学命题，它还借鉴了政治学的“国家构建”理论。国家构建“涵盖了国家理念的形成和变化，国家制度的设置、调整和完善，国家的能力及其发挥的程度和后果”，侧重制度和能力的层面。国民克服族裔、文化、信仰、利益乃至人种上的差异所带来的不利影响，形成国家认同感，对国家保持忠诚，成为一个政治和文化的共同体。[①]

1585—1775 年独立战争前是美国的奠基时代，这一时期殖民地居民的最高忠诚对象是大英帝国，而后才是其所在的殖民地。美国史学界的主流观点认为，美利坚民族身份认同并不是诞生于殖民地时期，也没有因独立战争的胜利而立即形成。[②] 对此，美国著名历史学家埃德蒙·摩根有一个精辟的论断：“美利坚民族并非革命之父，而是革命之子。”[③] 在草创时期，殖民地居民必须依赖英国的保护和支持才能立足，所以殖民地与母国的联系比殖民地之间更加紧密，两者之间很少出现政治争端。

---

① 李剑鸣：《学术的重与轻》，商务印书馆，2017，第 121—122 页。

② 蔡梦竹：《美国史学界关于早期国族身份认同的研究》，《世界历史评论》2020 年第 4 期，第 155—160 页。

③ Edmund S. Morgan, *The Birth of the Republic, 1763 - 1789* (Chicago, IL: University of Chicago Press, 1956) , p. 100.

17 世纪中叶以后，在建立较早的殖民地，本地的政治势力日渐成熟，对母国的政策不再唯命是从。北美殖民地和英国本土拥有相同的法律地位，殖民地居民与英国本土居民享有相同的特权和豁免权，北美殖民地各级政府拥有不同程度的自治权。随着殖民地精英政治力量日益增长，他们的政治意识开始觉醒，反对母国对殖民地官职的垄断，以争取更大的自治权。殖民地居民的自治能力迅速提升，他们拥有更广泛的参政机会和权利，议会下院的权力也在不断扩张。

与此同时，英国在北美殖民地实行的重商主义经济政策客观上催生了殖民地经济独立的发展诉求。英国颁布《海上贸易条例》，规定殖民地向母国输出原材料和半成品，大量进口母国的工业制成品，以此保持其对母国的依赖性和双方的互补性。除了控制殖民地贸易，英国还通过一系列政策法规限制殖民地制造业的发展，以经济手段维护国家权力、积累国家财富。英国还在北美开辟财源，向殖民地直接征税，以缓解因七年战争加剧的财政压力。这些政策致使北美殖民地长期处于贸易入超地位，债务规模不断扩大，制造业总体相对落后，税务负担日益繁重。为了争取经济发展权益，殖民地政治精英构筑起一套“权利话语”，指斥英国的政策是侵害北美居民权利的暴政，他们将自由和权利视为生活的最高价值和政治的最终目的。“从某种意义上说，‘自由情结’乃是殖民地居民寻求独立的深层动因，而‘权利话语’则是他们反对英国的有力工具”。[1]

北美殖民地居民的共同体意识为独立战争的爆发提供了心理支持。他们在政治制度、经济生活、社会习俗和价值观念等方面的共性意识不断增强，并最终超越了“英国人”的身份认同，萌生出“美利坚人”的观念。各地商品的互通有无，媒体信息的传播交流，以及防卫法国人和印第安人过程中的协作，掺杂欧洲不同语言的殖民地英语，都为殖民地居民形成共同体意识提供了基础。

殖民地居民开始自觉地区分自己与英国人的不同，对于生活的“美洲”有着与日俱增的认同感和自豪感。北美幅员辽阔、物产丰富，自然条件远比英国本土优越。更加重要的是，与英国本土相比，殖民地居民享有更多的宗教自由和政治自由。托马斯·潘恩就此指出：“宗教改革先于美洲的发现，仿佛是上帝慈悲为怀，有意为以后几年受迫害的人们开辟一个避难所似的，那时本国既不会给他们友谊，也不会给他们安全。”[2] 1620年乘坐“五月花”号远赴美洲的清教徒宣称，此行的目标就是与当地人一道建立一个文明公平的政体，从而享受到最好的秩序和保护。[3] 此后三四十年，约有两万名清教徒怀着建立一个永久性新社会的梦想来到美洲。

“美国是世界上惟一的一个以信念立国的国家。”[4] 追求自由和

---

① 李剑鸣：《美国通史（第一卷）：美国的奠基时代 1585—1777》，人民出版社，2002，第541页。

② 《潘恩选集》，马清槐等译，商务印书馆，2015，第25页。

③ David George Hale, *The Body Politic: A Political Metaphor in Renaissance English Literature* (Paris: The Hague, 1971), p. 11.

④ 理查德·科洛卡特：《反美主义与全球秩序》，陈平译，新华出版社，2004，第47页。

权利成为北美殖民地民众共同的价值信念，也是他们引以为傲的独特之处和寻求共识的精神基础。他们将殖民地建立和开拓的历史描绘成先人争取自由的伟大篇章。这种狂热的自由精神，在英属殖民地居民中最为强烈。殖民地的自治传统和政治体制使英国人的自由理念在美洲落地生花，自由和平等已经化作神圣的东西积淀在每一个美洲人的心中。①

北美殖民地民众开始拥有一个共同的名字“美利坚人”，人们的日常用语和书面文字中经常出现“America”和“American”的字样。在1741年北方的报纸上，为了与“美利坚人”区分开，文章提到英国人时用的是“欧洲人”的字眼。英国政府中也有人用“美利坚人”称呼北美殖民地民众。尽管这个词语开始在殖民地被普遍使用，但是对它的界定至今都存在着争议。1782年，“克雷弗克之问”被抛出——“作为新人的美利坚人，到底是什么样的人?”在克雷弗克看来，“美利坚人”拥有种族和血统上的多样性，他们“抛弃了他所有的古老偏见和习惯，从他所接受的新生活方式、所服从的新政府和所享有的新地位中接受新的偏见和习惯”，“是按照新的原则行事，接受新思想，形成新观点的新民族”。② 约翰·亚当斯坚信，美利坚人既有罗马人在那个共和国鼎盛的美好时代所具有的强烈情感，又有人道的仁慈感情和基督徒的高尚德行；他们出于

① 王立新：《美国国家认同的形成及其对美国外交的影响》，《历史研究》2003年第4期，第126—127页。

② J. Hector St. John de Crèvecoeur, *Letters from an American Farmer and Sketches of Eighteenth-Century America* (New York: Penguin Books, 1981), pp. 46-47.

习性对自由权利有着强烈的意识，同时又无上崇尚美德。需要指出的是，18 世纪六七十年代，“美利坚人”仅仅是一个基于人文地理的泛称，还不具备严格的民族学意义。[①]

北美殖民地居民共同体意识的萌生就是寻找和塑造角色身份的过程，这一过程存在于界定“自我”和“他者”的关系中，而这个“他者”就是以英国为代表的“旧大陆”——欧洲。尽管殖民地时期北美地区的移民主要来自西欧，尤以盎格鲁-撒克逊人为主，英裔居民的制度、习俗、语言和生活方式决定着北美文化的基调，但是长期以来美国人并不承认他们与欧洲在文化上的亲缘关系。克雷弗克强调了欧洲与美洲的对立。他认为，欧洲代表着暴政、堕落、贫穷、压迫、等级制、贵族制、贫富分化，而北美则展现了另一番景象，“这里没有贵族家庭，没有宫廷，没有国王，没有主教，没有教会统治，没有少数显赫人士享有的隐形权力，没有雇用数千人的大工业，没有昂贵的奢侈品。这里的贫富差距不像欧洲那么大”。[②]

独立后，美国建国一代的共同抱负就是与欧洲的旧制度和旧生活方式进行切割，在新大陆建设一个新社会。所以，与批判欧洲相对的，就是强调美国制度和文化的独特性和优越性，尤其是在政治制度、阶级关系、社会生活等方面的优长。总之，美国建国后的一百多年间，一直将欧洲视为文化的“他者”，彰显二者的不同和对

---

① 李剑鸣：《美国通史（第一卷）：美国的奠基时代　1585—1777》，第 515—522 页。

② J. Hector St. John de Crèvecoeur, *Letters from an American Farmer and Sketches of Eighteenth-Century America*, p. 45.

立，以此构建美国的文化身份、国家认同和区域认同。欧洲与美国二元对立的话语衍生出了“美国例外论”和“天定命运论”。

二、“泛美主义”与西半球地缘区域认同

与美国例外文化身份紧密相关的是大陆主义地缘政治思想。大陆主义把美国的地理位置、制度特征和国家理想融合在一起，主要包含三个方面的思想：一是浩瀚的大西洋把西半球与欧洲分隔开，并形成难以逾越的地理障碍，使“新旧大陆”分属不同的地理和政治体系，美国的利益集中在西半球。二是欧洲是一个充满暴政和战争的凶险之地，对美国乃至整个西半球安全都构成威胁，因此美国应该避免卷入欧洲的事务，同时也要防止欧洲介入和干涉美洲的事务。三是美国是一个大陆国家，北美大陆是上帝留给美国进行伟大共和试验的舞台，美国应该占领除加拿大外的整个北美大陆，并在此建立一个与欧洲不同的独特的美利坚文明。[①]

大陆主义地缘政治思想投射到美国外交思想上就表现为孤立主义。孤立思想的产生源自新、旧大陆在地理空间上的遥远距离，英国人固有的“岛国意识”，以及殖民地人民在反抗英国殖民统治中产生的“联合自救”思想。美国革命期间，约翰·亚当斯提出不卷入欧洲国家的纷争最符合合众国利益的思想。1796 年，华盛顿发表

① 王立新：《美国国家身份的重塑与“西方”的形成》，《世界历史》2019 年第 1 期，第 5—6 页。

卸任前的《告别演说》，该文件被视为“孤立主义”宣言。在这场演说中，华盛顿一方面告诫国人不要陷入党派之争，警惕结盟政治对美国独立和主权的侵害，更为重要的是确立了不卷入欧洲政治的孤立主义原则。[①] 1821 年，美国国务卿约翰·昆西·亚当斯在独立日发表演讲称：“美国将只是自身自由和独立的捍卫者和支持者……一旦投入到其他国家而非自己国家的旗帜下，即便目的是寻求独立，也会卷入以自由的名义实则因争夺利益、阴谋及个人的贪婪、妒忌和野心而引发的战争中，从而失去拯救其他国家的力量。”[②] 这些讲话充分反映出建国早期美国政治精英们对国家身份和国际角色的认识和界定，即美国是有别于欧洲的美洲国家，要与欧洲政治保持距离，避免卷入外部事务，心无旁骛地在“新大陆”进行共和试验。孤立主义奠定了此后一百多年美国对外关系的总基调。

需要注意的是，美国的孤立主义是相对的。其一，政治和外交上的孤立并不意味着经济上的闭关锁国，相反却带有资本主义的外向性。其二，为了在与欧洲争夺殖民地和商品市场中保持行动上的自由，美国需要与欧洲保持若即若离的关系。其三，美国早期孤立主义在空间上只适用于欧洲，而在拉美和亚洲则是积极扩大影响实施控制。因此，美国的孤立本身包含防御与扩张、内向与外向的双重含义。美国孤立主义涵盖一系列口号，如“不结盟”“中立”

---

① George Washington, “Farewell-Address,” https://www.senate.gov/artandhistory/history/resources/pdf/Washingtons_Farewell_Address.pdf.

② Walter LaFeber (ed.), *John Quincy Adams and American Continental Empire: Letters, Papers and Speeches* (Chicago: Quadrangle Books, Inc., 1965), p. 45.

“不卷入”“不干涉”“不纠缠”“航行自由”等，这些概念可以在不同时期、不同地点、不同形势下，根据美国利益任意取舍和解释，带有极强的实用主义色彩。①

1812年英美战争改变了美国国内的政治和经济格局，改变了民族心理和社会思想状态，也改变了其外交的目标、重心和性质。种植园和农业发展亟须开垦更广阔的土地，工业市场也需要不断开拓，所以，对美洲的贸易日益重要。此后30年间，美洲大陆逐渐成为美国外交的重心，争取大陆扩张的“自由权”遂成为其追逐的主要外交目标。

19世纪初拉美国家纷纷独立，西半球开始形成以共和制为主体的美洲政治体系，这与君主制的欧洲存在天壤之别，同时西半球的政治格局也处在深刻的变动之中。以绞杀革命为己任的欧洲神圣同盟妄图插手拉美独立运动。美国和拉美地缘上的亲近致使欧洲大国无法轻视美国；不过，美国还无法凭借自身的经济和军事实力抗衡欧洲大国，因此，防止欧洲在美洲获得领土或扩大势力范围成为美国政府拉美政策的出发点。美国利用英国与神圣同盟的矛盾，在风险最小的情况下抢先承认了拉美新独立国家，为日后单方面宣布独占美洲的外交原则创造了条件。1823年11月27日，国务卿约翰·昆西·亚当斯在致俄照会中提出欧美大陆体系有别和互不干涉等原则。

---

① 王玮、戴超武：《美国外交思想史（1775—2005年）》，人民出版社，2007，第43、68—69页。

1823年12月2日，门罗总统在致国会的年度咨文中详细阐述了对拉美的政策，即著名的“门罗宣言”。其中包含三大原则：“美洲体系原则”“互不干涉原则”“不准殖民原则”。“美洲体系原则”是门罗宣言的理论基础，是门罗和亚当斯等政治精英对早期孤立主义的进一步发展和扩充。主要体现在三个方面：一是除继续鼓吹美欧两个大陆天然的地理隔绝外，更多地强调二者在政治制度方面的本质区别；二是对欧洲的孤立从美国一国扩大到整个美洲，是为“集体孤立”；三是不再只追求不介入欧洲事务，还要求从美洲“集体孤立圈”中排斥欧洲势力，即双向的不介入。“互不干涉原则”主要指美欧大陆互不干涉。门罗宣称：“任何欧洲国家为了压迫它们或以任何其他方式控制它们命运而进行的任何干涉，我们都视为对美国不友好的表现。”“不准殖民原则”主要是针对英国和俄国在美洲的殖民活动提出的。门罗宣告：“今后欧洲任何国家都不得把美洲大陆上已经独立自由的国家当作将来殖民的对象。”① 该原则实际上是1811年“不转让原则”的深化，都是要维护独立后拉美的现状，限制和约束欧洲大国在这一地区的扩张。

门罗宣言隐含着“美洲是美洲人的美洲”之义，它试图通过强调南北美洲利益的相同之处，以地理上的优势为美国与欧洲的竞争创造有利条件，形成独立于欧洲的美洲共和政治体系。它的产生标志着美国的孤立主义已经发展到更高的阶段，从消极的不卷入欧洲

---

① “Message of President James Monroe at the Commencement of the First Session of the 18th Congress (*The Monroe Doctrine*),” December 2, 1823, https://www.archives.gov/milestone-documents/monroe-doctrine.

事务的防御性外交逐渐转变为积极的不让欧洲插手美洲事务的进攻性外交，使孤立主义具备了积极能动的特点，为即将到来的大陆扩张做铺垫。

事实上，尽管门罗宣言包含着自美国革命以来基本的外交政策理念和区域认同观念，但它在当时只是解决美国所面临外交问题的一项政策声明，并不是美国实力发展到成熟阶段的自然产物。对于美洲国家而言，其所谓的“美洲体系”只是一种理论说教，美国在实力不足的情况下不会与新独立的拉美国家建立共同对付欧洲干预的体系，因此没有即刻成为美国外交的“主旋律”。鉴于此，门罗宣言发表后的20余年间，被美国史学家称为“停滞时期”。

1845年12月2日波尔克总统发表了第一个国会咨文，标志着门罗宣言到门罗主义的演进过程大体完成。波尔克执政时期是美国大陆扩张的高潮，对得克萨斯实行军事占领，命特使赴墨西哥谈判，要求得克萨斯的边界由努埃西斯河推进到格兰德河，还要求“购买”新墨西哥和加利福尼亚地区。波尔克在咨文中重申了20多年前门罗宣言中的美洲原则，并作了一些重要的补充和新的解释。他把门罗宣言的“互不干涉原则”引申为欧洲对于美国合并其他美洲国家行为的不干涉，以服务于美国的领土扩张活动。“不准殖民原则”意指不准欧洲国家在北美洲建立新的殖民地。这反映出美国同以英国为主的欧洲大国争夺美洲势力范围的态势。波尔克对门罗宣言的重申大大提高了这些原则在美国外交政策体系中的地位。此后，这些原则在美国与欧洲大国在美洲的抗衡中不断发展，最终成为美国制定拉美政策的指导思想——门罗主义。事实上，这一阶段美国外交的重点仍然放在北美洲、中美洲和加勒比地区，对南美洲仍然力不从心。

大陆主义地缘政治思想和门罗主义外交思想发展出的区域认同观念就是“西半球观念”。18 世纪末至 19 世纪的这一概念的核心内容为：西半球的人民以一种特殊的关系团结在一起，这种关系使他们与世界其他地区区分开，最重要的是与欧洲相分离。① 在美国人看来，西半球国家在地理、历史、政治和安全方面存在高度关联。在地理空间方面，南北美洲相互连接，自成一体，与欧洲分隔大洋两岸。在历史经历方面，共同经历了欧洲人的殖民侵略，以及抗争独立的历史。在政治体制方面，都致力于建设共和制度，这与暴虐的君主制度截然不同。② 在国家安全方面，新生政权都面临着欧洲大国的威胁。

“西半球观念”为 19 世纪末泛美主义的兴起提供了思想基础，美国经济的迅速崛起和商业扩张则是其产生的根本动力。大陆扩张已近尾声，美国深感国内市场狭小不足，泛美主义的提出就是要把欧洲国家排挤出西半球，使拉美国家完全成为美国的商品市场和原料产地。如果说门罗主义只是美国单方面在西半球对欧洲国家的政策，那么泛美主义则是美国妄图拉拢拉美国家，把单方面的对抗变

① Arthur P. Whitaker, “The Origin of the Western Hemisphere Idea,” *Proceedings of the American Philosophical Society* 98, no. 5 (October 15, 1954), p. 323.

② Tanya Harmer, “Commonality, Specificity, and Difference: Histories and Historiography of the Americas,” in Juan Pablo Scarfi and Andrew R. Tillman (eds.), *Cooperation and Hegemony in US-Latin American Relations* (New York: Palgrave Macmillan, 2016), p. 73.

成集体行动，以有效排挤外部势力。

20 世纪初，老罗斯福对门罗主义再次进行重要延伸，形成了“罗斯福推论”。为了防止欧洲国家借口讨债重新向美洲国家渗透，甚至可能导致对美洲事务进行干预的合法化和常态化，1904 年老罗斯福在递交国会的第 4 次国情咨文中宣称：“如果在西半球这种混乱或无能的情况特别严重，那么奉行门罗主义的美国只好勉为其难，不得已而充当国际警察。”① 翌年，老罗斯福在致国会的第 5 次国情咨文中进一步阐发了他的西半球政策理念，称没有任何政策能像门罗主义那样促进西半球的和平，并给予这片土地上所有国家走自己发展道路的机会。② “罗斯福推论”的实质就是将“门罗主义”所宣称的“美洲是美洲人的美洲”公然变成“美洲是美国人的美洲”，是以独霸为核心的势力范围思想。在具体的政策实践层面，美国主要通过召开泛美会议和组建美洲国家组织践行其“西半球观念”的地缘区域认同。

1889—1933 年是泛美体系形成的奠基期。1889 年，第一次泛美会议在华盛顿召开。主要议题包含：促进美洲国家繁荣；建立美洲关税同盟；在美洲各港口间开通定期航班；建立统一关税规则；采用统一度量衡制度及保护知识产权和商标；采用共同的银币制度；

---

① Theodore Rossevelt, “Fourth Annual Message,” December 6, 1904, http://www.presidency.ucsb.edu/ws/index.php?pid=29545&st=&st1=.

② Theodore Roosevelt, “Fifth Annual Message,” December 5, 1905, http://www.presidency.ucsb.edu/ws/index.php?pid=29546&st=&st1=.

建立美洲强制性仲裁体制；等等。[①] 此次大会成立了美洲共和国国际联盟，其执行机构是美洲共和国商务局。第一次泛美会议开启了现代泛美主义运动，西半球国家的合作也由此正式进入体制化阶段。[②] 1901 年第二次泛美会议在美洲共和国商务局的基础上组建美洲各国国际事务局，美国从中获得强制调解美洲国家争端的仲裁人地位，美国国务卿担任该事务局理事会主席。1906 年第三次泛美会议将美洲各国国际事务局改组为泛美组织的常设委员会。1910 年第四次泛美会议把美洲共和国国际联盟改名为美洲共和国联盟，将常设委员会改组为“泛美联盟”。该机构的主要领导人和工作人员大多由美国人担任，活动经费也基本由美国提供。受第一次世界大战的影响，本应在 1915 年召开的第五次泛美会议延期至 1923 年举行。这次会议通过了泛美联盟改组议案，规定美洲各国均可指派代表常驻泛美联盟，且理事会主席和副主席须由成员国选举产生，并设立了四个处理经贸、国际劳工、公共卫生和文化合作的常设委员会。这表明泛美联盟的执行机构愈加专业化，其区域组织的特性逐渐显现出来。1928 年第六次泛美会议通过了《关于内部纠纷时期各国的权利和义务公约》，宣布美洲各国一律平等，互相尊重主权和独立，并对美国在加勒比地区的干涉活动进行谴责。总之，这一时期，随着美国实力的不断增长，其对泛美组织的控制力不断加强。与此同

① Samuel Guy Inman, *Inter-American Conference, 1826–1954: Historical and Problems* (Washington, D. C.: The University of Washington Press and the Community College Press, 1965), pp. 40–41.

② 孙若彦：《第一次泛美会议与现代泛美主义运动的开启》，《世界近现代史研究》2020 年第十七辑，社会科学文献出版社，第 53 页。

时，拉美国家也对美国在泛美联盟中的优势地位提出挑战，一定程度上改组了泛美联盟。泛美体系的组成机构、制度框架和体系原则等已初步形成，并呈现出深化和扩张的势头。一方面，美洲国家围绕某些特定议题举行泛美会议；另一方面，不同领域的泛美机构纷纷建立，促使美拉合作走向深入。

1933—1948 年是泛美体系的成形期。20 世纪 30 年代的经济大危机使美国的经济遭受重创，同时冲击了美国对拉美的经济影响力。为了改善美拉关系，渡过经济危机，富兰克林·罗斯福政府出台了“睦邻政策”。1933 年第七次泛美会议通过了《各国权利和义务公约》，确认了各国平等、不干涉别国内政和外交、和平解决争端等一系列泛美体系重要原则，并形成了决议。1936 年泛美联盟召开了一次关于美洲国家维护和平的特别会议，在泛美体系历史上第一次提出针对美洲以外威胁的应对办法，即共同协商维持和平，用和平方式解决所有纠纷，加强美洲国家团结与合作等。1938 年第八次泛美会议通过了《利马宣言》，基本确立了美洲国家战时合作的框架，确定了一致行动的原则，用以对付轴心国的军事进攻和秘密渗透活动。利马会议建立了一个新的机制——外长协商会议。二战期间，泛美体系通过召开外长协商会议以及设立美洲国家防务和财政经济委员会等举措，促成美洲国家共同政治立场，进一步确立以美国为主导的西半球防务联盟体系，为世界反法西斯战争作出了积极贡献。1945 年美洲国家外长会议通过了《查普德佩克公约》，强调可以使用武力等制裁手段应对侵略，并在防务局之下设立“泛美参谋部”。这次会议进一步加强了战时美国在西半球取得的优势地位，为战后建立美洲政治军事联盟奠定了基础。

二战后，美国以反共为名，将泛美联盟由一个行政—法律同盟逐步打造为政治—军事同盟。1947 年美洲国家维持大陆和平与安全会议通过了《美洲国家间互助条约》，规定任何对美洲国家的武装进攻都将被视为对所有美洲国家的武装攻击，美国借此组织了西半球的军事防御联盟。1948 年在第九次美洲国家会议上正式成立美洲国家组织。该组织总部设在华盛顿，美国提供约 60%的经费，下设法律、文化、经济、社会、国际事务等主要部门，并有数百个附属性专门会议和组织，原来的泛美联盟改组为该组织的秘书处。这次会议实现了美国对泛美体系改组的既定目标，泛美体系更加组织化和制度化。不过，它也成为日后美国干涉拉美国家内政的合法工具，美国借此将国际重大问题泛美化。《美洲国家间互助条约》的签订和美洲国家组织的建立，标志着美洲政治军事集团的正式形成。这是战后美国全球扩张战略中第一个地区性政治军事集团，为其以后建立类似集团提供了模板，1949 年北大西洋公约组织就是以此为原型打造的。①

1948 年至 20 世纪 60 年代是泛美体系的发展期。美洲国家组织成立后，美国确立了其在西半球事务中的绝对主导地位，从军事、经济、政治等方面加强对拉美国家的控制和干涉，服务于自身的国家利益。在军事领域，《美洲国家间互助条约》生效后，美国同大

---

① 杜娟：《冷战前期美国对拉美政策研究》，中国社会科学出版社，2016，第 59 页。

多数拉美国家签订了双边军事协定，在17个拉美国家派驻43个军事顾问团，建立了400多个军事基地。朝鲜战争期间，美国通过1951年第四次泛美外长协商会议迫使拉美国家提供援助。1962年美国建立了泛美防务学院，负责培养拉美国家的亲美高级军政官员。在经济领域，1959年成立了美洲国家组织的专门机构美洲开发银行。1961年，在该组织经济和社会理事会的埃斯特角会议上通过了美国提出的“争取进步联盟”计划。美国通过庞大的贷款、援助和投资，进一步控制了拉美国家的经济命脉。在政治领域，美国利用美洲国家组织加强对拉美国家内政的干涉，策划军事政变，武装颠覆民族主义色彩浓厚的政权，扶植亲美独裁政权。1954年举行的第十次泛美会议强行通过了一项旨在为武装干涉危地马拉内政、推翻其民主政府制造借口的反共决议。1959—1964年，美国多次利用美洲国家组织的会议机制指责和制裁古巴，妄图剥夺古巴的成员国资格，胁迫大多数拉美国家与其断交。1965年，美国以“保护美侨”为名悍然出兵干涉多米尼加反独裁争民主的群众运动，并挟持美洲国家组织通过成立“泛美部队”的决议，为其侵略行径正名。由此，美洲国家组织成为美国维护其地区霸权、反苏反共的政策工具。

冷战后期，美国把更多资源和精力放在了应对全球冷战局面的演变上，对拉美国家的政策带有浓厚的政治意识形态和军事色彩，将其置于战略边缘地位，从而加剧了美拉矛盾，美洲国家组织的地位日渐衰落。随着拉美国家外交多元化以及区域合作和地区一体化进程加速发展，拉美国家反控制、反霸权的斗争日益加强，美国在泛美组织中的影响力和控制力都呈下降趋势，其欲通过操纵多数票迫使泛美组织通过它的提案变得愈加困难。美国人在美洲国家组织秘书处所占职员占比从1953年的57%降至1975年的17%，秘书长一职也不再由美国人担任。[①]

归根结底，美国基于地缘的西半球区域认同观念就是要谋求和巩固在西半球的霸主地位。“无论其他国家持有什么样的意识形态或动机，美国都不允许它们侵占西半球的领土及其施加任何影响”。[②] 为此，美国通过建立地区联盟体系、直接军事干涉、经济开发援助等途径实现这一目的，致使其拉美政策带有明显的“排他性”，只是不同时段区域外“他者”有所不同罢了：从19世纪20年代拉美国家独立运动时期的老牌殖民国家，到19世纪中后期至20世纪上半叶的英国，再到二战时期的法西斯势力，又及冷战时期的苏联。从这个意义上讲，泛美主义具有典型的二重性，它既反映出美国对拉美地区的霸权关系，又反映出美国和拉美国家联合起来排除外部势力影响的合作关系，从而使美拉关系呈现出冲突与合作并存的特征。

---

① 沙丁、杨典求：《美洲国家组织的历史演变及其作用》，《历史研究》1980年第2期，第166—171页；李巨轸：《略论早期泛美体系的历史演变》，《历史教学（高校版）》2007年第9期，第56—62页。

② Lars Schoultz, *National Security and United States Policy toward Latin America* (Princeton, N. J.: Princeton University Press, 1987), p. 225.

三、融入“西方”与大西洋共同体的形成

20世纪初以来，美国和欧洲国家在政治、经济和文化等方面的交往愈加密切，英国和法国的民主化增强了美国和西欧在政治制度上的趋同性，一战和二战表明了美国和欧洲国家在安全利益上的一致性，大危机展示了双方在经济发展上的高依存度，这些都深刻改变了美国对于自身文明属性和美欧关系的认识，也改变了其区域认同观念。美国政治精英们逐渐意识到美欧在文化和制度上的同源性，开始把自身视为“西方文明”的一部分，并从外交战略、经济和军事层面着力打造大西洋共同体。

一战初期，威尔逊政府奉行“中立”外交。1914年8月，威尔逊发表讲话称：“美国不仅必须在名义上，也必须在事实上保持中立。”① 然而，战争的走势改变了美国的外交政策，致使其1917年对德宣战。美国与协约国联合的主要原因在于：经济上，军工利益集团控制了美国的国内政治，推动政府作出参战决定；军事上，德国的无限制潜艇战对美国的安全利益构成威胁；在文化理念和政治制度上，美国与英法更为接近，形成了天然的联合倾向。②

为了动员民众参战和巩固战时团结，美国政府塑造了新的“自

---

① Henry Commager, *Documents of American History*, Vol. 2 (New York: Meredith Publishing Company, 1963), p. 96.

② 余志森、王春来主编《美国通史（第四卷）：崛起和扩张的年代1898—1929》，人民出版社，2002，第385—386、401页。

我”和“他者”的形象。一方面，宣传强调美、英、法在文化传统、政治制度和意识形态方面的相似性，将自由、民主、进步和资本主义塑造成它们的共同传统和“西方文明”的核心特质，美国是为了促进全世界自由和民主事业而战；另一方面，用骇人的笔调把德国刻画成独裁、邪恶和反动的代名词，德军的威胁来自企图掠夺欧洲并将征服世界的野心。这场战争被描绘成民主与独裁、自由与压迫、文明与野蛮、正义与邪恶、进步与反动之间的较量。

一战期间，美、英、法协同作战的经历使美国人更加深刻地意识到彼此利益和制度的一致性。1917 年，美国著名政论家沃尔特·李普曼提出了“大西洋共同体”的概念。他指出，大西洋两岸已经形成深度利益网，它把西方世界联结在一起，英国、法国、意大利、西班牙、荷兰、斯堪的纳维亚国家与整个美洲都属于同一个共同体，那就是大西洋共同体，美国是这个共同体的一部分，也是这一文明的一部分；而德国对英国、法国和比利时的战争就是对一个文明发动战争，它已经威胁这一共同体赖以生存的大西洋海上通道，美国要为这一共同体的安全而战，保卫大西洋共同体就是保卫西方文明。①

事实上，20 世纪二三十年代“大西洋共同体”的思想在美国仍然是少数人的主张，大陆主义的地缘政治观念和孤立主义的外交思想仍有很大的市场。一方面，美国问鼎世界霸权地位的时机和条件

---

① Walter Lippmann, “The Defense of the Atlantic World,” *New Republic* 10, no. 120 (March, 1917): 59-61.

仍不成熟；另一方面，战债问题仍然让美国对于卷入欧洲事务保持充足的警惕。1929年经济大危机不仅冲垮了整个资本主义世界的经济秩序，也动摇了20世纪20年代的国际和平结构，法西斯势力的崛起以及英法的绥靖政策，致使欧洲再次陷入动荡，深陷危机泥潭的美国在外交上迅速滑向孤立主义和贸易保护主义。

1939年9月1日德国闪击波兰，9月3日英法对德宣战，第二次世界大战全面爆发。像一战初期一样，二战初期美国同样保持着中立，但是小罗斯福总统冲破了国内孤立主义的重重包围，摒弃了中立政策。1938年8月，他曾警告称："文明是国际所共有的……我们的美洲不再是远处他方的大陆……不管我们是否乐意，我们的丰富资源、我们的旺盛贸易和我们的强大人力已经使我们成为世界和平中举足轻重的因素。"[①] 1939年10月，小罗斯福促使国会废除了中立法中的武器禁运条款。1940年5月26日，他在一次"炉边谈话"中称："以为我们地处远方，与世隔绝，因而是保险的，不必担心遍及四方的危险，这种幻想已经不复存在。"[②] 9月2日，小罗斯福以行政协定的方式将50艘超龄驱逐舰出让给英国，在事实上结束了中立。1941年1月，他在国情咨文中称，坚决反对美国或南北美洲任何其他部分被强迫孤立，并第一次完整阐述了"四大自由"思想。[③]

---

① 《罗斯福选集》，关在汉编译，商务印书馆，2018，第254—256页。

② 同上书，第296页。

③ "Annual Message to the Congress," January 6, 1941, http://www.presidency.ucsb.edu/ws/index.php?pid=16092#axzz1VXGTciBm.

随着美国对国际事务的深度介入，其国内大西洋共同体的区域认同观念悄然复活。1941 年李普曼刊文论述了大西洋对美国的重要性，指出美国最根本的国家利益就是防止具有扩张和征服野心的强国控制欧洲大陆继而威胁大西洋的安全。[①] 同年 7 月，美国对外关系委员会主席弗朗西斯·米勒在《外交》季刊上撰文对美国的世界观和对外政策进行反思，称三百年来美国人大陆视角的世界观已经过时了，未来维护美国自由的生活方式将取决于对海上和空中的跨洋控制能力，而非对陆地的控制能力。他特别强调："北大西洋地区是我们文明的摇篮，美国生活方式的存续取决于这一文明的存续。一千多年以来，我们的先辈一直致力于在大西洋沿岸建立一个共同的社会……大西洋已经成为自由的海洋。只要我们及与我们有共同的精神和物质利益的人能够控制北大西洋，那么自由，无论是政治自由还是经济自由，就会有在世界上存续的机会。如果我们失去了这种控制，我们将失去我们的自由。这就是我们开始主张控制（北大西洋）的原因。"[②] 李普曼于 1943 年出版了《美国外交政策：共和国的盾牌》一书，对大西洋主义思想进行详细阐述。他在书中指出，大西洋是被地理、历史和至关重要利益联系在一起的多国共同体的内海，美国不仅要保卫北美大陆，还要保卫大西洋共同体。[③] 李普曼认为，美国的天然盟友是大西洋共同体国家，主要由英联

---

① Walter Lippmann, "The Atlantic … and America: The Why and When of Intervention," *Life* 10, no. 14 (1941).

② Francis Pickens Miller, "The Atlantic Area," *Foreign Affairs* 19, no. 4 (July 1941): 727–728.

③ Walter Lippmann, *U. S. Foreign Policy: Shield of the Republic* (Boston: Little, Brown and Company, 1943).

邦、大西洋两岸的拉丁国家、低地国家以及瑞士、斯堪的纳维亚和美国组成，大西洋和地中海将这些国家联结在一个共同的战略、经济和文化体系中。①

大西洋共同体的区域认同观念是建立在“西方文明”概念之上的，两者一体两面、高度重合。从 20 世纪 30 年代开始，“西方文明”概念主要扮演着批判特纳“边疆说”的角色，强调美国民主源自西方文明，而非由美国独创。1945 年 12 月，时任美国历史协会主席卡尔顿·海斯对“西方文明”的传统进行系统的阐述，主要包括四个方面：一是希腊—罗马传统；二是犹太—基督教传统；三是个人主义传统、对国家限制的传统、社会责任传统、反抗与革命的传统；四是扩张、传教和十字军东征的传统。他指出，美国和欧洲都属于欧洲文化或“西方”文化。在关于西方文明的叙事中，大西洋被比喻成欧洲古典时期的地中海，英国和美国分别被喻为 20 世纪的希腊和罗马。海斯认为，美国是大西洋共同体和欧洲文明的共同后代和培育者，未来很可能是领导者，所以，“应该通过在一个以大西洋为内海的国际区域社会中辨明并占据美国应有的位置，基于国家利益和全世界福祉推行外交政策，更加忠诚且有效地进行合作……这是历史上欧洲文明，特别是美国边疆的荣耀”。②

二战后，在区域认同观念发生巨大转变的基础上，欧洲对于美国的政治和文化都具有重要意义，因此美国以挽救和保卫西方文明

---

① Walter Lippmann, “The Cold War,” *Foreign Affairs* 65, no. 4 (Spring, 1987), p. 875.

② Carlton J. H. Hayes, “The American Frontier-Frontier of What?” *The American Historical Review* 51, no. 2 (January, 1946).

和大西洋共同体的名义，出台了遏制战略，实施了欧洲复兴计划，并组建了北大西洋公约组织。

美国政治精英从文明对抗的角度阐释遏制战略出台的合理性和必要性，把“自我”塑造为西方文明和自由世界的守护者，而把苏联塑造为威胁西方文明生存和安全、与自由世界对立的“他者”。遏制战略的提出者乔治·凯南是西方文明体系论的坚定信奉者。在1946年向美国国务院呈送的长电报中，凯南使用了近20处“西方”“西方国家”“西方民族”“西方政府”“西方世界”“西方大国”等概念。这份电报的主要思想之一是阐明苏联的政策源自它的政治制度和意识形态，这一政策是同西方相互对立的，其目的是削弱西方国家的权力、影响力和联系，从理论上讲，只要这一政策取得成功，就会产生有利于共产主义苏联渗透的真空。[①] 随后，在解决希腊和土耳其问题上，1947年3月杜鲁门总统向国会宣读了一份咨文，提出了所谓“杜鲁门主义”。咨文渲染“希腊和土耳其是内外受到共产主义威胁的自由国家”，声称“美国不能也不应该让这些国家孤立无援……我国的理想和传统要求我们去援助希腊和土耳其，要求我们让全世界知道，我们的政策就是不管在什么地方，如果自由受到威胁，我们就要加以援助”。[②] 副国务卿迪安·艾奇逊直接将美苏对抗比喻为雅典和斯巴达，以及罗马和迦太基之间的对抗，美国应当担负起保卫希腊这一西方文明发祥地的神圣使命，这

① “The Long Telegram,” in George F. Kennan, *Memoirs, 1925－1950* (Boston: Little, Brown and Company, 1967).

② 《杜鲁门回忆录》第二卷，李石译，东方出版社，2007，第122—123页。

本身就是在保卫自由。[①]

在维护西方文明自由、安全和繁荣的话语中，杜鲁门政府实施了欧洲复兴计划。1947 年 6 月 5 日，国务卿马歇尔在哈佛大学毕业典礼上呼吁为欧洲提供经济援助。当年 12 月 19 日，杜鲁门总统正式提出欧洲复兴计划。他在咨文中称，欧洲的复兴对于维护美国生活方式深植其中的西方文明至关重要。杜鲁门声称，“西方正面临日益加强的共产帝国主义的压力”，“如果能够引导欧洲国家把欧洲的经济问题看作一个整体而不是看作不相关联的各个国家的问题，来寻求自力更生的办法，并实行互相合作，那么美国的援助将更为有效，同时恢复后的欧洲的力量也更能持久”。[②] 1948 年 4 月 3 日，杜鲁门总统签署了国会通过的《经济合作法案》，并设立了经济合作署，正式执行马歇尔计划。在接下来的 4 年里，美国国会为欧洲经济复苏拨款 131. 5 亿美元。马歇尔计划被誉为二战后美国对外经济技术援助最成功的计划，为欧洲重建提供了资金和物资，促进了西欧国家的联合和欧洲经济共同体的建立。马歇尔计划的实施促进了美国商品和资本对西欧的输出，为美国利用经济手段直接控制西欧铺平了道路，并支持了西欧政府的发展。战后西欧一直是美国最大的出口市场和海外私人直接投资增长最快的地区。[③] 在美国政府

---

① Lloyd C. Gardner, *Architects of Illusion: Men and Ideas in American Foreign Policy, 1941 - 1949* (Chicago: Quadrangle Books, 1970), p. 218.

② 《杜鲁门回忆录》第二卷，第 136、138—139、143—144 页。

③ 刘绪贻主编《美国通史（第六卷）：战后美国史 1945—2000》，人民出版社，2002，第 32—33 页。

看来，恢复西欧和南欧国家的经济，除了现实主义经济考量，主要目的是为西方民主制度的生存提供和平稳定的条件，这是基于共同文明价值理念基础上的“义举”，从而创造出反共反苏的有利环境。

两次世界大战改变了美国的区域认同观念和国家安全理念，拓展了安全的内涵和空间。二战前，美国国防主要是军事层面的，保护美国本土、海外属地和西半球免遭外部军事攻击。二战后，安全不仅指军事防务，还包括维护经济贸易、金融和能源体系的稳定，维系美国民主制度和生活方式，西方文明的生存和发展。安全的地域空间也从美国本土和美洲大陆，扩展到环北大西洋的西方文明圈，继而拓展到全世界。基于大西洋共同体集体防务安全的需求，1949 年 4 月 4 日，美国和 11 个欧洲国家共同签署了《北大西洋公约》。序言中明确宣称，缔约国“决心捍卫各国人民的自由，以及建立在民主、个人自由和法治原则基础上的共同遗产和文明，并寻求促进北大西洋地区的稳定和福祉”。第五条最为重要，规定“各缔约国同意对于欧洲或北美的一个或多个缔约国的武装攻击，应被视为对所有缔约国的武装攻击”，“缔约国在行使《联合国宪章》第五十一条所承认的单独或集体自卫权时，将协助受到此种攻击的缔约国采取安理会认为必要的行动，包括使用武力，以恢复和维护北大西洋地区的安全”。[①] 北约成立 10 年后，艾森豪威尔总统在北约部长级会议上致辞，谈到成立该组织的初衷时称：“这不仅关系到

---

① *The North Atlantic Treaty*, Washington D. C. , April 4, 1949, https: //www. nato. int/cps/en/natolive/official_ texts_ 17120. htm.

我们这些国家的安全免受军事攻击；真正的问题是我们是否有能力保护西方文明的精神基础，使其免受任何形式的无情侵略，无论这种入侵是军事的、经济的还是政治的。”① 美国借助北约加强了对西欧的政治和军事控制力，美国人担任北约盟军最高司令，美国总统拥有北约核打击力量的使用权，将自身和欧洲的安全利益完全捆绑在一起，在欧洲大陆形成了遏制苏东的半包围圈，以保护西方文明不受侵犯，这彻底改变了美国不参与美洲大陆之外任何军事集团的传统安全政策，标志着美国以欧洲为重点的全球战略部署已初步完成。1989 年，老布什总统在北约首脑会议上提出“新大西洋主义”，这是美国处理大西洋关系的新原则和政策设想。其指导思想是改造北约、欧共体和欧安组织，使其成为“欧洲新秩序”的三大支柱，服务于美国利益。“新大西洋主义”的提出标志着美国要同欧洲建立更加成熟和平衡的伙伴关系。

四、经济扩张与太平洋商业帝国的构建

除了对自身文化身份的界定，商业精神和扩张传统也是影响美国区域认同观念的重要因素。北美 13 个殖民地是英国重商主义的产物，商品经济的发展使美利坚民族比世界其他民族更具商业精神。美利坚民族商业精神的核心是“清教主义”。清教主义颂扬工作勤

① Dwight D. Eisenhower, “Remarks at the Opening Session of the Ministerial Meeting of the North Atlantic Council,” April 2, 1959, https://www.presidency.ucsb.edu/documents/remarks-the-opening-session-the-ministerial-meeting-the-north-atlantic-council.

奋和生活节俭，认为个人通过精神上的禁欲和劳动就可以实现与上帝同在；注重个人主义和平等意识，个人通过努力获得成功就能成为上帝的选民。基于清教主义发展出来的资本主义经济伦理“包含了一套与教会和绝大多数欧洲国家的古老惯例、公认的社会伦理系统及法律截然不同的经济行为准则和人际关系制度”。[①] 商业精神衍生出了个人主义、冒险精神、勤奋竞争和开拓欲望，清教主义中的“宿命论”说教赋予了美国人强烈的使命意识和扩张动力，以实现盎格鲁-撒克逊人传播基督文明、征服野蛮民族和落后文明的“神圣使命”。

19 世纪四五十年代，美国资本主义迅速发展，不同利益诉求交织在扩展疆域的契合点上，“天定命运论”应运而生。1845 年，美国著名专栏作家约翰·奥沙利文首次使用“天定命运”这个术语。[②] 天定命运论是清教主义“宿命论”的新形态。该理论的鼓吹者秉持种族优越论，宣称美利坚人是最优秀的民族，具有扶持落后民族发展、向世界传播民主制度的能力和使命；杜撰所谓的“机体发育理论”，指出美国人口繁衍和迁移拓殖需要开辟新的发育空间；强调地理空间的“政治引力”必然导致领土兼并，只有美国人才能根据上帝的旨意有效开拓利用土地，对土地拥有优先占有权。这套话语体系将美国领土和商业扩张活动神圣化、合理化，直接推动着大陆

① 马克斯·韦伯：《新教伦理与资本主义精神》，阎克文译，上海人民出版社，2018，第 12 页。

② John L. O'sullivan, "Annexation," *United States Magazine and Democratic Review* XVII, no. 85/86 (July-August 1845).

扩张步入高潮。天定命运论不仅在当时被广泛地用来论证美国吞并俄勒冈、兼并得克萨斯、侵略墨西哥的正当性，还在后来兼并古巴、购买阿拉斯加、吞并夏威夷中充当着重要的理论武器。在这轮扩张狂潮中，美国领土面积从独立时的80万平方千米扩大至19世纪70年代的930多万平方千米。

19世纪40年代，美国基本上完成在北美大陆的扩张，美国国内又出现一批“海洋边疆”的拓荒者，代表性人物就是政治家威廉·亨利·西沃德。“他是建立美国太平洋帝国的鼓吹者和设计者”。① 19世纪50年代，西沃德的扩张思想发生了三个重要转变：在扩张内容上，从大陆的领土兼并转变为海洋的商业扩张；在扩张方向上，从大西洋转向太平洋；在扩张方式上，从武力征服转变为商业合作。西沃德太平洋帝国的构想发端于40年代，成熟于50年代。他认为，只有太平洋上的贸易才是世界性贸易，当今世界重大的商业争夺战都在太平洋及其岛屿和大陆，所以只有控制太平洋才能建立海洋帝国，美国人肩负着统治亚洲市场的“使命”，唯有这样才能成为“最伟大的国家”。② 其海洋扩张思想的终极目标就是使美国获得世界商业霸权。为此，西沃德还提出了具体的政策构想。一是合并加利福尼亚，将其发展为太平洋贸易的集散地；二是修建横贯大陆的铁路和电报网，以联结和控制欧亚之间的贸易，将美国打造

---

① 徐国琦：《威廉·亨利·西沃德和美国亚太扩张政策》，《美国研究》1990年第3期，第97页。

② Ernest N. Paolino, *The Foundations of the American Empire: William H. Seward and U.S. Foreign Policy* (New York: Cornell University Press, 1973), p. 29.

为世界性商业帝国的中心；三是控制中美地峡的交通，控制两洋贸易的咽喉；四是发展远洋航运，建立世界统一的金融体系，使世界金融体系的中心从伦敦转至纽约；五是沿南北两路建立贸易中转站，北为阿拉斯加和阿留申群岛，南为夏威夷、威克岛和中途岛。[①]

西沃德设想的太平洋帝国的重心在太平洋和亚洲。他指出，1848 年革命是欧洲文明衰落的转折点，美国作为这一文明的继承者，凭借其优越的制度将文明向西传播，最终抵达亚洲，东西方两大文明即将在太平洋的海岸和岛屿上重新相遇。虽然欧洲仍然具有强大的实力，与美国联系也更为密切，但其影响力在不断下降，太平洋广大地区将成为未来世界的主要舞台，美国人不要被欧洲的影响和偏见所束缚，而应以自身的观念和影响改造东方的政体和风俗。[②]

尽管美国早期外交被称为“大西洋外交”，但是美国人从一开始就试图把商业利益扩大到东方。在早期美国人的观念中，印度和中国是东方文明的两大代表。美国扩张区域的持续西移实际上是承继了欧洲列强的扩张主义路线。美国领土边界拓展到太平洋东岸“是（西方）对‘通往印度的通道’长期探索的结果，一个伟大的商业帝国可以在亚洲商业的基础上发展起来”。[③] 1784 年美国商船“中国王后号”赴华首航，正式拉开了与中国贸易的帷幕，成为美

---

① 王伟、魏改霞：《西沃德与美国亚太扩张政策——以东亚为例》，《西南大学学报（社会科学版）》2018 年第 2 期，第 175 页。

② 泰勒·丹涅特：《美国人在东亚》，姚曾广译，商务印书馆，1959，第 347—348 页。

③ Charles Vevier, “American Continentalism: An Idea of Expansion, 1845 - 1910,” *The American Historical Review* 65, no. 2 (January, 1960): 324-325.

国向太平洋彼岸挺进的开端。19 世纪 20 年代，美国在太平洋区域的海上贸易、捕鲸业等已经形成一定规模，为了保护本国的商业利益，政府开始建立常设性太平洋舰队。

西沃德太平洋帝国理论将对华外交视为美国对亚洲外交的中心。1844 年中美《望厦条约》的签署客观上为美国发展对华贸易提供了更加便利的条件，也标志着美国正式介入亚洲尤其是远东事务。为了扩大在华权益，并同欧洲列强在华平等享有经济竞争的权利，西沃德提出了对华政策的两项基本思想：贸易机会均等、保全中国的行政实体和领土完整。1868 年中美签订的《蒲安臣条约》也反映了西沃德的对华思想。

俄勒冈和加利福尼亚分别于 1846 年和 1847 年被并入美国，使其领土范围延伸至太平洋东海岸，太平洋通道对于美国扩大贸易市场的重要性日渐凸显，位于太平洋之内又靠近东亚大陆的日本迅速吸引了美国人的目光。日本不仅是一个未开发的通商市场，也能充当到东亚大陆开展贸易的美国商船的补给地。西沃德大力支持 1853 年美国远征日本。1854 年美日两国签署《和平与友好条约》，1858 年两国又签署《友好通商条约》，扩大了美日商贸活动和人员往来范围。同年，布坎南总统在致美国国会的年度咨文中自豪地宣称："我们共和国的东部战线沿着大西洋延伸，西部战线沿着太平洋延伸，如果所有地区都通过安全、方便和快速的交通联系起来，我们必然会在欧洲和亚洲的贸易中占有很大的份额。我们最近与中国和日本签订的条约将使这些富裕和人口众多的帝国对我们的商业开放；世界历史证明，谁拥有与东亚的贸易，谁就会变得富裕和强大。”①

长达四年的美国内战暂时中断了西沃德太平洋帝国的实施计划，战争结束后他便立即着手推动，不断在太平洋上寻找支点，扩张势力。第一个行动就是购买俄属阿拉斯加。在西沃德及其支持者看来，阿拉斯加不仅资源丰富，它还是美国在太平洋地区扩张的跳板，将为美国打通前往中国和日本的贸易通道，届时北太平洋将会成为美国贸易和权力扩张的舞台，借此可以进一步控制全世界的政治和商业。② 1867 年 8 月，美国占领位于太平洋中心的中途岛，后期又将其作为重要的战略要塞。随后，兼并夏威夷也被提上美国的议事日程，“美国需要在太平洋沿岸与目前正向商业和基督教文明开放的亚洲广大地区之间的海洋中寻找一个驻足点”。③ 美国看重的不只是夏威夷的商业价值，还有政治和战略意义。随后，美国通过一系列不平等条约，不断蚕食夏威夷的君权，逐步控制其政局。与此同时，美国还加紧同英国和德国在南太平洋萨摩亚的争夺，以及与英国在中美洲地峡的争夺，海外扩张的步伐越迈越大。

19 世纪末，一股新的扩张思潮“新天定命运论”在美国甚嚣尘上，它是清教主义“宿命论”在海外扩张时期的新变种，主要包括

① James Buchanan, “Second Annual Message to Congress on the State of the Union,” December 6, 1858, https://www.presidency.ucsb.edu/documents/second-annual-message-congress-the-state-the-union.

② Ernest N. Paolino, *The Foundations of the American Empire: William H. Seward and U.S. Foreign Policy*, pp. 111–116.

③ Bary Rigby, “American Expansion in Hawaii: The Contribution of Henry A. Peirce,” *Diplomatic History* 4, no. 4 (Fall 1980): 359.

以社会达尔文主义为依据的种族优劣论、边疆说、文明兴衰循环论和海权论。与四五十年代“天定命运论”着眼于美洲大陆不同，“新天定命运论”的焦点是海外，尤其是太平洋地区。边疆说代表人物特纳指出，边疆的流动就是文明的扩张，一切扩张的目标都指向太平洋。他断言，美国成为世界强国是“向太平洋前进的合乎逻辑的结果，也是它占领自由土地和开发西部资源时代的赓续”。[①] 文明兴衰循环论代表人布鲁克斯·亚当斯认为，伟大的文明都是通过征服的方式建立的，并随着财富和边疆提供的机会由东向西发展，世界文明的中心最早出现在地中海沿岸地区，然后向西运动，目前这个中心在西欧，而未来将横穿大西洋来到北美大陆，转移到美国。因此，美国应该乘势向海外扩张，尤其向西、向太平洋和亚洲扩张，成为世界经济强国。[②] 海权论代表人物军事理论家马汉强调，只有建立和发展强大的海上实力，夺取并保持制海权，特别是与国家利益和海外贸易相关的交通线上的制海权，才能使国家强盛和繁荣。[③] 在马汉看来，太平洋中的关键岛屿以及中美洲的巴拿马地峡都是对美国海权至关重要的战略要地。夏威夷群岛是“太平洋上的直布罗陀”，关系到今后美国在太平洋上的商业霸权和军事上的制海权，将成为美国控制整个太平洋地区的重要阵地，以此不仅可抵

---

① Frederick Jackson Turner, *The Frontier in American History* (New York: Robert E. Krieger Publishing Company, 1976), p. 315.

② Brooks Adams, *The Law of Civilization and Decay: An Essay on History* (New York: The Macmillan Company, 1897).

③ Alfred T. Mahan, *The Influence of Sea Power upon History 1660-1783* (London: Sampson Low, Marston, Searle and Rivington, 1892).

消英国在太平洋的影响力，还可通向中国这个世界上最大的市场；中美洲地峡则是控制两大洋的关键所在，如果美国控制运河区就能增强海军作战的机动性，以及同欧洲国家争夺亚洲市场的能力，改善美国的战略地位。①

19 世纪最后几年，在“新天定命运论”的鼓动下，扩张主义气氛愈加浓厚，美国迈出了构建太平洋商业帝国的实质性步伐。1898 年美国取得美西战争的胜利，古巴独立，美国占领关岛和波多黎各，并以 2 000 万美元购得了菲律宾群岛的主权。菲律宾的获得是 19 世纪末美国海外扩张最重要的成果，这是美国第一块海外殖民地。1898 年 7 月 7 日，美国国会批准了兼并夏威夷的条约。1899 年 12 月，美德两国签署瓜分萨摩亚的协议，西萨摩亚沦为德国殖民地，东萨摩亚由美国统治。美国又在太平洋上获得一块“垫脚石”。购买阿拉斯加、占领中途岛、吞并菲律宾、兼并夏威夷和瓜分萨摩亚都不过是美国打造太平洋商业帝国链条中的环节之一，而谋求在华商业霸权才是其主要战略目标。

美西战争后，欧洲列强的势力已经深入中国各地。美国当时的实力还不足以与欧洲列强相抗衡，它既不寻求武力入侵，也不寻求合作结盟，而是酝酿出台了自己的亚太新政策——“门户开放”政策。当时美国已经把美洲纳入以“门罗主义”为名的体系内，而非洲早已成为欧洲列强的“囊中之物”，只有亚太地区尚有让美国扩

① Alfred T. Mahan, *The Interest of America in Sea Power, Present and Future* (Boston: Little, Brown and Company, 1897), pp. 8-12.

张势力的空间。美国承认列强在华“势力范围”及取得的特权，并在此基础上要求“利益均沾”，妄图扩大在华经济权益，提高在亚太地区的影响力。其本质是美国意图建立以自由贸易为基础的海外开放式商业帝国，是一种新型的殖民主义。从“门户开放”的政策内容来看，它与西沃德提出的“贸易机会均等”“保全中国的行政实体和领土完整”的思想是一脉相承的，标志着建立在太平洋商业帝国构想基础上的亚太政策正式形成。

一战和十月革命导致了西方列强在远东和太平洋地区力量对比的重大变化，引发了帝国主义国家在这一地区更加激烈的争夺和竞争。美国在一战中大发横财，垄断资本在战争结束后便提出重新分割世界，特别是中国和太平洋地区的要求。美国和英国争夺世界霸权是这一时期帝国主义国家间的主要矛盾，具体到远东和太平洋地区，主要矛盾则是美日间的霸权之争。为了角逐霸权，美国大力发展海军力量，加强太平洋舰队，并在关岛、菲律宾和夏威夷设防。1921—1922 年举行的华盛顿会议是巴黎和会的继续和发展，它调整了列强在远东太平洋地区的利益分配，确立了太平洋国际新格局——华盛顿体系。但是，由于没有消除美国和日本争霸远东太平洋的矛盾根源，所以这个体系注定是不稳定的。20 年后，美日终于兵戎相见，太平洋战争爆发。

二战彻底改变了远东太平洋地区的力量格局，英、法等欧洲国家遭到严重削弱，日本战败退出了争霸的行列，美国一家独大。然而，美国的全球战略遭到苏联强有力的挑战，杜鲁门政府投入势力范围的争夺中，出台了遏制政策。1945—1950 年，经过政治上的重新洗牌，西太平洋地区大体形成了政治、经济和意识形态上泾渭分明的两大阵营。1949 年新中国的成立、1950 年《中苏友好同盟互助条约》的签订彻底改变了西太平洋地区的政治力量对比，把这一地区大陆部分彼此分隔的共产主义政权连成一个整体，苏联的影响延伸到中国的东部沿海地区。为了遏制共产主义在亚洲的发展、维持远东地区均势、维护美国在该地区的利益，美国迅速促成对日和约的签订，妄图以日遏苏、联日制华，并与相关国家和地区订立一系列双边或三边军事互助条约，又促成东南亚条约组织的建立，形成了北起阿留申群岛，南至澳大利亚和新西兰的西太平洋集体防务体系。

除了意识形态、地缘政治和防务安全方面的考量，维护和扩大美国在亚太地区的经济利益始终是美国制定亚太政策的根本出发点。20 世纪 60 年代以来，亚太地区是全球经济增速最快的地区之一。70 年代中期以后，美国在该地区直接投资的增长速度和年净投资额已超过西欧。到 80 年代初，亚太国家取代西欧成为美国最大的贸易伙伴。此外，日本积极倡导组建以日本为中心的“东亚经济圈”。在此背景下，美国为了与西欧和日本争夺在亚太地区的经济主导权，不断抛出经济合作理念，试图构建以美国为核心的环太平洋经济联合体。

1975 年，福特总统提出了“新太平洋主义”，直呼“美国是一个太平洋国家”，“美国的政治权力中心已经向西转移”，并提出了美国亚太政策六原则。[①] 从 80 年代中期起，美国开始实施“太平洋共同体”经济战略。1984 年，里根政府成立“太平洋经济合作会议美国委员会”。1989 年，老布什政府提出了建设“新太平洋伙伴关系”的战略构想，欲要建立一个以北美为基点，包括日本、韩国、东盟国家和澳大利亚等在内的呈“扇形结构”的“太平洋共同体”，欲实现以美国为主导的亚太地区新秩序。1992 年底，美、加、墨签署《北美自由贸易协定》，这标志着美国构建太平洋共同体经济战略初见成效。1993 年，克林顿总统提出“新太平洋共同体”的构想，核心内容包括：在美日间建立更新更强大的伙伴关系；更加开放的区域和全球经济；支持这一地区的民主改革浪潮。[②] 1994 年克林顿政府划定了重点开发的世界十大新兴市场，其中七个在太平洋地区（中国、印尼、韩国、印度、巴西、墨西哥、阿根廷）。美国政府决定把扩大对这七个市场的出口作为今后 20 年的战略重点，以加强美国在亚太市场上的地位。2008 年，小布什政府在出席亚太经合组织工商领导人峰会时提出要建立“跨太平洋自由贸易区”的设想。[③] 奥巴马政府在“巧实力”的概念下将战略重心转移到亚太地区。时任国务卿希拉里提出了美国的“太平洋世纪”这一概念，并

---

① Gerald R. Ford, “Address at the University of Hawaii,” December 7, 1975, https://www.presidency.ucsb.edu/documents/address-the-university-hawaii.

② William J. Clinton, “Remarks and a Question-and-Answer Session at Waseda University in Tokyo,” July 7, 1993, https://www.presidency.ucsb.edu/documents/remarks-and-question-and-answer-session-waseda-university-tokyo.

③ George W. Bush, “Remarks at the Asia-Pacific Economic Cooperation Business Summit in Lima,” November 22, 2008, https://www.presidency.ucsb.edu/documents/remarks-the-asia-pacific-economic-cooperation-business-summit-lima.

称“美国既是大西洋国家，也是太平洋国家”，21 世纪将是美国的太平洋世纪。[①]

随着中国的和平崛起，美国将西太平洋地区的头号竞争对手定位为中国，妄图在地缘政治上挤压中国，在经济贸易上压制中国。在 2011 年召开的亚太经合组织峰会上，奥巴马总统正式提出了“重返亚太”战略。2012 年在香格里拉对话会上，美国防长帕内塔提出了“亚太再平衡战略”。奥巴马任内，美国还启动了“跨太平洋战略经济伙伴关系协定”（TPSEP）的谈判，并提出扩大跨太平洋伙伴关系计划（TPP），以推进自己的贸易议题，全方位主导跨太平洋伙伴关系协定的谈判。特朗普政府大力实施“印太战略”，拉拢日、印、澳等“印太”盟友和伙伴协调集体行动，同时牵引英、法、德等欧洲盟友追随其后，以促进“印太”地区和跨大西洋地区的融合和相互支持，提升美国在这一区域的影响力和威慑力，用互利的同盟和伙伴关系形成任何竞争对手都无法比拟的持久的且不对称的战略优势。[②] 拜登政府全盘继承了其前任的“印太战略”，激活了美日印澳“四边机制”、“印太经济框架”、“五眼联盟”、“美英澳三边安全伙伴关系”和“民主十国”，切实推动“印太”国家和欧洲国家建立紧密的联系，形成集体合力，强化“对华战略竞争”。

---

① Hillary Clinton, “America’s Pacific Century: The Future of Geopolitics Will Be Decided in Asia, Not in Afghanistan or Iraq, and the United States Should Be Right at the Center of the Action,” *Foreign Policy*, no. 189 (November 2011): 56–63.

② The U. S. Department of Defense, *Indo-Pacific Strategy Report*, June 1, 2019, https://media.defense.gov/2019/Jul/01/2002152311/-1/-1/1/DEPARTMENT-OF-DEFENSE-INDO-PACIFIC-STRATEGY-REPORT-2019. PDF.

事实上，自美国完成其在北美大陆的领土扩张后，欧亚大陆一直是美国最重要的地缘政治目标。欧亚大陆是全球面积最大的大陆和地缘政治中轴，欧亚大国主导世界事务达五百年之久，其间它们为了争夺地区主导权而斗争，并力争成为全球性大国。[①] 近代以来，美国先后赢得了美西战争、一战和二战等一系列重要战争，在与欧亚新旧帝国的博弈中相继取胜。苏联解体后，美国更是成为世界上唯一超级大国。在这段时期内及当下和可预见的未来，美国作为欧亚大陆以外的超级大国，一直通过防止欧亚大陆出现霸权势力的方式来争夺对欧亚大陆的控制权，借此方可进一步称霸全球。与历史上的霸权国不同，美国不仅注重超强实力的权势霸权，也注重体系层面制度建设的制度霸权。[②] 在寻求全球霸权的过程中，美国进行从区域到全球的制度布局：构筑雅尔塔体系，筹划建立能够为其所操控的联合国，建立以美元为中心的国际货币金融体系和国际贸易体系，成立以其为主导的国际货币基金组织、世界银行和关贸总协定/世界贸易组织，缔结地区性军事同盟，并在海外部署数百个军事基地，海外驻军数十万人等。因此，美国在世界范围存在着广泛的政治、经济、军事利益，其全球战略旨在维护其在各个领域的优势地位。从这个意义上讲，美国的区域认同观念已经远远超出了单一具体的地理范畴，而具有全球性，形成了战略区域认同观念。

---

① 布热津斯基：《大棋局》，中国国际问题研究所译，上海人民出版社，2007，第26页。

② 秦亚青：《权势霸权、制度霸权与美国的地位》，《现代国际关系》2004年第3期，第7页。

五、结语

综上所述，美国的区域认同是在国家认同基础上形成的，其认同理念并非一成不变的，而是在不同时期根据不同的身份建构和利益诉求在不断丰富和变化着的，是受多重因素影响的、多维立体的，同时带有强烈的霸权色彩。

从建国后到第一次世界大战之前，美国在国家构建过程中的文化身份、国家认同和区域认同的基本思想为：美利坚文明是区别于欧洲旧制度和旧秩序的崭新而独特的文明，代表着人类文明的新方向，美洲国家在政治制度、社会文化和国家安全方面存在着广泛的共同利益，西半球是美国国家安全的地理范围，美洲国家应该以大西洋为屏障，不卷入欧洲的纷争，防止欧洲的干涉，这是一种美欧对立、美洲一致的思想。

一战和二战的经历推动着美国政治精英重新思考本国的文化身份认同，划定了新的利益边界和安全边疆，形成了新的区域认同观念，同时也培育了新的共同体身份。二战结束时，美国的文化身份观念已经被彻底重塑，认为存在一个从古至今延续下来的“西方文明”，美国和西欧同属于“西方文明”体系，之前强调以大西洋为屏障、美欧对立的孤立主义和大陆主义，已经完全被主张与西欧国家进行合作以维护自由、民主、法治等共同价值观及安全利益的大西洋主义所取代。“大西洋两岸异质、多样、历史上曾彼此猜忌和仇恨的国家，被想象成具有亲密关系和兄弟情义的伙伴，欧洲列强不再是美国的敌人和西半球的威胁，相反，成为美国的安全盟友”。① 在这种区域认同观念中，美欧不再对立，而是西方文明谱系里不同阶段的代表，美国成为“西方文明”的继承者和最新代言人，由此衍生出的对外政策是积极融入大西洋世界。

无论是“泛美主义”，还是“大西洋主义”，都是美国调整自身文化身份后投射到区域认同观念上的结果。除此之外，商业精神和扩张传统也对美国区域认同观念的变化产生了重要影响。英国的重商主义统治政策和殖民地商品经济的发展催生出美国人的商业精神，在现实利益和宗教感召的驱动下，美国拉开了开拓疆域的大幕，其扩张历程总体展现出从东到西的大趋势。19 世纪中叶，随着大陆扩张接近尾声，主张进行海外扩张的思潮应时而生。其中，西沃德构建“太平洋帝国”的理论最具代表性，且对后世的影响最大。此后出现的“新天定命运论”、“门户开放”、太平洋集体防务体系，以及“新太平洋主义”“太平洋共同体”“印太战略”等理念和政策，无不打上这一理论的烙印。美国由传统的地域性大陆扩张转变为追逐商业利益的全球海外扩张，由领土兼并建立直接统治转变为以经济控制为主的新型商业帝国的控制模式。

由此可以发现，美国的区域认同在空间上是不断延展的，随着美国国力的不断提升、对国家利益界定的变化及国际地区局势的变

---

① 王立新：《美国国家身份的重塑与“西方”的形成》，《世界历史》2019 年第 1 期，第 21 页。

迁，从最开始以北美为基础的国家认同，到基于地缘固守美洲的“泛美主义”，再到积极融入“西方”的“大西洋主义”，拓展商业利益的“太平洋主义”，最终创造出以美国本土为中心、以美洲为基础、以两洋为侧翼、将欧亚大陆裹挟其中、覆盖全球的霸权体系。美国的区域认同观念不是以合作发展为目的，合作只是其在特定时段和特定历史条件下作为排挤和打压第三方“他者”的手段，谋求和维护地区和全球的霸权地位才是其根本目的。

跨区域身份认同视角下日本对非区域战略探析

高梓菁*

摘　要　近年来，日本的国际区域战略发生了系列转变，呈现出跨区域、综合性的战略特征。日本的“印太战略”构想，其地缘范围包括“两大洋”“两大陆”，即太平洋与印度洋、亚洲大陆与非洲大陆。其中，“充满发展潜力”的非洲大陆是日本“印太战略”的重要组成，而跨区域塑造共有“印太”区域身份认同是日本凝聚“印太”国家群的关键所在。日本作为对非洲而言的域外国家，主要通过开展跨区域互动与合作、搭建多边区域合作机制、创造超越天然区域身份认同的新规范三个主要途径，以塑造共有“印太”区域身份认同，进而推进其对非区域战略。日本举措的背后有着更为综合性、复杂性的区域战略目标，包括价值观渗透、规则推广与利益驱动三个核心要素。同时，日本对非区域战略的实施也存在着现实障碍，

* 高梓菁，山东大学国际问题研究院专任研究员，博士。

如非洲本土意识的觉醒及天然共有区域身份的独立性、来自域外国家的竞争，以及日本对非区域战略自身的功利性等。

关键词 日非关系；区域身份认同；区域战略；“印太战略”

一、引言

近年来，日本不断强化其对非洲区域战略，特别是在安倍晋三第二任期中，日本将非洲视为“自由开放的印太战略”中的重要支点。日本版“印太战略”[①] 涉及地缘范围较广，包括“两大陆”与“两大洋”，前者主要是指发展显著的亚洲大陆和充满发展潜力的非洲大陆；后者是指自由开放的太平洋和印度洋。日本表示要通过推动两大陆与两大洋的一体化发展，开拓日本外交的新地平线。[②] 可见，非洲大陆是日本“印太战略”的重要组成。2023 年 4 月，日本首相岸田文雄上任后，先后访问埃及、加纳、肯尼亚和莫桑比克。这是日本首相时隔 7 年再次踏上非洲大陆，也是时隔 9 年再次访问

① 日本版“印太战略”于 2016 年 11 月日印首脑会谈中，由时任日本首相安倍晋三正式提出，成为日本主要的对外战略。2018 年 11 月，安倍在与马来西亚总理马哈蒂尔会谈之际，首次将“战略”改称为“构想”，但只是为扩大战略转圜空间，最大限度维护本国利益，具有一定的阶段性特征。“印太战略”的实质内涵并未发生明显转变。因此，在此统称为“印太战略”。

② 外務省「自由で開かれたインド太平洋（Free and Open Indo-Pacific）」、https://www.mofa.go.jp/mofaj/files/000430631.pdf。

非洲多国。[1] 岸田此次访问与之前提出的“印太新行动计划”[2] 息息相关，即要将非洲视为新计划的重要一环，塑造“印太”国家群的共有区域身份，从深层次强化“印太”区域内行为体的紧密联系。

目前国内外学界有关日本与非洲关系的研究可谓汗牛充栋，[3] 有学者关注日本对非洲官方发展援助研究，认为近年来日本对非援助的综合性战略目标凸显；有学者关注非洲丰富的自然资源，认为日本作为资源紧缺型国家，高度重视对非能源外交，以满足能源进口多元化需求；有学者认为，近年来，日本对非经济外交政策逐渐形成，使非洲成为中日进行经济外交博弈的重要场所；还有学者关注日本对非洲的外交战略深化，非洲正逐渐成为“印太战略”的支点，但从塑造共有区域认同的视角来挖掘日本对非洲区域战略的变

---

① 廖勒：《拉拢“全球南方”国家为 G7 峰会造势，争夺对非影响力 7 天访 4 国，岸田将开启非洲之行》，《解放日报》2023 年 4 月 29 日，第 004 版。

② 外務省「岸田総理大臣のインド世界問題評議会（ICWA）における総理政策スピーチ」、2023 年 3 月 20 日、https://www.mofa.go.jp/mofaj/files/100477738.pdf。

③ 参见国晖：《日本对非政府发展援助研究——基于对华制衡视角》，《日本学刊》2022 年第 6 期；张梅：《从日本对非援助看其软实力外交》，《现代国际关系》2022 年第 4 期；潘历历、白如纯、吕耀东：《战后日本对非洲政府开发援助的战略性演进：从 1.0 到 3.0》，《现代日本经济》2021 年第 3 期；澤村信英「アフリカの教育開発と国際協力：政策研究とフィールドワークの統合」、Osaka University Knowledge Archive: OUKA、平成 18 年 5 月 15 日；王一晨、白如纯：《地缘能权视角下的日本能源外交——以对非洲合作为例》，《现代日本经济》2023 年第 1 期；庞中鹏：《日本与非洲能源合作的深层目的及其面临的挑战》，《日本问题研究》2018 年第 5 期；白如纯：《从内罗毕到横滨：日本对非洲经济外交新布局》，《现代日本经济》2020 年第 6 期；金仁淑：《新时期日本对非投资战略及中国的对策——基于“一带一路”倡议下的新思维》，《国际贸易》2018 年第 2 期；张永蓬：《日本对非洲外交：从实用主义平衡到战略重视》，《西亚非洲》2018 年第 5 期；吕耀东：《日本深化对非外交与印太战略支点构想》，《国际论坛》2018 年第 5 期；神和住愛子「中国の対アフリカ政策と貿易投資」、企業が変えるアフリカ—南アフリカ企業と中国企業のアフリカ展開—、2006 年。

化及其背后的战略动因仍为较新视角。

对此，首先，本文对域外国家跨区域进行区域身份认同的塑造进行理论性探讨；其次，以自安倍第二任期至今日本对非区域战略的新变化为案例，找寻日本作为域外国家在非洲塑造共有区域身份认同，进而推进其非洲区域战略的现实表现；再次，对日本对非塑造共有区域身份认同，促动其对非区域战略的内在动因进行探索；最后，找到日本推进对非区域战略的现实障碍。

二、域外国家的跨区域身份认同塑造

通常来讲，区域一体化的发展或区域合作进程的推进往往需要基于地理位置邻近、共有历史文化背景等天然的认同驱动，或者基于现实利益的、谋求共有经济利益的利益驱动。[①] 区域内国家或者域内大国在推动区域一体化进程中往往会发挥主导作用，这也是传统区域主义对区域概念的理解，它通常以比较严格的地理界定为基础，主要指一组在地理上接近或同处于一个地区、文化同质以及价值观相近的国家间的合作与一体化发展；而新区域主义则对区域概念进行了重构，将区域放在一个微观区域主义（Micro-regionalism）、宏观区域主义（Macro-regionalism）甚至是全球范围（Globalism）的宏大框架之中。[②] 新区域主义虽然实现了区域概念的多元化与包

---

① 参见张蕴岭主编《国际区域学概论》，山东大学出版社，2022，第190—196页。

② 参见张振江：《区域主义的新旧辨析》，《暨南学报（哲学社会科学版）》2009年第3期，第103页。

容性，但在域外国家如何跨区域进行区域战略的推进，如何跨区域寻求共有区域身份认同等研究上仍未有所体现。相对于域内国家而言，域外国家跨区域进行区域战略的推进往往面临多重障碍与困难。在此，笔者尝试从域外国家如何实施跨区域身份认同塑造，以及如何通过综合性区域战略推进跨区域身份认同塑造的逻辑出发提出一种新的解释视角。

（一）从个体身份认同到集体身份认同

身份与认同，这两个概念常常会根据汉语语境的不同而交替使用，但两者其实都是同一个英文单词“identity”。[①] 所谓身份认同是人们依据各种主客观因素，对自身社会身份和角色的理解、感知与期望。对于区域性国家社会的建构而言，政治认同和文化认同是核心和关键的认同，而国家认同和区域认同则是最重要的政治和文化认同。对某种身份的认同、不认同直接影响着人们的政治态度、立场和政治行为。[②]

身份认同包含多个层次，从认同的主体来看，大致包括个体身份认同和集体身份认同，而区域身份认同或跨区域身份认同的塑造是属于后者的研究范畴，即如何在区域内或跨区域进程中塑造集体身份认同。从认同的属性来看，身份认同包括本原性身份认同和社会性身份认同。本原性身份认同属于人的自然身份认同，是天然给

---

① 赵汀阳：《认同与文化自身认同》，《哲学研究》2003 年第 7 期，第 16 页。

② 参见马风书：《集体身份认同与跨国区域社会共同体的建构——关于东亚社会共同体建设的思考》，《国际观察》2017 年第 1 期，第 98 页。

定的，如血缘身份、语言身份等；而社会性身份认同则是社会行为体在彼此互动过程中所建构的认同，是后天选择的，可以在一定规范的影响下进行改变的，如共同体身份等。[①] 对于如何构建集体身份认同，建构主义理论具有明显的社会特质，亚历山大·温特（Alexander Wendt）认为，"如果说结构对行为体有制约（constrain）作用，就意味着结构只是对行为产生影响。如果说结构'建构'（construct）行为体，则意味着对行为体的属性产生影响"。[②]

可知，集体身份认同的构建很大程度上是结构对施动者的建构问题，这意味着身份认同是可以通过后天的"建构"而成的，在有效互动与认知的实践中，各方形成共有知识和文化，超越个人身份，产生集体身份认同。同样，对于区域性国际社会的建构而言，国家个体单元之间的实践与互动也是构成超越国家个体身份认同的区域性集体认同的关键。

（二）从集体身份认同到区域身份认同

区域身份认同的塑造是集体身份认同的研究范畴。随着区域一体化的深入发展，区域认同逐渐成为国际关系学的一项新课题。认同的建构性特征为区域身份认同的研究提供了理论基础。

其实，在早期的欧洲一体化理论中，已经涉及区域身份认同的

---

① Ireneusz Pawel Karolewski, "European Identity Making and Identity Transfer," *Europe-Asia Studies* 63, no. 6 (August 2011): 935-955.

② 亚历山大·温特：《国际政治的社会理论》，秦亚青译，上海世纪出版社集团，2014，第24—25页。

问题，如以厄恩斯特·B. 哈斯（Ernst B. Haas）为代表的“新功能主义”和卡尔·W. 多伊奇（Karl W. Deutsch）的“沟通交流理论”。[①] 哈斯在1961年撰文指出，“几个不同国家的政治行为体被说服改变它们的忠诚度，并朝向一个更新的、更大的中心聚拢，其形成的制度会对成员国构成权力支配”，“客观的经济、社会和传播等因素通常与‘整合’相关联，是形成政治共同体的典型条件”。[②] 同属“新功能主义”流派的菲利普·C. 施密特（Philippe C. Schmitter）在1970年的文章中指出，“随着区域一体化的发展，国家机构和价值观的干预作用正在下降”。“精英阶层的价值观更关注地区象征和忠诚度”。在政党层面，“区域政党组织（Regional Political Formation, RPF）将不同的非政府组织聚集成一个统一的代表系统，为区域忠诚度和认同感的凝聚提供一个永久性的平台”。[③] 可知，新功能主义理论也经常涉及在区域一体化进程中国家行为体的区域身份认同问题。从政府精英阶层到社会阶层，其对国家的忠诚度、价值观与认同都会随“外溢”作用发展转变。虽然这里并非强调国家象征不重要，但主流的身份认同正由国家层面向更大、更新的区域层面进行转变。

另一个早期的一体化理论是多伊奇的“沟通交流理论”，他指

---

① Thomas Risse, “Neofunctionalism, European Identity, and the Puzzles of European Integration,” *Journal of European Public Policy* 12, no. 2 (April 2005): 293.

② Ernst B. Haas, “International Integration: The European and the Universal Process,” *International Organization* 15, no. 3 (Summer 1961): 366-392.

③ Philippe C. Schmitter, “A Revised Theory of Regional Integration,” *International Organization* 24, no. 4 (Autumn 1970): 866-867.

出，“任何安全共同体都必须具备主观价值观的兼容性，尤其是对基本政治意识形态的认同，以及对国家在经济生活中作用的认同。同时，安全共同体还必须满足以下几个条件：第一，相互回应，即确保对彼此的忠诚；第二，我群意识，即形成对彼此的信任；第三，至少在自我形象与自身利益方面的部分认同；第四，能够预测彼此的行为，并可根据该行为来预判采取下一步行动的能力”。[①] 当共同体感（sense of community）、相互同情（mutual sympathies）和我群意识（we-feeling）形成时，人们就会说“我们是一起的”。[②]

可知，新功能主义和沟通交流理论肯定了跨国认同能够超越民族国家而形成的理念。20 世纪 90 年代中后期以来，学者逐渐关注到认同问题的建构特性，区域身份认同的形成问题慢慢开始被国际关系理论重新重视起来。[③]

（三）从区域身份认同到跨区域身份认同

冷战结束后，特别是 21 世纪以来，学者关于“区域”“区域主义”解读的主观视角更为多样化，非地理性、非物理性层面的研究趋势开始出现，也影响了对区域身份认同的阐释。

首先是新区域主义视角下的区域身份认同，雷蒙·万里尼

---

① Karl Wolfgang Deutsch, Sidney A. Burrell, Robert A. Kann, *Political Community and the North Atlantic Area: International Organization in the Light of Historical Experience* (Princeton, N. J. : Princeton University Press, 1957) , p. 128.

② Ibid. , p. 36.

③ 参见李明明：《论欧盟区域认同的社会建构》，《南开学报（哲学社会科学版）》2005 年第 5 期，第 10 页。

(Raimo Vayrynen) 在2003年撰文指出，“物理区域（地理和战略）和功能（经济、环境和文化）区域之间的差异越来越大”。“物理区域是指主要由国家控制的领土、军事和经济空间，但功能区域是由非领土因素定义的，如文化和市场，这些因素通常是非国家行为体的权限。例如，一个族群若想要创建一个文化区域，并积极利用它来促进一个独立的政治共同体成立。在全球体系中，经济区域由跨国资本主义进程进行构建，环境区域由人类行为与生物圈进行相互作用并构建，文化区域由身份共同体构建”。[①] 同时，有关区域的研究方法也在发生变化。这主要体现在围绕区域形成过程的理性主义和建构主义研究议程之间的新分歧。理性主义者更多强调物质本体，即区域的存在是既定的、客观的、可描述的；但建构主义重点研究区域是如何诞生的，认为区域是被人为建构的，是由共同经历、共同身份、共同历史、共同文化、共同实践的国家和人们组成在一起的。亚历山大·B. 墨菲（Alexander B. Murphy）在1991年发文指出，“当下关于社会和空间的理论文献告诉我们，这些区域的出现是社会建构的”。“区域框架基本上是作为讨论区域变化的背景提出来的，学者很少考虑为什么该区域首先会成为具有社会意义的空间单元，该区域的居民如何理解和看待该区域，或者如何以及为什么这种区域认同和理解会随着时间的改变而改变”。[②]

---

① Raimo Vayrynen, “Regionalism: Old and New,” *International Studies Review* 5, no. 1 (March 2003): 25–26.

② Alexander B. Murphy, “Regions as Social Constructs: The Gap between Theory and Practice,” *Progress in Human Geography* 15, no. 1 (March 1991): 23.

另一位学者阿德勒（Adler，E.）在1997年撰文，从建构主义视角对国家及区域的诞生提出解释，认为“这是一种‘想象的人类共同体’，具有开拓国际和跨国关系的潜力。它暗示了向社会建构和空间分化的跨国社会共同体区域的演变，国家、跨国和国际精英和机构，在杰出个人的领导下，帮助塑造了这些区域。共同体—区域是区域意义系统（个人或集体之间相互依存的意义），并不局限于特定的地理位置。它们由具有共同身份和利益的人组成，这些人的共同身份和利益是由共同的理解和规范原则构成的，除了领土主权之外，他们还会积极地跨越国界并进行交流和互动，积极参与（国际和跨国）区域的政治生活并致力于实现区域目标”。“虽然区域具有领土的维度，但它们不仅仅是一个物理位置。相反，我们可能会认为这些认知区域或认知结构有助于构成其成员的兴趣和时间，其意义、理解和身份有助于该区域保持不变。认知区域的社会建构源于主体间的理解，价值观和规范使人们能够实现超越民族国家乃至任何领土基础的共同体生活”。[①] 由此可知，随着新区域主义的诞生，学者对区域诞生的过程或社会意义更为感兴趣，对区域的非物理性或非地理性层面的探讨居多；同时对于研究方法而言，从建构主义的视角出发，出现了超越地理范围的跨区域身份认同的研究，为跨区域身份认同的塑造途径提供借鉴。

依据较为成熟的欧盟共有区域身份认同的研究，区域内身份认

---

① Emanuel Adler, “Imagined (Security) Communities: Cognitive Regions in International Relations,” *Millennium: Journal of International Studies* 26, no. 2 (June 1997): 254.

同的塑造途径包括以下三个方面：一是各种行为体之间的跨国互动和交流；二是国际机制的作用；三是“我们意识”和相对于他者的建构。[①] 而域外国家若要尝试跨区域构建共有区域身份认同，相对于区域内国家而言，则将面临更多障碍，首先是缺少“地理临近”的天然因素，导致跨区域的互动与流通存在地理阻碍；其次是对于跨区域构建合作机制，域外国家面临着来自区域内大国的排他性竞争或本土区域一体化机制的警惕与排斥；最后是缺乏共有历史、民族和文化背景，在构建“我们意识”和相对于他者的身份认同独特性时，存在天然的身份隔阂。但跨区域共有区域身份认同的塑造更多是基于战略利益，而非天然的内在驱动力。

因此，域外国家跨区域构建共有区域身份，仍需要遵循区域内身份认同塑造的基本路径，即跨区域互动和交流；跨区域合作机制的构建；寻求超越天然区域身份认同的新理念或新规范，同时对该区域的区域战略推进还会更具复杂性和综合性。值得注意的是，这里的区域战略既不同于单纯的以共有利益或共有认同为动机的区域合作战略，[②] 也不是传统的区域主义或地区主义（regionalism）战略，[③] 其基本特点为，一是不以整合或联合区域内资源的方式来推动该区域一体化进程；二是超越单纯以谋求共有经济利益为目标的基本框架，以更为综合性的手段实现域外国家区域构想，并通过以

① 参见李明明：《论欧盟区域认同的社会建构》，《南开学报（哲学社会科学版）》2005 年第 5 期，第 10—11 页。

② 参见张蕴岭主编《国际区域学概论》，山东大学出版社，2022，第 190 页。

③ 参见肖欢容：《地区主义：理论的历史演进》，北京广播学院出版社，2003，第 9 页。

区域整体为单元，加强彼此协调与合作的安排，来实现国家战略志向、维护国家利益；三是区域战略往往会关注域内大国或域外大国在该区域的战略博弈，以及与域内国家的双边互动，最终呈现出更为综合性、全面性、多层次的区域战略构想。本文将从跨区域身份认同塑造的实现路径出发，以日本在非洲进行区域战略推进的现实途径为案例，找寻其对非区域战略背后的国家志向与内在动机。

三、日本强化对非跨区域身份认同的实现途径

安倍自第二次上台以来就将非洲大陆视为其“自由开放的印太战略”中的重要一环，强调“印太”共有区域身份下的共有观念。为此，日本作为域外国家，其对非跨区域身份认同的实现途径既包括实践互动，又包括新理念、新规范的内化，具体可分为以下三个方面。

（一）开展跨区域的互动与合作

据上述理论假设可知，共有区域认同是一种社会和历史的建构。而这种建构需要多元跨国行为体的互动与实践，这里的跨国行为体不仅包括国家，也包括企业、个人等社会层面行为体。首先，在国家间互动方面，温特的建构主义理论更具代表性。建构主义的结构包含的三个主要因素之一为社会结构存在的条件，即社会结构是行为体社会实践的结果：行为体之间的互动造就了社会建构，这

种互动的过程是社会结构存在的基本条件。[①] 这就意味着社会结构是可以通过国家行为体之间的互动与实践而不断变化的，可以被建构也可以被解构，这就为区域身份认同的动态变化提供了合理的理论解释。其次，在社会层面的互动与交流方面，多伊奇指出，“单位之间的相互关联性，表现于它们之间的交往，如贸易、旅行、通邮和其他往来的数量和质量”。[②]

因此，除了传统意义上的主权国家间互动，多层次的相互交往与沟通也有利于加强群体间的黏合。而日本作为域外国家，若要寻求对非洲的共有区域身份认同，同样需要从国家到社会层面多层次开展跨区域互动与实践，以建构共有区域社会结构，进而实现共有区域身份认同。

1. 开启频繁的高层互动

安倍自第二次上台以来，就积极访问非洲，从国家层面开展跨区域的互动与交流。2013 年 8 月，安倍便迅速访问了非洲的吉布提，在加大民间投资、注重政府开发援助（Official Development Assistance, ODA）、提升海上安保能力等方面提出合作意愿。[③] 2015 年 4 月，安倍出席亚非会议 60 周年首脑会议，在会议发言中安倍提出三个“共同”：“一是‘共同生存’，即自古以来，亚非两大洲就产生了诸多思想和宗教，并向世界传播。承认多样性及坚持宽容的

---

① 亚历山大·温特：《国际政治的社会理论》，秦亚青译，上海人民出版社，2014，译者前言。

② 卡尔·多伊奇：《国际关系分析》，周启朋等译，世界知识出版社，1992，第 333 页。

③ 外務省「安倍総理大臣のジブチ訪問（8 月 27 日）」、2013 年 8 月 27 日、https://www.mofa.go.jp/mofaj/kaidan/page4_000156.html。

精神，是我们应以自豪的共有财产；二是‘共同应对’，强调相比60年代前，亚非共有了更多的‘风险’，我们坚决反对强者通过强权对弱者任意摆布；三是‘共同繁荣’，亚洲和非洲拥有无尽的边疆，我们必须创造一个开放和充满活力的市场。我们应推动跨太平洋伙伴关系协定（Trans-Pacific Partnership Agreement, TPP）、区域全面经济伙伴关系协定（Regional Comprehensive Economic Partnership, RCEP）、亚太自由贸易区（Free Trade Area of the Asia-Pacific, FTAAP）进一步向非洲进行延伸。”① 安倍借此提出了加强对非洲区域战略的基本构想。

岸田文雄上台后，在七国集团（G7）广岛峰会召开之际，特别提出了“全球南方”战略，即要与世界新兴发展中国家强化合作。为此，岸田于2023年4—5月开启了对非洲的访问之旅，连续7天访问了埃及、加纳、肯尼亚和莫桑比克4个非洲国家，并举行了首脑会议。4月30日，岸田与埃及总统塞西举行双边首脑会谈，双方就乌克兰局势交换意见，并一致强调维护以法治为基础的国际秩序的重要性。此外，他们同意将两国关系升级为“战略伙伴关系”。在与加纳总统阿库福-阿多举行会谈时，岸田提议，在联合国安理会改革等问题上加强密切合作，同时提出将在3年内提供5亿美元的援助，以促进地区和平与稳定，实现经济可持续增长。他补充

---

① 外務省『アジア・アフリカ会議（バンドン会議）60周年記念首脳会議における安倍総理大臣スピーチ「Unity in diversity ～ 共に平和と繁栄を築く」（平成27年4月22日 於：インドネシア・ジャカルタ）』、2015年4月22日、https://www.mofa.go.jp/mofaj/a_o/rp/page3_001191.html。

道，“加纳是西非主要的经济中心之一，也是我们与之共享民主和法治等基本价值观和原则的重要伙伴。我们将进一步加强在广泛领域的合作”。在与肯尼亚总统鲁托会谈时，岸田指出，“考虑到中国对肯尼亚的影响力越来越大，政府将在2030年之前向‘印太’地区投入超过750亿美元的公共与民间资金以促进增长”。他解释了日本的“印太新行动计划”，在此基础上，双方确认了以法治为基础的国际秩序的重要性，并一致表示将共同努力推动这一理念。在访问莫桑比克时，岸田就天然气开发、安理会改革、乌克兰局势、朝鲜半岛问题、“自由开放的印太”等议题与莫桑比克领导人交换意见。①

由此可知，安倍上台后，日本加强了日非双方高层的互动。特别是岸田上台后，推出专门针对非洲等新兴发展中国家的“全球南方”战略，这意味着未来日本也势必会通过频繁的高层互动与交流，宣扬“印太”理念，塑造共有区域身份认同，加大对非洲区域的战略投入。

2. 激发民间对非投资活力

除了开启频繁的高层互动与交流，安倍政府也积极推动官民合作的发展，激发日本民间企业对非的投资兴趣，加强社会民间层面的交汇融合。

从东京非洲发展国际会议（Tokyo International Conference on

① 「岸田首相　アフリカ4か国歴訪 グローバル・サウスと連携強化」、NHK、2023年5月7日、https://www.nhk.or.jp/politics/articles/statement/98889.html。

African Development, TICAD）的议题转变来看，日本开始重点推动官民合作，激发民间投资活力。2013 年 6 月，第五届东京非洲发展国际会议召开，其间，安倍指出，“要为非洲提供 3.2 亿日元的‘援助礼包’。为激发民间投资的活力，需要加强官民合作”。[①] 安倍以“与民间对话”为主题发表了演说，强调非洲对于日企的魅力，认为“非洲目前作为主要的投资目标国，受到世界各国的瞩目，正处于吸引民间投资及更多投资的良性循环中”。“急速扩大的非洲市场对日企而言也具有巨大的吸引力”。[②] 日方还明确提出，“要通过促进对非民间投资，实现非洲的发展（特别是基础设施和人才培养等领域）”，“今后 5 年内要提供包括 140 亿美元政府开发援助在内，最多约 320 亿美元的官民合作资金，来支持非洲的发展”。[③] 2016 年 8 月，第六届东京非洲发展国际会议召开，日本提出实现经济多元化与产业化发展的“高质量非洲”（Quality Africa）的理念，加大对非洲的经济投入。在民间经济合作领域，日本指出，“要加强对民间主体的资金供给，关于日本与非洲开发银行提出的联合倡议，即‘加强私营部门对非援助计划’（Enhanced Private Sector Assistance for Africa, EPSA），双方准备自 2017—2019 年内扩充合计 33 亿美元的资金规模，为中小企业在内的民间主体提供资金支持”。在该会

---

① 外務省「TICAD V 開会式安倍総理オープニングスピーチ」、2013 年 6 月 1 日、https://www.mofa.go.jp/mofaj/files/000005502.pdf。

② 外務省「TICAD V 全体会合 3—民間との対話—安倍総理スピーチ」、2013 年 6 月 1 日、https://www.mofa.go.jp/mofaj/press/page5_000171.html。

③ 外務省「TICAD Vの主な支援策」、2013 年 6 月、https://www.mofa.go.jp/mofaj/files/000006374.pdf。

议中，安倍提出要成立“日本非洲官民经济论坛”，为日非官民搭建一个可以相互交流的议事平台，以加强日本与非洲的民间企业合作，促进在非日企的发展。[①]

2018 年 5 月，首届“日本非洲官民经济论坛”在南非召开，来自非洲各国官员、100 家日企、400 家非洲企业，以及欧洲、中东等第三国企业和国际机构在内约 1 800 人参加了此次论坛。[②] 2019 年 8 月，第七届东京非洲发展国际会议召开，在经济领域，日本强调要实现超过 200 亿美元的民间投资。[③] 岸田上台后，基本延续了安倍的非洲路线。在 2022 年 4 月举行的第八届东京非洲发展国际会议中，岸田指出，“今后 3 年内，日本要投入 300 亿美元的官民合作资金”。[④] 日本还组建了“促进非洲贸易投资官民联合代表团”定期对非洲各国进行访问与调研，推动具体政策切实落地。2013 年 11 月，促进非洲贸易投资官民联合代表团访问了刚果共和国、加蓬、科特迪瓦，与三国相关政府部门及商界举行会谈，就如何加强对非贸易和投资进行商讨。[⑤] 自 2008 年至 2023 年 5 月，包括日企及日本政府

① 外務省「TICAD VIにおける我が国取組— “Quality and Empowerment” — 」、2016 年 8 月 27 日、https://www.mofa.go.jp/mofaj/files/000183834.pdf。

② 外務省『岡本外務大臣政務官の「日アフリカ官民経済フォーラム」第 1 回会合出席』、2018 年 5 月 8 日、https://www.mofa.go.jp/mofaj/afr/af2/za/page3_002458.html。

③ 外務省「TICAD7における日本の取組」、2019 年 8 月 28 日、https://www.mofa.go.jp/mofaj/area/ticad/ticad7/pdf/ticad7_torikumi_ja.pdf。

④ 外務省「第 8 回アフリカ開発会議（TICAD8）」、2022 年 8 月 27 日、https://www.mofa.go.jp/mofaj/files/100387002.pdf。

⑤ 外務省「アフリカ貿易・投資促進合同ミッション（概要）」、2013 年 12 月 5 日、https://www.mofa.go.jp/mofaj/area/page3_000587.html。

部门组成的促进非洲贸易投资官民联合代表团共访问非洲 13 次,[①] 通过实地调研与走访来把握对非投资与贸易的实际情况。

可见，日本作为域外国家，跨区域对非进行互动与合作，主要表现在两个方面，一是加强高层频繁互动与交流，二是通过政府政策的鼓励与支持来激发民间投资活力，推进多层次的跨区域实践活动。

（二）搭建多边区域合作机制

国际机制在推动共有区域身份认同的进程中发挥重要作用。杰弗里·T. 查克尔（Jeffrey T. Checkel）以“欧盟东扩”为例指出，“贯穿此过程的一个共同主题是国际机构的社会化潜力（socializing potential)，即研究欧洲机构使国家和国家代理人社会化，引导他们内化新角色或共同体规范的条件和机制”。[②] 查克尔认为，国际规范能够通过各种机制使得成员国的内部发生变化，通过战略计算(strategic calculation)、角色扮演（role playing）等，使得成员国的偏好和认同随之发生变化。[③] 因此，通过多边区域合作机制的搭建或参与，跨区域行为体可通过规则、角色赋予与规范的传播来推动社会化进程，塑造共有区域身份认同。

---

① 外務省「アフリカ貿易・投資促進合同ミッション（概要）」、2023 年 5 月 10 日、https://www.mofa.go.jp/mofaj/afr/af2/page1_001668.html。

② Jeffrey T. Chec, “International Institutions and Socialization in Europe: Introduction and Framework,” *International Organization* 59, no. 4 (Autumn 2005): 802.

③ Jeffrey T. Chec, “International Institutions and Socialization in Europe: Introduction and Framework,” *International Organization* 59, no. 4 (Autumn 2005): 801.

1. 把东京非洲发展国际会议打造成日非关系“品牌项目”

东京非洲发展国际会议是日本对非洲强化共有区域身份认同，以及推进对非区域战略的核心平台与机制。

早在冷战结束后的20世纪90年代初，日本就表明了举办东京非洲发展国际会议的基本意向，希望以非洲地区为外交舞台，通过加强与联合国、非洲联盟和世界银行等国际组织和机构的合作，全面提升日本国际影响力。进入21世纪以来，日本继续强化该平台机制的基本功能，在此机制下，日非双方在经济、安全及文化等相关领域的合作得到深化。安倍上台以后，更是将东京非洲发展国际会议作为日本推进对非区域战略的核心平台，拓展日本在非洲地区的影响力。2016年8月，第六届东京非洲发展国际会议在非洲召开，从此次会议开始，安倍决定将东京非洲发展国际会议的召开频率由过去的每五年一次改为每三年一次，[①] 表现出对对非区域战略的重视。

目前，日本总结出的东京非洲发展国际会议的基本特征为四点：“一是东京非洲发展国际会议的先驱性，即冷战结束后，发达国家对非洲支援的兴趣下降，而日本则看到了非洲的重要性，其标志就是东京非洲发展国际会议的诞生。二是东京非洲发展国际会议的包容性与开放性。东京非洲发展国际会议不仅仅包括非洲各国，而且是与开发相关的国际机构、合作伙伴国、亚洲各国、民间企

① 外務省「第6回アフリカ開発会議（TICAD VI）」、2016年8月28日、https://www.mofa.go.jp/mofaj/af/af1/page3_001785.html。

业、市民社会都参与的多边框架。三是尊重非洲自主权。在东京非洲发展国际会议中，我们倡导非洲国家的‘主人翁意识’及国际社会的‘伙伴关系’的重要性。四是措施的稳步跟进。在东京非洲发展国际会议中，我们正在建立一个后续系统，确保各项倡议的切实落地。”① 日本有关东京非洲发展国际会议的理念具体表现在三个方面：一是“高质量的发展”。日本认为，应对非洲的发展挑战，重要的是实现平衡和稳定的增长，为此，日本将利用日企的先进技术和经验及亚洲发展经验，推动“高质量基础设施”的发展。二是“人的安全”。日本表示应增强每个非洲人的能力，鼓励他们积极参与社会和国家建设，支持非洲的自我可持续发展。三是“坚持官民合作推动非洲发展”。日本民间和非洲方面都表达了对促进民间对非投资的强烈期待，日本将继续通过相关投资协定、税收协定的谈判，以及各种官民合作的平台机制的搭建，提升日本民间对非投资的积极性。②

由此可知，20 世纪 90 年代初期建立的东京非洲发展国际会议机制已经成为日本推进对非区域战略的核心平台。日本借此平台积极宣扬其相关理念与价值观，跨区域塑造对非共有区域认同。

2. 注重与非洲本土区域机制的联系

除了日本与非洲固有的东京非洲发展国际会议合作平台，日本

---

① 外務省「TICADの特徴」、2021 年 7 月 13 日、https://www.mofa.go.jp/mofaj/af/af1/page22_002577.html。

② 外務省「TICADの背景にある日本の考え方」、2021 年 7 月 13 日、https://www.mofa.go.jp/mofaj/af/af1/page22_002578.html。

还十分注重加强与非洲本土已有区域合作机制的联系。

一是“日本与非洲区域经济共同体主席国首脑会谈”，该对话机制成立于2013年。2013年9月，安倍以参加联合国大会为契机，主导召开了首届“日本与非洲区域经济共同体主席国首脑会谈”。值得注意的是，参加该会谈的主要成员均为非洲本土的区域合作组织。[①] 与会各方表示，为实现第五届东京非洲发展国际会议的战略目标——让农业从业者成为推动非洲经济发展的主推力量，应超越国家层面，在区域层面强化合作。[②] 由此可知，安倍尝试通过整合日本与非洲已有的本土区域合作组织关系，以非洲国家关心的现实议题为切入点，全面参与非洲区域合作发展进程。2014年9月，第二届“日本与非洲区域经济共同体主席国首脑会谈”召开，此次会谈的主题为加强基础设施建设。安倍表示，“非洲区域经济共同体是非洲地区一体化发展的关键，日本今后也要继续与各国进行沟通与交流，推动非洲基础设施建设发展”。[③] 在基础设施建设方面，非洲各方认为，“除了道路、港口等硬件方面的发展外，同时应推进

---

① 包括西非国家经济共同体（Economic Community of West African States, ECOWAS）、南部非洲发展共同体（Southern African Development Community, SADC）、阿拉伯马格里布联盟（Union of the Arab Maghreb; Union du Maghreb Arabe, UMA）、东南非共同市场（Common Market for Eastern and Southern Africa, COMESA）、东非共同体（East African Community, EAC）、中部非洲国家经济共同体（Communauté Economique des Etats d’Afrique Centrale, CEEAC）、萨赫勒-撒哈拉国家共同体（Community of Sahel-Saharan States, CEN-SAD）等。外務省『日・アフリカ地域経済共同体（RECs レックス）議長国首脳会合安倍総理スピーチ「農民の懐を豊かにする農業へ」』、2013年9月26日、https: //www. mofa. go. jp/mofaj/files/000015728. pdf。

② 外務省「日・アフリカ地域経済共同体（RECs）議長国首脳会合（概要と評価）」、2013年9月26日、https: //www. mofa. go. jp/mofaj/gaiko/page4_000214. html。

③ 外務省「第2回日・アフリカ地域経済共同体（RECs）議長国首脳会合　総理スピーチ」、2014年9月24日、https: //www. mofa. go. jp/mofaj/afr/af2/page1_000069. html。

人力资源开发、系统和程序等软件方面的发展。最后，日非双方都认识到非洲在大范围内开展基础设施建设的重要性，以及日本和每个区域经济体在促进基础设施发展方面可以发挥的作用”。[①] 2015 年 9 月，第三届“日本与非洲区域经济共同体主席国首脑会谈”召开。安倍指出，“日本将通过广域开发的‘高质量基础设施投资’，发动举国之力开展合作。在重视人才培养的同时，尊重非洲发展的‘自主性’，支持非洲正在推动的‘2063 年发展议程’，为‘非洲制造’的国际品牌建设提供支持”。对此，非洲各方表示，为实现区域一体化发展，在农业、基础设施建设、贸易促进和工业化等领域强化合作十分重要，认为东京非洲发展国际会议是实现非洲 2063 年发展议程的重要动力。[②]

二是日本高度重视与非盟（African Union, AU）之间的联系与合作。安倍上台后，日本加强与非盟之间的官方交流。2012 年底前，日本与非盟的会谈仅为 4 次，而自 2013 年以来，日本与非盟的官方交流次数明显增多。其中，安倍作为国家首脑亲自举行的会谈有 2 次，第一次为 2013 年 6 月，安倍与非盟主席进行会谈，指出非盟是东京非洲发展国际会议的协办方，欢迎进一步强化非洲发展的自主性及日非伙伴关系。[③] 第二次为 2019 年 8 月，安倍与非盟委员

---

① 外務省「第 2 回日・アフリカ地域経済共同体（RECs）議長国首脳会合（概要）」、2014 年 9 月 25 日、https://www.mofa.go.jp/mofaj/afr/af2/page1_000068.html。

② 外務省「第三回日・アフリカ地域経済共同体（RECs）議長国首脳会合」、2015 年 9 月 27 日、https://www.mofa.go.jp/mofaj/afr/af2/page4_001394.html。

③ 外務省「安倍総理とドラミニ=ズマ・アフリカ連合（AU）委員長との会談」、2013 年 6 月 1 日、https://www.mofa.go.jp/mofaj/kaidan/page5_000165.html。

会主席举行会谈。安倍表示：“希望就双方都感兴趣的非洲局势，以及包括国际场域在内的日本与非盟之间的合作，交换意见、共享信息等。”① 岸田上台后也积极推动日本与非盟的关系，如 2022 年 8 月，岸田与非盟委员会委员长举行视频会谈，就非洲自贸区建设、乌克兰危机、非洲粮食安全、朝鲜问题、安理会改革等政治经济议题进行意见交换。②

简言之，日本还十分看重加强与非洲本土区域合作组织的沟通与交流，利用现有平台机制，塑造共有区域身份认同，借机推进日本对非区域战略。

（三）创造超越天然区域身份认同的新规范

认同是一个关系性的概念，是在与他者的比较中产生的。在区域一体化进程中，谁是“我们”，谁是“他者”十分重要。例如，乌利齐·塞德尔米亚（Ulrich Sedelmeier）以欧盟东扩为例，他认为，“欧盟扩大不应仅被视为欧盟身份政治分析中的因变量，而且应该被视为影响欧盟身份的自变量。在欧盟东扩案例中的政治实践，包括话语实践（discursive practices），一直是欧盟身份形成的重要焦点”。③ “欧洲的政策实践，包括根据某些规范为共同活动辩护

---

① 外務省「安倍総理大臣とムーサ・ファキ・アフリカ連合委員会委員長との会談」、2019 年 8 月 28 日、https://www.mofa.go.jp/mofaj/area/oau/page6_000375_00003.html。

② 外務省「岸田総理大臣とファキ・アフリカ連合委員会委員長とのテレビ会談」、2022 年 8 月 28 日、https://www.mofa.go.jp/mofaj/af/af1/page1_001297.html。

③ Ulrich Sedelmeier, *EU Enlargement, Identity and the Analysis of European Foreign Policy: Identity Formation through Policy Practice* (Florence: European University Institute Press, 2003), p. 1.

的话语实践，阐明了欧盟决策者集体自我形象的基本方面。东扩政策对欧盟集体身份的重要作用是，促进欧盟形成基于捍卫人权和民主的价值观和规范的集体身份的形成”。[①]

因此，共有区域身份的塑造需要一定的话语实践，以提供某些规范，为共同的实践活动做辩护，从而区分自我和他者的不同身份。同样，因日本是域外国家，与非洲地区缺少共有的文化、历史、民族身份认同背景，为强化共有“印太”区域身份，日本主要推进方式只能是在非洲积极创造新的理念与规范，打造新的价值观和意识形态。

1.“高质量基础设施建设”理念的强化

基础设施出口是日本对外战略的重要内容和支撑。安倍再次上台执政后，基础设施出口成为日本国家综合战略的一部分。安倍在2015年首次明确提出高质量基础设施伙伴关系战略。[②] 该战略突出基础设施的“高质量”概念，与中国在地区乃至全球范围内开展竞争。

在对非洲区域合作战略中，安倍同样把高质量基础设施建设理念融入其中。在2016年8月召开的第六届东京非洲发展国际会议上，安倍提出日本对非政策的三个限定词，即“高质量的”“强韧的”“稳定的”。其中，所谓“高质量的”主要由“基础设施”“人

---

① Ulrich Sedelmeier, *EU Enlargement, Identity and the Analysis of European Foreign Policy: Identity Formation through Policy Practice* (Florence: European University Institute Press, 2003), p. 21.

② 参见孟晓旭：《日本调整高质量基础设施合作伙伴关系战略及对“一带一路”倡议的影响》，《东北亚学刊》2021年第9期，第34页。

才”与“改善”三个要素构成，而基础设施建设包括电力和城市交通系统建设，非洲的道路和港口建设等。[①] 日方进一步指出，应实现“为推进高质量基础设施投资的七国集团伊势志摩原则[②]”在非洲落地，日本将以蒙巴萨北部走廊、纳卡拉走廊、西非增长区这三个重点区域为核心，开展综合性的、广域的开发战略。为促进非洲对高质量基础设施投资理念的理解，日本牵头在非洲各国举办了“官民协同基础设施会议”。[③] 2019 年 8 月，第七届东京非洲发展国际会议召开，其中，日方特别提到要以“高质量基础设施投资的二十国集团原则”为基础推进对非基础设施建设投资。[④] 2022 年 10 月，第八届东京非洲发展国际会议召开，岸田政府继续宣扬高质量基础设施建设。在会议宣言中，双方表示，“我们致力于通过强化非洲区域内贸易发展，促进非洲地区经济一体化，营造有利于开放的国际营商环境，通过构建自由开放的、公正的贸易和投资环境，实现非洲国家与全球供应链相融合”。由此，岸田指出，“高质量基础设施投资、非洲基础设施开发项目（Programme for Infrastructure Development in Africa, PIDA）框架下非洲主导的走廊项目、产业开

---

① 外務省「TICAD VI 開会に当たって・安倍晋三日本国総理大臣基調演説」、2016 年 8 月 27 日、https://www.mofa.go.jp/mofaj/afr/af2/page4_002268.html。

② “伊势志摩原则”由日本在 2016 年的 G7 峰会上提出，其宗旨为推进高质量基础设施的投资，包括确保有效治理、带动当地就业及促进技术转移、应对社会和环境方面的负面影响、确保包括气候变化及环保方面在内的经济开发战略的统一性、通过官民合作促进有效的资金动员。

③ 外務省「TICAD VIにおける我が国取組—“Quality and Empowerment”—」、2016 年 8 月、https://www.mofa.go.jp/mofaj/files/000183834.pdf。

④ 外務省「TICAD7における日本の取組」、https://www.mofa.go.jp/mofaj/area/ticad/ticad7/pdf/ticad7_torikumi_ja.pdf。

发及促进贸易便利化的理念将有利于实现跨境互联互通，是非洲可持续发展结构转换的基础”。[①]

可知，日本以“高质量基础设施建设”为切入点，强化与非洲区域之间的连接性，与中国开展竞争。日本还反复强调伊势志摩原则，试图向非洲宣传日式理念，渗透日本规则，在非洲地区抢占规则制定权，确保日本在非洲区域合作进程中的主导地位。

2. 岸田的“印太新行动计划”加强对非洲的重视

日本版“印太战略”的地缘范围包括“两大陆”与“两大洋”，非洲大陆是其战略的重要组成，向非洲宣扬“印太”理念是日本推进“印太战略”的关键所在。

2016年，安倍在基础演说中指出，“连接亚洲与非洲大陆的是海的航道。能为世界带来稳定与繁荣的只能是自由开放的两大洋与两大陆间的结合”。[②] 可知，安倍进一步阐释了“印太”的基本理念，首次明确把非洲作为该构想的重要一环。岸田上台后，提出“印太新计划”，突出非洲在“新计划”中的地位。岸田特别指出，“要加强与新兴发展中国家的联合”。该计划指出，“非洲诸国拥有年轻的人口和丰富的劳动力，是充满发展潜力和活力的地区；同时也伴随着一定的脆弱性，即恐怖主义等不稳定因素较多”。“我们将通过东京非洲发展国际会议进程，作为非洲的‘共同成长伙伴’，

---

① 外務省「TICAD8チュニス宣言」、2022年10月3日、https://www.mofa.go.jp/mofaj/afr/af2/page24_001517.html。

② 外務省「TICAD VI開会に当たって・安倍晋三日本国総理大臣基調演説」、2016年8月27日、https://www.mofa.go.jp/mofaj/afr/af2/page4_002268.html。

促进非洲成为一个强劲的区域。为此，日本将聚焦于对非扩大投资、绿色产业、数字产业、食品安全等方面的合作”。①

总之，日本的对非区域战略具有较强战略性，具体表现在对非“高质量基础设施建设”的投资布局，以及对鼓励民间投资，加强官民合作的高度重视上。除此之外，日本也明确把非洲纳入“印太战略”的框架中，构建出一个横跨亚非、联动太平洋与印度洋的广域构想。

四、日本塑造对非共有区域身份认同的内在动因

日本通过多种途径跨区域塑造对非共有区域身份认同，在“印太战略”框架下推进对非区域战略，其内在动因包括以下三个方面。

（一）价值观渗透：将非洲视为日本开展“全球南方”外交的重要对象

所谓“全球南方”是近年来兴起的新话题，主要泛指东南亚、非洲、中东、拉美等地区的新兴发展中国家。日本学者认为“全球南方”国家主要是指冷战时期的南方国家，这些国家不属于美苏两大阵营的任何一方，而是形成了独立的影响力，直到 20 世纪 90 年

① 外務省『「自由で開かれたインド太平洋（FOIP）」のための新たなプラン』、2023 年 3 月 20 日、https://www.mofa.go.jp/mofaj/files/100477659.pdf。

代，随着国际社会的两极格局瓦解，南方国家在国际政治上的意义和存在感开始下降。而在2022年的乌克兰危机中，南方国家的地位再次上升，其“中立”立场成为西方国家无法逾越的“墙”。[①] 岸田政府近期提出“印太新行动计划”，特别强化与新兴发展中国家关系发展的“全球南方”战略是其“印太战略”的新变化。非洲是新兴发展中国家的主要代表区域，日本强化对非区域战略，是推进其“全球南方”外交的重要一环。

强化与发展中国家间的关系，挤压中国战略空间。2023年3月20日，岸田访问印度，与印度总理莫迪举行双边首脑会谈，并在会谈后公开了“印太新行动计划”的主要内容。该计划提出，到2030年日本政府和民间将投入超过9.8亿日元用于支持“印太”地区发展中国家的基础设施建设。[②] 2023年5月，七国集团峰会在日本广岛举行。作为七国集团轮值主席国，日本邀请了被其称为“全球南方”新兴市场的发展中国家参加峰会，这被视为日本开展“全球南方”外交攻势的又一举动。日本的“全球南方”外交举措，特别强调以法治为基础的国际秩序的重要性，并期待以此吸引“全球南方”国家；同时，日本还将“全球南方”国家视为中俄的势力范围，试图通过拉拢新兴势力，挤压中俄的战略空间。正如岸田此次在访问非洲期间指出，中国在非洲的影响力日益扩大，日本必须加

① 上野景文『「混合文明」としてのグローバル・サウス』、読売新聞、2023年5月29日、https://www.yomiuri.co.jp/choken/kijironko/ckworld/20230525-OYT8T50084/。

② 《岸田访印公布“印太新行动计划”，日媒：意在拉拢全球南方国家》，环球网，2023年3月21日，https://world.huanqiu.com/article/4CA4DEfnJjb。

大对非洲的战略投入。①

文明论视角下对“混合文明”的拉拢。日本学者认为，整个世界可以分为西方国家和非西方国家，除了西方世界外，包括中国、俄罗斯、日本在内均是“非西方国家”，其文明的特点是“混合文明”。所谓“混合文明”主要是指一个国家开始接受西方文明，但其本土文明和文化依然存在，经过发展，这个国家的文明状况已经成为西方元素和本土元素共存的“混合文明”。根据是西方元素还是本土元素占主导的标准，大致可以将世界分为三种类型：一是西方文明占主导地位的国家，即以“西方文明”为导向接受西方现代主义所呈现的价值观的国家；二是本土文明占主导的国家，即坚持本国/民族特有的传统价值观，并反对西方文明的国家；三是“双头鹰”型国家，即不论是对西方文明，还是对本土文明都不偏不倚的国家，而这类国家大部分与“全球南方”国家重合。这些国家没有强烈的意识形态或身份认同，所以有时会在西方文明与本土文明之间表现出“摇摆不定”的姿态。②

因此，日本认为，应积极拉拢包括非洲在内的“全球南方”的“双头鹰”型国家，将其纳入西方价值观的体系之中。

---

① 「岸田首相　アフリカ4か国歴訪 グローバル・サウスと連携強化」、NHK、2023 年 5 月 7 日、https://www.nhk.or.jp/politics/articles/statement/98889.html。

② 上野景文『「混合文明」としてのグローバル・サウス』、読売新聞、2023 年 5 月 29 日、https://www.yomiuri.co.jp/choken/kijironko/ckworld/20230525-OYT8T50084/。

（二）规则推广：将非洲视为日本国际区域战略身份转变的“试验场”

随着全球贸易谈判的停滞和地区经济一体化的兴起，日本的国际区域合作战略也开始出现转向，由过去的规则接受者身份向规则创造者身份转变。在这种角色身份转变的宏观背景下，非洲成为其开展规则与理念渗透的“试验场”。规则与秩序的建立不仅直接关涉经济利益，其作为价值理念的载体也是国家软实力向外输出的关键所在。[①] 因此，日本跨区域对非开展区域战略，不仅有利于日本加快在非洲进行规则推广的速度，而且有利于日本将其理念与规范进行渗透，获得非洲国家的认可。

首先，加快在非洲构建以日本为中心的双边经贸投资规则网，以争夺规则制定权。作为非中性的制度安排，谁能够主导国际经贸规则的制定，谁就可以借此获得更多的国际经贸竞争额外红利。主导国际经贸规则制定是当今世界国际经济竞争的制高点，是安倍政府对外经贸战略的最高目标。[②] 为此，长期致力于成为世界政治大国的日本，将争夺国际经贸规则制定权作为日本对外经贸战略的最高目标，特别是在安倍第二次执政后，日本实现这一最高目标的意志更加坚定。2013 年 2 月 28 日，安倍在施政方针演说中表示，“日

① 参见程蕴：《安倍内阁的中东外交：战略、地区秩序与困局》，《日本学刊》2018 年第 3 期，第 23 页。

② 孙丽：《日本主导国际经贸规则制定的战略布局——兼谈日本在大阪峰会上的得与失》，《日本学刊》2020 年第 4 期，第 59 页。

本不能等待规则，而是要成为创造规则的国家”。[①] 积极推广日本的经贸规则，加快双边、多边经贸协议的签署，使日本成为在区域层面以及双边层面创造规则的国家，是新时期政府的主要目标。安倍及其后续政府积极推动与非洲国家双边经贸投资协定的签署与生效，在保护日本海外投资者权益的同时，向中东地区推广日式投资规则，把握日本在非洲地区的规则主导权。

其次，推广相关规则与秩序，也是日本向外传播价值观和理念的关键载体。在日本与非洲国家签署的双边投资协定中，日方都会提及该协定签署的重要意义，即进一步提高投资环境的透明性、法规的稳定性和可预见性，同时也有利于进一步促进和保护日本的投资。此外，日本还积极搭建了各类多边与双边经贸合作机制，深度参与非洲的区域合作进程。这些规则与机制的推广过程必然会带有日本价值观色彩，这进一步提升了日本在非洲地区的影响力。

总之，日本积极推进非洲区域战略，以经贸规则为着力点，全面提升日本在该区域的规则制定权，在推广日式规则的同时，渗透日本的价值理念，提升地区影响力。

（三）利益驱动：将非洲视为开展能源进口多元化战略的重要对象

非洲是“能源资源大宝库”，石油和天然气储量十分丰富。而

① 日本首相官邸「第百八十三回国会における安倍内閣総理大臣施政方針演説」、2013 年 2 月 28 日、https: //www. kantei. go. jp/jp/96_ abe/statement2/20130228siseuhousin. html。

日本是大部分自然资源都依赖进口的国家。乌克兰危机爆发后，全球能源短缺，给日本的能源供应带来挑战。

2022 年乌克兰危机爆发后，全球能源危机引发日本的能源安全焦虑。2022 年 2 月，乌克兰危机爆发以来，欧美国家先后对俄罗斯实施制裁，对全球油气生产、供应链格局及贸易与市场价格造成了不同程度的影响。[①] 在全球能源危机的宏观背景下，日本的能源进口也面临诸多不确定性。2023 年版日本《能源白皮书》指出，以 2022 年 2 月开始的乌克兰危机为转折点，世界能源发展形势深陷混乱的同时，发生巨大变化，特别是能源的稳定供给与能源成本等问题给世界各国带来巨大冲击。[②] 在此背景下，以欧盟、七国集团为中心的诸多国家旨在摆脱对俄罗斯能源的依赖，开始寻求可替代能源。由此，欧洲在持续推进节能减排战略的同时，开始急速扩大对液化天然气（LNG）的进口，世界开启“液化天然气争夺战”，导致液化天然气的需求及价格上升。日本认为，伴随着对俄罗斯经济制裁的长期化，世界对液化天然气资源的需求只会上升，而世界范围内的“液化天然气争夺战”在短期内不会结束。日本也受到乌克兰危机的冲击，国内用电价格高涨。2023 年 4 月，日本参加“七国集团札幌气候能源环境部长会议”，其联合声明表示，“全球资源竞争加剧引发的能源危机正在对环境、经济和社会产生负面影响。考

① 《悉数 2022 年全球能源格局巨变》，中国新闻石油中心，2023 年 2 月 24 日，http://news.cnpc.com.cn/system/2023/02/24/030094302.shtml。

② 経済産業省「エネルギー白書 2023」、第 25 頁、https://www.enecho.meti.go.jp/about/whitepaper/2023/pdf/2_2.pdf。

虑到未来长期前景，希望通过天然气生产国和消费国之间的对话，进一步加强国际原子能机构在天然气安全保障方面的职能和作用”。①

在乌克兰危机引发的世界“液化天然气争夺战”背景下，日本强化对非资源外交。2023 年 6 月 30 日，国际燃气联盟（IGU）主席李雅兰在中国—非洲新能源合作论坛上发表主旨演讲时表示，“天然气将在非洲能源转型中发挥重要作用”，“非洲天然气探明储量约为 18 万亿立方米，约占全球已探明储量的 8.8%，非洲的油气资源开发程度较低、开发前景广阔”。② 在乌克兰危机爆发，世界开启“液化天然气争夺战”的背景下，拥有巨大开发潜力的非洲成为各国拉拢的对象。事实上，安倍第二次上台以来，日本早已加快了发展与非洲的能源合作关系的步伐，内阁官员乃至首相积极访问了非洲，并与非洲一些能源国家签署了能源合作协议。比如，2014 年 1 月，日本首相安倍晋三访问了莫桑比克，并举行首脑会谈，双方共同发表了《日莫友好伙伴关系联合声明》。该声明表示，“两国首脑十分欢迎日本切实加大对莫桑比克天然气与煤炭等能源领域的开发和投资”。③ 2023 年 4—5 月，岸田访问非洲的埃及、加纳、莫桑比克和肯尼亚四国，其目的为就当下乌克兰危机下的粮食危机与能源

---

① 経済産業省「エネルギー白書 2023について」、第 5 頁、https://www.meti.go.jp/press/2023/06/20230606001/20230606001-1.pdf。

② 《国际燃气联盟主席李雅兰：天然气将在非洲能源转型中发挥重要作用》，中国证券网，2023 年 6 月 30 日，https://news.cnstock.com/news,bwkx-202306-5083887.htm。

③ 外務省『日本国とモザンビーク共和国との間の「友情」（AMIZADE）パートナーシップに関する共同声明 』、2014 年 1 月 12 日、https://www.mofa.go.jp/mofaj/files/000023834.pdf。

危机，寻求与非洲国家的合作。① 上述四国中，加纳和莫桑比克拥有丰富的矿产和油气资源。岸田在访问莫桑比克时，认为“莫桑比克是南部非洲的大国，拥有非洲最大的天然气储量，且拥有丰富的重要矿产资源”，表示“将支持日企对莫桑比克的民间投资”。②

总之，日本已明确把非洲纳入其资源外交战略的框架之中。日本石油天然气进口大多数要依靠中东地区，为消解过度依赖中东地区能源进口所引发的能源安全隐患，日本把非洲国家作为重点能源合作对象国，这也是日本积极跨区域推进其非洲区域战略的重要原因之一。

五、日本塑造对非共有区域身份认同的现实障碍

日本跨区域对非洲塑造共有区域身份，从跨区域互动、机制搭建与规范塑造等方面努力。但同时，日本塑造对非共有区域身份认同也存在一定的现实障碍。

第一，非洲本土区域一体化独立自主性发展及天然的共有区域身份认同，给日本带来现实障碍。其一，为改变在全球经济体系中的边缘化态势，非洲国家对区域经济一体化的重视程度与日俱增。③

---

① 「岸田首相　アフリカ4か国の歴訪終え帰国」、NHK、2023 年 5 月 5 日、https://www3.nhk.or.jp/news/html/20230505/k10014058571000.html。

② 外務省「日・モザンビーク首脳会談及びワーキング・ランチ」、2023 年 5 月 4 日、https://www.mofa.go.jp/mofaj/afr/af2/mz/page4_005869.html。

③ 参见朴英姬：《非洲大陆自由贸易区：进展、效应与推进路径》，《西亚非洲》2020 年第 3 期，第 94 页。

2002 年 7 月，非盟取代非洲统一组织，《非洲发展新伙伴计划》（*The New Partnership for Africa's Development*，NEPAD）则成为非盟的泛非经济和社会发展战略框架，且特别强调区域一体化的重要性。非盟自成立伊始就大力推动非洲经济一体化进程。[①] 2015 年 1 月，非洲联盟峰会通过了“2063 年议程”，将其作为非洲未来 50 年发展的远景规划，明确提出要实现“基于泛非主义理想和非洲复兴远景的、政治上团结的、一体化的非洲”的发展蓝图。2019 年 5 月，非盟宣布非洲大陆自由贸易区协定正式生效。但受 2020 年新冠疫情的冲击，非洲大陆自贸区进程被迫延迟。2021 年 1 月 1 日，非洲大陆自贸区开始实施，成为非洲区域一体化和经济转型的重要里程碑。[②]由此表现出非洲大陆国家对区域一体化发展的高度重视，本土意识的觉醒。

其二，在语言文化层面，非洲国家的历史背景、民族特性、文化语言都与日本存在巨大差异，为日本跨区域寻求共有区域身份认同带来阻碍。有学者指出，由于非洲大陆历史悠久，种族战争和政治动乱频发，这在很大程度上阻碍了各国之间建立信任关系。另外，在语言方面，非洲除了大量的通用语言、当地语言和方言之外，仅正式语言就有 34 种。[③] 从高级别的政府会谈到具体的实际业

---

① 参见朴英姬：《非洲大陆自由贸易区：进展、效应与推进路径》，《西亚非洲》2020 年第 3 期，第 94—95 页。

② 《非洲大陆自由贸易区 1 月 1 日正式启动》，国际在线，2021 年 1 月 1 日，https://news.cri.cn/20210101/a401b786-aa37-5dbf-62fa-bd3d29b03a3c.html。

③ 参见武芳：《非洲地区一体化进程的发展与挑战》，《国际经济合作》2017 年第 12 期，第 15 页。

务谈判，语言和文化层面的相互理解对建立彼此的信任都是十分重要的因素。①

第二，中国在非洲急速增长的影响力给日本带来竞争压力。中非经贸合作始于20世纪50年代。2000年中非合作论坛成立以来，中非经贸合作规模逐步扩大，合作领域不断拓宽。

在贸易领域，中国已经连续12年稳居非洲第一大贸易伙伴国地位。2021年中国同非洲地区双边贸易总额突破2500亿美元大关，创下2014年以来新高，同比增长35.3%。在对非投资领域，中国对非直接投资快速增加。2021年1—9月，中国对非全行业直接投资25.9亿美元，同比增长9.9%，已超过疫情前2019年的同期水平。②特别是2009年中国“一带一路”倡议提出以来，非洲成为参与“一带一路”合作最重要的方向之一。中非经贸合作加速发展，为中非共建“一带一路”注入新动力。③

中国与非洲经贸关系的急速发展，引起了日本的警惕。日本对中国与非洲的合作持一种“零和博弈”的心态，认为中国逐步加大与非洲合作的力度，就是对日本扩展国际影响力的竞争与挤压，中国在非洲“所得”必然会使日本有“所失”。因此，与中国在非洲

---

① 参见武芳：《非洲地区一体化进程的发展与挑战》，《国际经济合作》2017年第12期，第15页。

② 《中非经贸合作之路越走越宽》，环球网，2022年3月19日，https://china.huanqiu.com/article/47G3k4DvkF5。

③ 《中非共建“一带一路”合作取得新进展》，来源：新华社，中国政府网，2022年8月22日，https://www.gov.cn/xinwen/2022-08/20/content_5706123.htm。

开展竞争，成为日本的一种潜在战略。[1]

第三，日本加强对非洲的区域战略带有明显的功利性。日本在与非洲各国首脑讨论加强经贸合作关系的同时，都要谈到安倍标榜的“积极和平主义”、海洋安全保障、联合国安理会改革，甚至还包括和非洲没有任何关联的中国东海与南海问题，其背后包含明显的功利性目的。对于长期遭受殖民经济影响的非洲国家而言，日本积极倡导的“西方价值观”并没有市场，正如肯尼亚总统所述，“希望日非合作可以促进非洲的经济结构转型、扩大就业和包容性增长，而这些目标单靠‘西方民主’是难以解决的”。[2]

日本近年来积极支持美国在全球的霸权行为，直接影响了其在非洲的国家形象。2022 年日本外务省对非洲的肯尼亚、科特迪瓦、南非三个国家进行民意调查。对于“目前，哪个国家是重要的伙伴国”的问题，只有 25%的受访者选择了日本，而有 63%的受访者选择了中国。对于“今后哪个国家是重要的伙伴国”的问题，31%的受访者选择了日本，而 50%的受访者选择了中国。对于“哪个国家是最值得信赖的国家”的问题，只有 4%的受访者选择了日本，而 26%的受访者选择了中国。[3] 可以看出，相对于带有明显目的性和功利性的日本，不携带私利、真心实意推动非洲经济发展的中国更

---

① 参见庞中鹏：《日本与非洲能源合作的深层目的及其面临的挑战》，《日本问题研究》2018 年第 5 期，第 31 页。

② 杨宝荣：《从肯尼亚日非峰会看日本对非关系的调整》，《当代世界》2016 年第 11 期，第 61 页。

③ 外務省「海外における対日世論調査」、2022 年、https://www.mofa.go.jp/mofaj/files/100510000.pdf。

受非洲国家的欢迎。

六、结语

非洲拥有巨大的市场、重要的能源资源、突出的地缘政治属性，近年来日益成为域外许多国家争相拉拢的对象。随着2016年日本版“印太战略”的出台，非洲大陆成为日本“印太战略”的重要一环。日本表示将致力于实现两大陆与两大洋的“印太”区域一体化发展，开拓日本外交的新边界。传统意义上的区域化发展往往需要行为体具有近地缘性或地理位置邻近的特点，但随着新区域主义的发展，跨区域等新形态开始出现。日本的“印太战略”也属于跨区域构建的范围，但更多是基于战略利益，而不是因为近地缘的因素。在战略利益的驱动下，从跨区域身份认同塑造的实现途径中可看出日本对非区域战略的内在动因。日本通过对非塑造共有“印太”区域身份，通过跨区域互动与实践、区域机制的搭建与联系、新理念与新规范的推广等方式，不断强化其对非区域战略。日本塑造共有“印太”区域认同，强化对非区域战略，其背后的战略目标与日本的国家核心利益存在着千丝万缕的联系，包括价值观划线、规则推广与利益驱动三个基本内核。但同时，日本也面临着诸多现实障碍，包括来自本土、域外以及日本对非区域战略本身的局限性。作为处在东西方交汇的特殊地缘与文化位置上的国家，日本的区域身份认同一直处在混乱与摇摆中。相对于聚焦近地缘的东亚地区主义而言，不用明确其自身区域身份的“印太”概念更能给日本提供舒适的行动空间，以供其采取灵活务实的方式与原则，满足其核心利益。

美国亚太—“印太”区域合作政策演变及其根源

全毅　徐秀军　金君达*

摘　要　美国亚太区域战略经历了从亚太经合组织到重返亚太和“印太战略”的转变过程，其战略调整与亚太地区国际力量格局变化及大国博弈密切相关。但无论是推行普遍的新自由主义秩序，还是有选择的盟伴合作战略，美国的根本目标仍是维护自身的世界霸权利益及区域主导权，防止亚太地区挑战者的出现。当前，中美在亚太地区竞争日益激烈，如何管控分歧，维护两国长远利益与亚太—“印太”地区和平发展环境是该地区最重要的问题。

关键词　区域合作战略；亚太经济合作组织；“印太经济框架”

第二次世界大战结束后，美国奉行自由贸易政策，推动成立关税与贸易总协定（GATT），并主导关税与贸易总协定多个回合的谈

* 全毅，福建社会科学院亚太研究所研究员；徐秀军，中国社会科学院世界经济与政治研究所研究员；金君达，中国社会科学院世界经济与政治研究所助理研究员。

判，推动各国降低关税与非关税壁垒。随着跨越太平洋两岸投资与贸易的密切化以及欧洲经济一体化进程冲击，美国开始重视亚太区域与双边贸易平台的作用。到 20 世纪 80 年代末，美国区域合作战略基本成形，[①] 并在随后的 30 多年中为适应全球化新形势进行了多次调整。

一、美国亚太区域合作政策的演变

二战结束后，美国的亚太区域合作政策除 20 世纪 50—70 年代的冷战阵营对抗政策外，经历了以下几个阶段：1989—2010 年的亚太区域合作时期、2010 年调整和转型时期与 2020 年后“印太”合作时期。

（一）20 世纪 80 年代至 2010 年的亚太区域合作政策

20 世纪 80 年代后期，美国从两个地缘方向上探索区域治理模式。在亚太地区，美国与其他 11 国于 1989 年倡议和建立亚太经合组织（APEC）。在北美区域，美国经过与加拿大、墨西哥两国的双边和三边谈判，于 1994 年正式建立北美自由贸易区（NAFTA）。

东亚经济奇迹与跨越太平洋两岸经贸关系密切化是亚太区域合作的根本动力。从 20 世纪 60 年代开始，东亚以日本为头雁经济迅速起飞，先后创造了日本经济奇迹、亚洲“四小龙”经济奇迹和中

① 张蕴岭：《区域合作新趋势与政治战略博弈》，《当代世界》2022 年第 11 期，第 32—36 页。

国经济奇迹。1982 年，美国与东亚跨越太平洋的贸易超过与欧盟跨越大西洋的贸易（269 亿美元），[①] 成为世界经济重心从大西洋转移到太平洋的转折点。太平洋沿岸的日本、澳大利亚、美国等国家从 20 世纪 60 年代就开始关注跨越太平洋的贸易与投资合作问题。从 1962 年开始，日本和澳大利亚学术界与工商团体就开始讨论太平洋经济合作问题。1980 年 9 月，在日本与澳大利亚学者的推动下，太平洋共同体研讨会在澳大利亚首都堪培拉召开。会议的参加者包括美国、加拿大、澳大利亚、新西兰、日本、韩国、东盟及其他太平洋群岛国家的代表。会议提议成立由商界、学术界和政府组织的代表共同组成的常设机构——“太平洋经济合作委员会”（PECC），以扩大太平洋地区的信息交流。改革开放的中国开始积极行动加入亚太地区合作进程，1986 年，中国、中国香港和中国台北同时加入太平洋经济合作委员会。经过 10 多年的酝酿和发展，太平洋经济合作委员会成为太平洋经济合作的主要载体。1989 年 11 月 5 日，在太平洋经济合作委员会的推动下，来自美国、加拿大、日本、韩国、澳大利亚、新西兰和东盟六国（文莱、印尼、马来西亚、新加坡、菲律宾、泰国）的外交部长和经贸部长齐聚堪培拉，成立亚洲太平洋经济合作组织。1991 年，美国国务卿贝克首次提出建设“太平洋共同体”的设想。1993 年 11 月，美国总统克林顿在西雅图首次召集亚太经济合作组织领导人非正式会议，并通过亚太经合组织的宗旨，试图将亚太经合组织打造成“太平洋共同体”的一支

① 本社选编《太平洋的挑战》，时事出版社，1986，第 16 页。

关键力量。

亚太经合组织作为美国推进“太平洋共同体”的重要平台和抓手，其目标是抓住西太平洋地区经济高速发展的机遇，促进美国自由主义经济秩序在亚太地区的建立。因此，美国将中国（于1991年）、俄罗斯（于1998年）等经济转轨国家吸收进亚太经合组织合作进程。1993年以后，各经济体通过协商方式共同确定亚太经合组织的职能边界、行动方式和贸易自由化路线图，通过了倡导“开放的地区主义”的1994年《茂物宣言》，确立了具体的“茂物目标”，规定发达成员不得迟于2010年，发展中成员不迟于2020年实现零关税的贸易自由化目标。对亚太经合组织发展来说，茂物目标具有里程碑意义。随后，亚太经合组织在1995年日本大阪会议提出《大阪行动议程》、1996年马尼拉会议提出《马尼拉行动计划》等文件，各国逐步落实“茂物目标”的各领域行动计划，极大地促进了亚太区域贸易自由化与便利化进程。亚太经合组织成员最惠国平均关税由1996年的10.7%下降为2017年的5.3%，平均关税下降10%。其中工业品关税降低为4.4%。[①] 与此同时，美国在北美地区主导的美加墨三国谈判于1994年1月达成《北美自由贸易协定》。北美自由贸易区的规则和配套机制对区域自由贸易的促进作用总体高于世界贸易组织（WTO）和亚太经合组织，也给成员带来了一定收益。

由于协商的、相对松散的治理结构限制了亚太经合组织集体行

① 全毅：《后茂物时代亚太地区大国博弈与区域合作前景》，《国际贸易》2021年第10期，第13—20页。

动的能力，随着1997年金融危机的爆发，备受期待的亚太经合组织在美国的领导下面对危机无能为力，亚太经合组织合作遭遇挫折。各国放缓推进部分自由化的进程，转而于1998年设立部门自愿提前自由化磋商，于2000年通过电子版单边行动计划进行协调。由于成员国政策目标、立场差异明显，上述措施的实质成果有限。与此同时，自亚洲金融危机以来，亚太区域合作机制和小范围自由贸易协定（FTA）在亚太各国间蓬勃发展。以《中国—东盟全面经济合作框架协议》为开端，此后东盟分别与日本、韩国、澳新、印度达成经贸合作框架。2005年，新西兰、智利、新加坡、文莱四国签订“跨太平洋战略经济伙伴关系协定”（TPSEP）。尽管这些区域自由贸易协定与亚太经合组织在降低关税的目标上部分一致，却在亚太经合组织区域内形成了意大利面碗效应。此外，自由贸易协定成员间商定的豁免清单与亚太经合组织制定的自由化路线图存在差异，加大了亚太经合组织成员的协调难度。此时的美国担心西太平洋地区形成没有美国参与的区域经济集团，因此在2005年提出了亚太自由贸易区（FTAAP）构想，以防止东亚形成独立的经济集团，并将美国价值观与商业规则向亚太地区推进。但由于遭到亚太地区发展中国家，特别是中国的反对而未能得逞。

（二）美国区域合作战略的调整与“跨太平洋经济战略伙伴关系协定”的失败

美国试图将《北美自由贸易协定》规则推向亚太经合组织的意

图遭遇挫折后，开始调整亚太地区政策，选择志同道合的国家推进美国的经贸规则。2008 年 11 月，美国正式宣布加入“跨太平洋经济战略伙伴关系协定”谈判。2009 年奥巴马政府上任后，主导将协定改名为“跨太平洋伙伴关系协定”（TPP），[①] 意图打造“符合美国经济优先议题和价值观的新一代亚太贸易框架”。与此同时，美国在 2009 年宣布重返亚太战略，该战略由军事安全与经济两根支柱构成。在军事安全方面，美国宣布要将 60% 的军力部署到亚太地区，并开始重视印度在安全合作中的作用。在经济方面，从 2010 年开始，美国召集澳大利亚、加拿大、墨西哥、秘鲁、越南、马来西亚以及文莱、新加坡、新西兰、智利进行新经贸规则谈判。同年 11 月，亚太经合组织横滨部长会议正式提出建设亚太自贸区（FTAAP）目标，并将跨太平洋伙伴关系作为实现亚太自贸区的路径之一。美国主导的跨太平洋伙伴关系协定谈判是一次建立更大范围自由贸易区的尝试。跨太平洋伙伴关系协定谈判启动引起东亚国家的警觉，2012 年，东亚地区中日与东盟合作推出区域全面经济伙伴关系协定（RCEP）谈判，与跨太平洋伙伴关系协定谈判形成竞争格局。自此，亚太经合组织框架内形成了以跨太平洋伙伴关系为核心的美国路线图和以区域全面经济伙伴关系为核心的亚洲路线图。亚太经合组织还拓展了合作新领域：2013 年，印尼亚太经合组织会议通过《亚太经合组织互联互通框架》及基础设施投资计划；2014 年，亚

---

① 吴润生、曲凤杰、关秀丽等：《跨太平洋伙伴关系协定：趋势、影响及战略对策》，《国际经济评论》2014 年第 1 期，第 65—76 页。

太经合组织北京会议通过《亚太经合组织互联互通北京路线图》和《亚太自由贸易区北京路线图》，将跨太平洋伙伴关系和区域全面经济伙伴关系作为亚太自贸区的两条路径。该动向是基于两个背景：其一是亚太区域经济重要性提升，参与跨太平洋伙伴关系的亚太国家经济占全球经济的接近 40%，[①] 强化亚太区域合作符合美国经济利益。其二是亚洲新兴市场经济体（EME）在全球经济中重要性提升，要求改革国际经济金融机构和提升区域经济合作的自主性，东亚共同体与区域全面经济伙伴关系设想应运而生。因此，美国计划建立范围更大、涉及领域更广、自由化措施更加激进的区域合作框架，以确保其在全球经济金融领域的主导权。美国在提出跨太平洋伙伴关系协定的同时也推进跨大西洋贸易与投资伙伴协定（TTIP）谈判，上述动向标志着美国区域合作战略进入新阶段。

但是，跨太平洋伙伴关系协定在亚太地区和美国内部均遭遇一定阻力。在相关谈判中，美方在劳工、国有企业、知识产权等领域的高标准主张遭到其他成员国反对，被迫就部分条款进行妥协。例如，美国要求跨太平洋伙伴关系将药物专利保护期设置为 12 年，但在新西兰等国反对下缩减至 8 年。而在美国内部，跨太平洋伙伴关系协定引发制造业劳工的激烈反对，也面临民主、共和两党内部多个亲劳工议员集团的阻挠。因此，2016 年 2 月奥巴马政府签署《跨太平洋伙伴关系协定》后，该协定迟迟未能在国会获批。加之跨大

---

① 2020 年跨太平洋伙伴关系 12 个国家 GDP 总值占全球 GDP 的比重为 37.4%。根据联合国贸发会议数据库数据计算所得。

西洋贸易与投资伙伴协定等同期谈判缺乏实质性进展，奥巴马时期的美国的区域合作战略未能取得预期效果。而区域全面经济伙伴关系除印度在 2019 年退出外，其余 15 国在 2020 年 11 月达成协定，《区域全面经济伙伴关系协定》的达成表明东亚地区合作的自主性增强。

（三）“印太战略”与美国区域合作新动向

特朗普政府放弃了以《跨太平洋伙伴关系协定》为抓手打造新一代贸易投资自由化样板的目标，奉行美国优先的对外贸易政策。2017 年初特朗普政府退出《跨太平洋伙伴关系协定》，认为美国对贸易伙伴作出太多让步，导致美国贸易逆差长期高企，用发起贸易战的大棒施压贸易伙伴作出让步，以对等开放和公平贸易为原则，重新谈判过去签署的贸易协定。如对《北美自由贸易协定》和《美韩自由贸易协定》进行重新谈判：美墨两国 2018 年 8 月达成自贸协议，9 月底美加两国达成一致，三国签署《美墨加协定》。2018 年版的《美墨加协定》在正文长度上达到 900 多页，是《北美自由贸易协定》的三倍，总体上是将《跨太平洋伙伴关系协定》的高标准条款引入《北美自由贸易区协定》框架，并在此基础上进行基于美国自身利益的调整。新达成的《美墨加协定》则重点对三个领域作出调整：其一是强化原产地规则和劳工、环境等领域的标准；其二是完善劳工和知识产权等章节的程序性规则、填补漏洞；其三是对药物知识产权保护增加部分限制。《美墨加协定》体现出后《跨太平洋伙伴关系协定》时代美国区域合作战略的几个特点：其一是继续推进在生产和知识产权保护等领域的高标准。其二是以扩充实体性规则为基础完善高标准，即在制定详细行为规范的基础上制定监督程序。其三是通过收紧原产地规则推动全球产业链、价值链重塑。其四是强化美国在贸易争端中的霸权地位，进一步架空世界贸易组织规则。同时，加强对所谓“非市场经济体”的限制，尤其是限制“非市场经济体”控制的在北美企业使用投资者与国家间争端解决机制（ISDS）解决对美纠纷。其五是限制加、墨两国对外开展经济合作，如协定第32章第10条规定，一旦《美墨加协定》成员与“非市场经济体”开展自贸区谈判，其他成员有知情、审阅条款和终止《美墨加协定》的权力。由于“非市场经济体”可由成员国自行认定，上述条款极大增强了美国对其他国家进行针对性限制的能力。

特朗普政府还将美国亚太合作战略转变为“印太合作战略”。2017年10月开始，时任美国总统特朗普、国务卿蒂勒森多次提出以“印太战略”取代亚太战略，作为美国亚洲区域合作的新战略。2017年12月，美国出台的《国家安全战略报告》正式提出“印太战略”并将其作为美国安全战略的首要重点区域。2018年起，特朗普政府进行更多实际部署，如将太平洋司令部改名为印度洋—太平洋司令部，并在美日等双边对话场合提出“印太”合作具体内容。相比以往战略，“印太战略”一方面明确中国对美“安全威胁”，另一方面着重强调加强美国及其盟友与印度的合作；2017年11月，美日印澳官员在参加东盟系列会议期间举行首次会晤，启动和建设“四边机制”（QUAD）。拜登政府的“印太战略”在目标和大方向上是特朗普政策的延续，但同时设法弥补特朗普时代美国与区域内盟伴关系过度偏重安全的问题，将区域合作的内容更多地扩展到经济治理领域。2022 年正式发布的《印太战略》报告，提出区域自由开放、区域内外连通性、繁荣、安全和经济韧性等五大议题。除继续拓展四边机制等既有合作机制的功能外，拜登政府还建立包括“印太经济框架”（IPEF）在内的新合作框架，全面深入地参与“印太”经济和治理。2022 年 5 月 23 日，拜登在访问日本时宣布启动“印太经济框架”谈判，计划用一年或两年的时间完成谈判。因此，2022 年被称为“印太合作”元年。“印太经济框架”作为美国“印太战略”的新抓手，旨在弥补亚太地区合作机制没有美国的缺憾。“印太经济框架”将谈判重点内容放在提高产业链、供应链的安全性与韧性，推动高标准基础设施建设、脱碳和绿色技术发展，在数字贸易、劳工权利和环境等方面制定高标准及有约束力的规则，协调税收和反腐败等四大重要领域。

二、美国“印太战略”的国际反应

美国从 2017 年开始提出“印太战略”，代替原来的亚太战略后，除中国外，“印太”地区多数国家持欢迎态度。但对于带有“排华”“遏华”色彩的部分合作项目，区域内国家和地区出现明显的分化。“印太”国家和地区回应美国“印太战略”的主要举措列举如下。

（一）日本参与美国“印太战略”的互动举措

日本是美国的传统盟国，在美国“印太战略”中地位关键。此外，日本也是较早提出“印太”概念的国家，安倍晋三在2006年、2012年两次就任首相后均强调“两洋交汇”，提出和推广“自由与繁荣之弧”等概念，并于2016年非洲开发会议上提出“自由开放的印太战略”。日本一方面在安全和经济政策上向美接近、深入参与四边机制等合作机制，另一方面通过推广“自由开放的印太”“高标准基础设施建设”等理念支持美国区域合作理念。

日美合作在特朗普和拜登政府时期呈加速趋势。如2017—2019年，美国与日本加强导弹防御合作，于2019年向日本出售价值22亿美元的导弹防御系统，双方还承诺推进在技术研发和情报共享领域的合作。[①] 2022年，岸田文雄政府与拜登政府互动密切，在“2+2”会议期间出台一系列加强军事一体化措施，并确认《美日安保条约》第5条对宇宙空间的适用性，推动两国太空领域的合作。[②]

与此同时，日本主动开展在“印太”区域的多领域合作。在安倍提出“自由开放的印太战略”后，日本于2016—2017年对印度、

① “U. S. Approves Missile Defense Sale to Japan,” Arms Control Association, March 2019, accessed July 28, 2023, https://www.armscontrol.org/act/2019-03/news-briefs/us-approves-missile-defense-sale-japan.

② 卢昊：《岸田政权“印太战略”新一轮强化态势》，《世界知识》2022年第4期，第23—25页。

澳大利亚、菲律宾、越南等国展开密集高层访问，推广“自由开放”概念。岸田文雄政府于2021—2022年展开对东盟国家的密集外交，强调日本“印太构想”和东盟“印太展望”的对接。2023年，岸田文雄在访印期间提议与印度、孟加拉国推进孟加拉湾和印度东北部的产业价值链构想，并推进日、印对太平洋岛国的共同开发。[①] 在安全领域，日本与包括澳大利亚在内的多个“印太”国家签署《防卫装备品和技术转移协定》《情报保护协定》《物资劳务相互提供协定》等，于2021年11月首次对澳军舰实施“武器等防护”行动，于2021年12月表露加入东盟防务热线机制的意愿。2020年12月，日本在第五届日本—东盟防长会议上推出“万象愿景2.0”，计划全面加强与东盟的防务合作[②]。

（二）澳大利亚参与美国“印太战略”的合作举措

澳大利亚和美国的同盟关系由来已久，同时也是美国在南太平洋部署军事力量的重要支点。特朗普提出“印太战略”的同时，澳大利亚也积极推广基于自身战略理念的“印太”概念，其2017年《外交白皮书》提出“推动建立开放、包容、繁荣，以及其中所有

---

① “Policy Speech by Prime Minister KISHIDA Fumio at the Indian Council of World Affairs (ICWA), The Future of the Indo-Pacific—Japan's New Plan for a ‘Free and Open Indo-Pacific’—‘Together with India, as an Indispensable Partner’,” Prime Minister's Office of Japan, March 20, 2023, https://japan.kantei.go.jp/101_kishida/statement/202303/_00013.html.

② 卢昊：《岸田政权“印太战略”新一轮强化态势》，《世界知识》2022年第4期，第23—25页。

国家的权利得到尊重的印太地区”。[①] 但在具体政策上，澳大利亚区域合作政策受到特朗普“安全优先”外交倾向影响，主要为军事合作。例如，在 2017—2019 年，美驻澳军事人员从 1 700 人上升至 2 500人，增加部署包括 MC-130 运输机、F/A-18 战斗机等现役主力军机及 B-52H 战略轰炸机。美澳还计划开展后勤补给基地、综合性海军基地和核潜艇基地建设。与此同时，澳大利亚与日本加快推动《访问部队地位协定》谈判，于 2019 年邀请日本参与美澳“护身军刀”军演。澳大利亚与印度也在 2014 年《安全合作框架》的基础上持续深化安全合作。[②] 澳大利亚在“印太”区域合作中的主要举措是支持美日等国的“自由开放”原则，包括支持“南海仲裁”、支持“南海自由航行”、炒作中国—太平洋岛国合作等，激化了区域内的大国地缘政治竞争。

随着澳大利亚国内的“中国威胁论”呈激化态势，澳大利亚也更深入地参与美国主导的经济治理合作。2019 年，澳大利亚与美、日共同提出“蓝点网络”计划，制定基础设施投资的“高质量、可信任”标准，并意图打造所谓“公开且包容”的经济框架。2022 年，澳大利亚与美国建立矿产安全伙伴关系。该框架内还有日本、韩国、英国和欧盟等美国盟伴，除确保供应链安全外也包括应对气

---

① Australian Government Department of Foreign Affairs and Trade, *2017 Foreign Policy White Paper*, accessed July 16, 2023, https://www.dfat.gov.au/publications/minisite/2017-foreign-policy-white-paper.

② 肖欢：《“印太”视角下澳大利亚军事战略的调整与变化》，《区域与全球发展》2019 年第 6 期，第 20—28 页。

候变化等治理目标。在经济合作的同时，美澳安全合作进一步加深。2021 年 9 月，美英澳宣布建立三边安全伙伴关系（AUKUS），美英宣布了向澳大利亚提供核潜艇技术的联合开发计划。2022 年，澳大利亚受邀参加北约峰会，强化与北约的跨区域合作。2023 年美澳“2+2”会议后，澳防长表示计划在两年内建立导弹制造产业，并融入美国相关供应链。上述合作在一定程度上导致“印太”区域的地缘竞争激化，也导致中澳双边关系面临极大不确定性。尽管阿尔巴尼斯政府就任后意图改善中澳关系，但当前澳大利亚参与的带有“排华”“遏华”色彩的区域合作仍对中澳交流形成显著阻碍。

（三）印度对美国“印太战略”的积极回应

印度是世界不结盟运动的主要倡议者，过去曾与苏联/俄罗斯进行安全合作。但在美日等国拉拢下，印度逐渐转向美日，通过美印双边合作、美日印澳多边合作和“印太”区域合作配合美国相关战略，但试图维持其战略自主性。

2016 年，奥巴马政府给予印度主要防务合作伙伴地位；2018 年，特朗普政府提出“印太战略”后，印度参加美日印澳四边机制。印度与美建立外长防长“2+2”机制，成为日本以外第二个与美建立“2+2”机制的亚洲国家。美印两国先后签署 2016 年的《后勤交流备忘录协定》、2018 年的《通讯兼容和安全协议》、2020 年的《地理空间基本交流与合作协议》等具体协议。印度先后加入“澳大利亚集团”、“导弹及其技术控制制度”（MTCR）、“瓦森纳协定”等美国主导的出口管制组织，这为美国向印出口高端技术装备提供便利。2023 年 1 月，美印启动“美印关键和新兴技术倡议”；同年 6 月，美印达成包括发动机本土化生产在内的军事合作，并计划在半导体、航空航天、数字经济等领域加强合作。需要指出，美国加速与印度的安全合作，在一定程度上是为了分化印度与俄罗斯的关系；由于印度在美、俄之间表态相对谨慎，美印安全合作可能面临一定变数。

印度通过双边“2+2”会议、美日印三边对话、美日印澳四边机制等与美、日、澳进行“小多边”合作。印度对于美日印澳四边机制的集体安全等部分原则，以及“南海自由航行”等集体行动的态度相对不积极，但在整体战略上向其他三国接近。继美印建立“2+2”机制后，印度与日、澳先后建立类似外长防长对话机制，将印澳关系提升为全面战略伙伴关系，与日本签订《物资劳务相互提供协定》。2021 年，印日澳三国发起所谓“供应链弹性倡议”。此外，美日印澳四边机制在“印太”多个领域扩大影响力。例如，2019 年，四国在外长会晤期间将美日印澳四边机制提升至部长级。2020 年，印度邀请澳大利亚参与“马拉巴尔”海上联合演习，将该演习扩大为四方联合军演。2021 年以来，美日印澳四边机制举行多次领导人线上、线下会晤，扩大该机制在公共卫生、高科技、数字安全等非传统安全领域的合作内容。在 2022 年美日印澳四边机制峰会的共同声明中，美印等国强调“确保这一地区的技术发展受到我们共同的民主价值观引导”，推广高标准基础设施合作，并共同提倡债务的可持续性和透明性。① 此外，印度也与日本等国共同推广所谓“高标准”投资，如日印两国在非洲共同强调投资的透明化，劳工、环境等标准。② 上述趋势与美国“印太战略”形成合力，对中国海外投资形成日益显著的竞争态势。

（四）韩国参与美国“印太战略”的互动举措

韩国对“印太”区域合作政策同样呈现出一定的阶段性。在特朗普政府时期，韩国因2016年“萨德”部署风波而重提“降低对华依赖”，但同时无意在大国地缘竞争中明确站队，因而提出通过“中等强国外交”维护区域稳定和促进经济合作的“新南方政策”。文在寅政府强调提升与东盟、印度的“特殊战略伙伴关系”，并建立以人员交流、繁荣、和平为支柱的“3P共同体”，推出包括促进人文交流、参与基建和扩大投资基金、国防与安全合作在内的一系列措施。在东盟各国中，韩国重点发展与越南、印度尼西亚等国家的关系，具体措施包括投资印度尼西亚雅加达、越南河内和胡志明市的轨道交通项目，建立旨在促进贸易投资的“韩国+越南+窗口单位”，提议建立韩国印度尼西亚“2+2”机制并共同研发战斗机等。此外，该战略还强调推动东盟和印度的数字化转型。③ 美国支持两国区域合作对接，于2019年发布《携手推进印太战略与新南方政

① The White House, *Quad Joint Leaders' Statement*, May 24, 2022, accessed July 2, 2023, https://www.whitehouse.gov/briefing-room/statements-releases/2022/05/24/quad-joint-leaders-statement/.

② 冯立冰：《印日基建合作：进展与挑战》，《国际问题研究》2019年第4期，第21—33页。

③ 詹德斌：《韩国外交新布局中的“新南方政策”评析》，《东北亚论坛》2018年第3期，第59—73页。

策合作》文件，提出能源、基建、数字经济、致力于公民社会、安全五大合作领域，并强调应利用美韩高级经济对话、美韩公共—私人联合经济论坛、美韩商业对话、美韩能源安全对话等机制进行协调。[①] 2019 年 10 月，美韩两国签署基础设施合作谅解备忘录。2021 年美韩峰会上，双方重申在“印太”发展议题的合作承诺。

2022 年尹锡悦就任总统后，韩国在外交和经济政策上加快向美、日靠拢，但也无法完全忽视中韩经济相互依赖的现实。尹锡悦胜选后即明确提出参与“印太经济框架”，此外还通过参与 2022 年 4 月北约外长会议和“北约合作网络防御卓越中心”等方式增强与美国及其盟伴的集体安全合作。2022 年 5 月拜登访韩期间，美韩将双边关系提升至“全球全面战略同盟”，并计划加强军事安全、经济安全两大领域合作，设立“经济安全对话渠道”，积极参与“印太经济框架”谈判。[②] 尹锡悦政府还积极改善与日本的关系，与日本和解，宣称日本已经从对手变为合作伙伴，淡化历史恩怨和遗留问题，参加美国主导的美日韩三边合作机制，在台海问题上向美日政策靠拢。但尹锡悦政府于 2022 年底发布正式的“印太战略”采取了相对谨慎的措辞，指出中国是“印太”和平与繁荣的关键因素，将中国定位为主要合作国家。此外，该文件还强调中日韩三边

---

① The White House, “Joint Fact Sheet by the United States and the Republic of Korea on Cooperation between the New Southern Policy and the Indo-Pacific Strategy,” accessed August 1, 2023, https://2017-2021.state.gov/joint-statement-by-the-united-states-and-the-republic-of-korea-on-cooperation-between-the-new-southern-policy-and-the-indo-pacific-strategy/index.html.

② 王付东：《韩国尹锡悦政府外交政策探析》，《和平与发展》2022 年第 3 期，第 79—95 页。

合作的重要性，提出恢复三边峰会和增强中日韩合作秘书处的合作。[①] 可见，尹锡悦政府仍然希望在对华区域合作政策上与美国保持一定差异。

（五）东盟与美国“印太战略”的互动举措

特朗普政府的“印太战略”片面突出军事合作，加之特朗普对东盟不够重视，导致东盟担忧其在区域合作中地位下降。2019 年，东盟推出“东盟印太展望”（以下简称“展望”），与其他各方竞争话语权，并维护东盟内部团结和在“印太”区域内的战略重要性。“展望”将“印太”定义为“亚洲、太平洋和印度洋地区”，而东盟处于区域关键位置。“展望”强调基于《联合国宪章》《联合国海洋法公约》《东盟宪章》等文件的国际规则，同时强调尊重国家主权；在此基础上，“展望”提出“舒适性原则”，并提出东盟中心、对话、合作、不对抗四项核心要素。该文件进而提出包括海上、互联互通、联合国 2030 可持续发展目标、经济及其他领域合作在内的四个优先领域。

拜登政府更加重视发展与东盟的关系，美国积极参与美国—东盟外长会议、美国—东盟峰会、湄公河—美国伙伴关系等机制，加速开展对东盟的外交游说；东盟对与美国开展经济与治理合作态度

---

① Republic of Korea Ministry of Foreign Affairs, *Strategy for a Free, Peaceful, and Prosperous Indo-Pacific Region*, accessed July 22, 2023, https://www.mofa.go.kr/eng/brd/m_5676/view.do?seq=322133.

积极，但在政治方面坚持中立站位。2022 年 11 月，东盟宣布与美国建立“有意义、实质性和互惠互利的全面战略伙伴关系”，拜登宣布将于 2023 年向东盟提供 8.25 亿美元援助。多个东盟国家是“印太经济框架”的创始成员国，积极参与围绕四大支柱的各级别谈判。但与此同时，2022 年 5 月的美国—东盟峰会上，东盟方面拒绝在联合声明中加入对乌克兰危机的评论。2023 年 7 月的东盟外长峰会上，东盟成员在联合公报中明确不结盟原则，东道国印度尼西亚的外长马尔苏迪称，“东盟永远不会成为大国竞争的代理人”。①

（六）新西兰与太平洋岛国参与美国“印太战略”的举措

新西兰与美国及其他盟伴共同强调“印太”区域的“自由开放”，但在地缘政治议题上采取与东盟类似的谨慎态度。2021 年 7 月，新西兰总统阿德恩在新西兰国际事务研究所年会上阐释其“印太战略”，提出了尊重规则、开放、包容性、尊重和维护主权、外交政策透明度五个原则，在“开放”原则部分又强调“印太”区域的贸易投资、人员流动和供应链应保持自由开放。② 在区域合作中，新西兰对于经济议题的积极性较高；它是《全面与进步跨太平洋关系协定》的成员国，也是“印太经济框架”的创始成员之一，此外，它在南太平洋开发合作议题上与美国及其他盟伴关系密切。在安全合作方面，新西兰积极加强与美、日、印、澳防务合作，参加

① 严瑜：《面对美国挑唆、东盟明确说不》，《人民日报海外版》2023 年 7 月 22 日，第 6 版。

② New Zealand Government, “Prime Minister’s Speech to NZIIA Annual Conference,” July 24, 2023, https://www.beehive.govt.nz/release/prime-ministers-speech-nziia-annual-conference.

与北约的跨区域合作，但相比日本等国更加谨慎。例如，2023 年，美国国务卿布林肯访新期间邀新加入美英澳三边安全伙伴关系，但新方仅愿意在军事技术相关议题上进行有限合作，并重申不会放弃无核化立场与美进行核开发合作。尽管近年来新西兰《国家安全战略》等官方文件中炒作所谓“中国对区域安全的威胁”，但同时也强调中新合作，其立场与美国有一定差别。①

太平洋岛国近年来与中国合作加深，也成为美国“印太战略”意图争取的区域。拜登政府在多个太平洋岛国设立大使馆或派遣驻外代表团，意图加强对该区域的外交工作。2022 年 6 月，美国与英国、日本、澳大利亚和新西兰建立“蓝色太平洋伙伴”（PBP）非正式合作机制，列举了气候危机、互联互通和交通运输、海上安全和保护、健康、繁荣和教育等合作领域，并计划 2023 年在美国举行部长级会议。② 同年 9 月，美国于华盛顿召开首届美国—太平洋岛国峰会，发布“太平洋岛国伙伴关系战略”“21 世纪美国—太平洋岛国伙伴关系路线图”“美国—太平洋岛国伙伴关系宣言”等文件。美国计划将美国驻太平洋地区的外交使团从六个扩大到九个，续签与帕劳、马绍尔群岛等国的《自由联系条约》，任命美国驻太平洋诸岛论坛特使，并在气候和防疫等领域向太平洋岛国投入 8.1 亿美

① New Zealand Government, “Aotearoa’s National Security Strategy: Secure Together Tō Tātou Korowai Manaaki,” accessed August 4, 2023, https://www.dpmc.govt.nz/publications/aotearoas-national-security-strategy-secure-together-tatou-korowai-manaaki.

② Australian Embassy to China, *Joint Statement on the Blue Pacific Partnership*, accessed August 2, 2023, https://china.embassy.gov.au/bjngchinese/jointstatementannouncementpartnersbluepacificinitiative.html.

元赠款和融资。与此同时，对于中国在南太平洋开展的区域合作，美国则联合区域内盟伴向相关国家施压。例如，2023 年 4 月，美国、澳大利亚、新西兰、日本四国共同声明对中国与所罗门群岛合作表示“关注”。[①] 总体而言，太平洋岛国对于经济治理议题，尤其是关乎部分国家领土和生存的气候变化问题关注度较高，对于大国地缘竞争的关注度相对较低，与美国区域合作战略存在一定分歧。

三、美国调整亚太区域合作政策的利益定位

美国的区域合作战略是其全球战略的重要组成部分，其根本目的是维护美国的国家安全和国际领导权。美国在亚太地区的政策就是为了维护美国在亚太地区的经济利益和霸权利益。冷战时期，美国为对抗苏联及其影响力的扩张，在 20 世纪 50—70 年代，将东亚地区的冷战发展为朝鲜战争和越南战争。但在 20 世纪 70 年代，美国因过度扩张消耗国力，开始战略收缩，1972 年，美国改变对华政策。1978 年，中国开始改革开放，改变以意识形态划线的外交路线，奉行实用主义对外政策。1979 年，中美关系实现正常化。1986 年，中国提出恢复在关贸总协定中地位的申请，开始融入全球化进程。这与美国 20 世纪 80 年代的新自由主义改革相吻合，因而得到美国的支持。美国开始实行对华全面接触政策。与此同时，苏联从

① “U. S, Japan, Australia and New Zealand Concerned by Solomon Island-China Pact,” Reuters, April 20, 2022, accessed August 1, 2023, https://www.reuters.com/world/us-japan-australia-new-zealand-concerned-by-solomon-islands-china-pact-2022-04-20/.

戈尔巴乔夫开始经济“市场化”与政治“民主化”改革。美国的亚太政策转向以合作推动经济自由化与政治民主化为导向。

亚太经合组织是美国落实对华“接触”战略的重要平台，为中美关系改善和发展提供了重要机会。1991 年中国加入亚太经合组织时，正值苏联东欧剧变，华约集团解散，苏联解体。1992 年，中共十二大确立社会主义市场经济体制改革目标。1993 年，中方领导人到西雅图参加亚太经合组织领导人非正式会议，实现中美关系的“第二次重建”。2001 年，中方主办亚太经合组织领导人非正式会议，美国正在经历“9·11”恐怖袭击事件的痛苦，中方在会议期间明确表示支持美国的反恐行动。美国积极推动中国市场化改革和加入世界贸易组织。中国加入世界贸易组织促进国内市场化改革进程，改善国际经济环境，迅速实现经济腾飞。中国的腾飞延续了东亚发展模式，东亚地区越来越形成以中国为中心的国际经济网络。中国开始推进以中国—东盟自由贸易区为核心的东亚自由贸易区建设，在亚太地区发挥引领作用。过去美国与日本和亚洲“四小龙”之间的经济贸易失衡转移到中美之间。从 2010 年开始，美国指责中国在 2008 年以后停止市场化改革，反而强化了国家资本主义措施，中美经济摩擦演变为制度性摩擦。

随着中国在亚太地区的影响力日益增强，美国与中国的博弈逐渐展开。美国开始改变其亚太合作政策，从过去普遍合作政策转变为排除中国的选择性合作政策，与中国展开地缘政治经济竞争。2009 年美国宣布“重返亚太”战略，强化亚太地区盟友体系和军事部署及推动跨太平洋伙伴关系等高标准贸易集团谈判，针对中国的意图十分明显。特朗普政府选择退出《跨太平洋伙伴关系协定》，奉行单边主义的美国优先政策，对贸易伙伴祭起关税大棒，以对等开放和公平贸易为由迫使其开放市场。而中国则将对外开放与合作的战略重心转向共建“一带一路”国家和地区。2018 年 3 月 23 日，特朗普签署对华贸易备忘录，对中国进口的商品大规模征收关税，中美贸易战打响。美国还与欧盟、日本等发达国家协调立场，施压世界贸易组织世界多边体制改革，要求世界贸易组织制定针对中国等“非市场经济国家”的条款。2018 年，特朗普政府提出“印太战略”，联合日本、澳大利亚、印度等大国组成四边机制，美国的亚太政策从促进合作向排斥特定国家的选边站队转变，美国对华政策从奥巴马政府的“以围促变”转变为特朗普拜登时代的“围堵脱钩”。随着中美竞争与博弈日趋频繁，亚太经合组织框架下的区域合作面临重重困境。例如，亚太经合组织 2018 年会因为中美在世界贸易组织改革和区域合作问题上分歧严重，没有发表部长会议声明和领导人会议宣言，此为近 30 年来的首次。上述因素导致亚太经合组织面临日益被边缘化的风险。

美国亚太政策从全面自由化合作向排斥中国与俄罗斯的“印太”合作转变，根源在于美国对中国与俄罗斯的崛起及自身霸权衰落的恐惧。自 20 世纪 90 年代以来，美国学者如塞缪尔·亨廷顿等人就开始研究中国崛起对世界格局及美国霸权的影响。从 2010 年开始，美国政府官员开始讨论中国崛起的冲击问题。2014 年克里米亚并入俄罗斯后，美国与俄罗斯关系恶化。此后，美国政界开始就其对华政策展开激烈辩论，辩论的结果是美国政界开始重新定位中国的角色和中美关系。美国战略界认为，后冷战时代美国自由主义世界秩序已经结束，世界进入多极化的大国竞争时代；美国对华接触政策已经失败，应该改变对华战略，进行全面遏制与脱钩。2017 年底，美国发布的《国家安全战略报告》将中国和俄罗斯定位为“修正主义国家”和美国“战略竞争对手”。2022 年拜登政府颁布的《国家安全战略报告》将中国定位为首要竞争对手和地缘政治竞争者。该报告提出，中国是世界上“唯一有能力和意愿改变国际现存秩序的国家”，认为未来 10 年是中美竞争的关键 10 年。

自美国视中国为全面竞争对手以来，美国迫切需要改变中国在亚太地区合作中日益发挥的引领作用。“推倒亚太，建立印太”成为美国新的地缘战略选择。与重返亚太战略相比，“印太战略”的特征在于：将经济合作、区域治理与安全相结合；突出宣传“中国威胁论”及强化域内国家对中国的“抵抗力”；强调盟伴国家承担的治理责任和协助能力建设；以议题为导向，嵌入式小多边的灵活合作体系；强调美国对贸易与技术规则的主导权，与中国共建“一带一路”进行规则竞争。“印太经济框架”与跨太平洋伙伴关系一样，是美国对华战略竞争地缘政治和地缘经济的双重工具，二者在促进贸易、保护劳动、环境治理、设立标准等方面具有相似的目标，都是与中国进行战略竞争的制度工具。[1] 美国公开宣称，“印太战略”的目标不是改变中国，而是塑造中国的战略环境，在全球建立起一种影响力平衡，以最大限度利于美国及其盟伴的共同利益和价值观。[2] 美国的“印太战略”与“印太经济框架”能否改变中国周边的战略环境，对中国造成多大程度的伤害，取决于未来双方博弈的具体策略。

---

① 赵菩：《从 TPP 到 IPEF：美国亚太经济战略的制度创新》，《现代国际关系》2023 年第 3 期，第 46—61 页。

② 沈雅梅：《美国“印太战略”的谎言与真相》，《光明日报》2023 年 8 月 6 日，第 8 版。

新形势下欧洲安全格局的变化

杨解朴*

摘　要　2022年，乌克兰危机的爆发不仅令彼此接壤的俄罗斯和乌克兰成为交战双方，也造成欧俄关系走向对抗，欧洲安全格局发生巨大变化。本文分析了乌克兰危机爆发前后欧洲地缘政治斗争加剧的原因及表现，指出俄罗斯的战略焦虑以及乌克兰寻求融入西方是冲突爆发的潜在原因。作者以德国为例剖析了欧洲国家在乌克兰危机爆发后调整防务政策并加大军事投入、摆脱对俄罗斯的能源依赖的具体举措，并提出乌克兰危机造成欧洲陷入对抗性的安全秩序，不仅使北约作为欧洲安全“保护伞”的作用更加凸显，也促使欧盟战略自主成为欧盟更重要的目标。作者认为，乌克兰危机外溢的可能性不大，但欧俄之间的对抗并不会随未来军事行动的结束而结束，相反，这种对抗将延续到包括政治、经济、文化和网络空间在内的其他领域。

* 杨解朴，中国社会科学院欧洲研究所研究员，中国社会科学院中德合作研究中心主任。

关键词　欧洲安全格局；乌克兰危机；北约；欧盟战略自主；时代转折

乌克兰危机曾被西方学者认为是古巴导弹危机后最严重的威胁国际安全的军事冲突，德国总理朔尔茨称乌克兰危机的爆发使德国正在经历“时代转折”。危机发生后，欧洲乃至世界的安全形势发生了巨大变化，具体表现为欧洲地缘政治斗争加剧、欧俄呈对抗态势、乌克兰寻求融入西方、欧洲国家调整防务政策并加大军事投入、北约地位凸显、欧盟战略自主意识增强。这些变化及趋势不仅给欧洲和平安全带来挑战，也给国际和平秩序的重建带来困难。

一、欧洲地缘政治斗争加剧

冷战结束后，人们曾希望在欧洲构建持久、公正的和平秩序，而事实上，“欧洲从未获得过贯通欧亚大陆、包容俄罗斯的共同安全。地缘政治分离时隐时现，但通过经贸合作、能源供应和社会交流，欧俄之间维系着‘剪不断，理还乱’的共存关系”。[①] 乌克兰危机有着非常复杂的历史和现实原因，但在俄罗斯看来，打破欧俄之间靠危机管控而维持的冷和平状态的导火索是北约决定将乌克兰列入其候选国名单。美国领导的北约自 20 世纪 90 年代起实施了五轮

---

① 崔洪建：《欧洲安全出现深层断裂》，环球网，2022 年 3 月 3 日，https://3w.huanqiu.com/a/de583b/472AjBMl12Z。

东扩，并明确以俄罗斯为假想敌，引起俄罗斯对自身安全的担忧。在波罗的海三国和乌克兰的中东欧邻国（波兰、斯洛伐克、匈牙利、罗马尼亚）先后加入北约后，乌克兰成为俄罗斯抵御北约的重要战略屏障。2008 年 4 月的北约布加勒斯特峰会，在美国政府推动下，宣布乌克兰和格鲁吉亚“将成为（北约）成员”。[①] 俄罗斯认为北约的这一决定对其生存产生威胁，并试图阻止它。据报道，普京当时就警告称：“如果乌克兰加入北约，它将在失去克里米亚和东部地区的情况下加入，它将分崩离析。”但美国并没有重视俄罗斯的警告，而是继续推行将乌克兰纳入北约的计划，试图将乌克兰打造为美西方在俄边境上的堡垒。北约与俄罗斯此后的敌对行动日趋尖锐，在 2014 年克里米亚危机后，北约多次向乌克兰运送武器，训练其武装部队，并允许其参加北约空中和海上联合演习，这些行动不断刺激着俄罗斯的神经。

在美西方步步紧逼下，俄罗斯能够使用的反击手段变得有限。2021 年春，俄罗斯开始在乌克兰边境调动军队，但俄罗斯的行动对美国没有产生多大的威慑。2021 年 7 月，俄罗斯出台新版《国家安全战略》，调整对外安全战略，决定不惜动用武力实现其大国复兴梦想。拜登上任后，乌克兰和美国的联系继续加强，2021 年 11 月，美乌签订了《美国—乌克兰战略合作伙伴宪章》，确认推进双方战略合作伙伴关系，其目的是“强调……乌克兰致力于实施充分融入

① “NATO after Bucharest,” NATO, April 28, 2008, https://www.nato.int/nato_static_fl2014/assets/pdf/pdf_publications/20111017_nato_after_bucharest_en.pdf.

欧洲及欧洲—大西洋机制（Euro-Atlantic institutions）所需的深入、全面的改革”。[①] 2021 年 12 月，俄罗斯与美西方形成全面的外交对峙，正式向美国和北约提出安全保障清单，明确划出地缘政治“红线”，要求书面保证乌克兰永远不会成为北约的一部分，并要求北约移除自 1997 年以来在东欧部署的军事资源（military assets）。2022 年 1 月美国和北约的所谓答复完全无视了俄罗斯的关切，实际上对俄继续施压。2022 年 2 月俄罗斯对乌克兰采取的“特别军事行动”，其实质是俄对西方遏制战略的一种强硬反制。

在乌克兰危机持续过程中，由于美国和欧洲国家不断加大对乌克兰的军事援助和财政援助，[②] 在国际层面对俄罗斯进行全方位的“封锁”，使得乌克兰危机升级为美欧（北约）与俄罗斯的正面对抗。在战争全面升级的情况下，俄罗斯依旧坚持不会让出克里米亚和已经“公投入俄”的四个州的领土。而乌克兰国内的民族主义情绪不断发酵，泽连斯基政府要求收回全部失地并向俄罗斯索取战争赔偿。同时，俄乌双方都做了长期作战的准备，乌克兰经过多轮动员，进入全民皆兵的状态，俄罗斯在 2022 年 9 月进行了局部动员，增加了军人编制，向战场投入了更多的军队和装备。

乌克兰危机发生前，欧盟是俄罗斯最大的经济伙伴，贸易额占很大比例，欧盟是俄罗斯最重要的投资和技术来源地，俄罗斯是包

---

① *U. S. -Ukraine Charter on Strategic Partnership*, U. S. Embassy in Ukraine, November 10, 2021, https://ua.usembassy.gov/u-s-ukraine-charter-on-strategic-partnership/.

② 据统计，欧盟和美国自乌克兰危机以来已经援助乌克兰超过 1 000 亿美元，大部分是军事装备援助，还有数百亿美元的直接经济援助，包括无息贷款、低息贷款和无偿赠款。

括德国在内的一些欧盟国家的主要能源供给国。而乌克兰危机爆发后，欧俄之间的贸易、投资和技术关系中断，政治上相互敌对，欧俄关系发生了质的变化。普京认为，未来10年可能是二战结束后最危险、最不可预测，同时也是最重要的10年。在俄罗斯学者看来，俄罗斯与西方在各个层面上的冲突可能持续10年以上。俄罗斯做了与西方发生长期冲突、对抗的准备。[①]

二、俄罗斯的战略焦虑以及乌克兰寻求融入西方是冲突爆发的潜在原因

俄罗斯位于欧亚大陆的心脏，它是欧洲也是世界上领土面积最大的国家，是地缘政治中最具潜力的地带。乌克兰领土面积在欧洲位列第二，是仅次于俄罗斯的苏联第二大加盟共和国。在历史上，乌克兰与俄罗斯在经济、社会、历史文化等多个领域存在密切的关联，乌克兰是俄罗斯通向欧洲的门户，也是俄罗斯对抗西方的战略缓冲区，[②] 如今，彼此接壤的两国却成为敌对交战的双方，俄罗斯的战略焦虑与乌克兰加入西方阵营的决心是冲突爆发的潜在原因。

丹麦哥本哈根皇家国防学院的两位学者戈茨（Elias Götz）和施塔恩（Jørgen Staun）从战略文化的角度分析了俄罗斯发动冲突的原

① 孙壮志：《乌克兰危机背景下的俄罗斯内政外交》，2023年9月12日在中国社会科学院欧洲研究所的专题报告。

② 张建：《欧洲安全格局视角下俄罗斯与北约的关系及趋向》，《和平与发展》2019年第4期。

因：一是由于俄罗斯对“西方”存在“脆弱感”，二是由于俄罗斯寻求大国地位。俄罗斯对西方的“脆弱感”可以概括为四个方面：第一，俄罗斯领土辽阔、边境线漫长，造成其很难同时保卫全国各地。第二，几个世纪以来，俄罗斯被反复入侵的经历所形成的集体记忆，深深影响着俄罗斯的战略文化。俄罗斯从中吸取的教训是控制其地理上邻近的地区，防止大国对手在那里立足。因此，俄罗斯的战略文化重视建立缓冲区和追求战略纵深。第三，俄罗斯的战略文化对西方抱有根深蒂固的不安全感。这种不安全感来自近代以来俄罗斯从拿破仑法国和纳粹德国的两次入侵中吸取的历史教训。此外，应对冷战时期来自西方的威胁也在俄罗斯战略文化中占主导地位。从这一角度来看，俄罗斯决策者和战略思想家形成了一种强有力的叙事，将北约描绘为一种潜在的威胁。这反映在俄罗斯政治话语和官方政策文件中对北约的持续“他者化”。自 1993 年以来，俄罗斯的所有军事学说和国家安全战略都将北约的扩大视为潜在的风险/危险或威胁。第四，使俄罗斯感知到的威胁还包括西方用“颜色革命”的手法清除其他国家（特别是“后苏联空间”）的亲俄领导人。自格鲁吉亚（2003 年）、乌克兰（2004 年）和吉尔吉斯斯坦（2005 年）发生“颜色革命”以来，西方试图削弱俄罗斯在“后苏联空间”的影响力的威胁再次在俄罗斯的战略思维中占据重要地位。[1]

---

① Elias Götz & Jørgen Staun, “Why Russia Attacked Ukraine: Strategic Culture and Radicalized Narratives,” *Contemporary Security Policy* 43, no. 3 (2022): 482–497.

戈茨和施塔恩认为，围绕俄罗斯大国地位的叙事出现在普京和俄罗斯一些政治精英的演讲中以及苏联解体后俄罗斯发布的中央战略文件中。在这些文件中，俄罗斯的“野心”已经从仅仅作为地区“大国”升级为“世界领先大国”之一。① 几十年来，“俄罗斯注定要成为一个大国”一直是莫斯科政治精英们秉持的坚定信念，对他们来说，这是一个关乎生存的问题：俄罗斯必须成为一个大国，否则它将不复存在。在俄罗斯眼中，国际政治是一个由少数大国主导的体系，每个大国都有自己的势力范围。因此，许多克里姆林宫的官员认为，重新建立和维持大国地位需要地理上的影响范围。1995年9月，叶利钦就宣称莫斯科希望在“后苏联空间”树立领导地位，使俄罗斯能够在国际社会中占有一席之地。后来普京总统推动建立欧亚经济联盟，其目的是将“后苏联空间”重新纳入俄罗斯的领导之下，俄罗斯希望成为未来多极世界的极点之一。

“后苏联空间”在俄罗斯战略思维中发挥了重要作用，它既是保护俄罗斯免受外部威胁的防御边界，也是其谋求大国地位的势力范围。而乌克兰在俄罗斯地缘政治和大国地位观念中占据最核心的地位主要有两个原因。首先，西方对俄罗斯的几次入侵都跨越了乌克兰（以及白俄罗斯）平原。这体现在当代俄罗斯的战略思想中，并继续影响其对国家安全政策的制定。其次，在俄罗斯占主导地位的民族身份叙事中，基辅罗斯（基辅为首都的斯拉夫部落松散联

① Elias Götz & Jørgen Staun, “Why Russia Attacked Ukraine: Strategic Culture and Radicalized Narratives,” *Contemporary Security Policy* 43, no. 3 (2022): 482-497.

盟）是俄罗斯文明的历史中心和摇篮。因此，大部分俄罗斯政治精英认为乌克兰是该国自然势力范围的一部分。对俄罗斯来说，没有哪个国家能比乌克兰更重要。如果没有乌克兰的参与和支持，俄罗斯所主导的“欧亚经济联盟”及“大欧亚伙伴计划”都不可能实现。正如布热津斯基所说的那样，“只有拥有乌克兰，俄罗斯才可能成为其梦想中的‘欧亚帝国’，而失去了乌克兰，俄罗斯则最多成为一个亚洲帝国”。[①] 多年来，俄罗斯使用了广泛的政治、经济和军事工具，试图将乌克兰保持在其势力范围内。这样就不难理解为什么2009年乌克兰与欧盟开始进行的入盟谈判在莫斯科引起了质疑。俄罗斯一些官员将2014年乌克兰发生的“欧洲广场”革命解读为西方“策动”的将乌克兰从俄罗斯轨道上拉出来的政变。当时的俄罗斯领导人还担心，乌克兰与欧盟的联系可能是加入北约的后门。克里姆林宫官员的话语模式促成并部分推动了俄罗斯吞并克里米亚，通过接管半岛，莫斯科直接控制了乌克兰领土中与俄罗斯在民族、语言、文化和历史上联系最密切的部分。此外，通过在乌克兰东南部顿巴斯地区支持分离主义，俄罗斯实际上为乌克兰成为北约成员国制造了一种障碍，因为根据北约的规则，存在领土或民族冲突的国家不能加入北约。

然而，令克里姆林宫感到更加不安的是，波罗申科和泽连斯基政府都奉行坚定的亲西方外交政策，而美国及其欧洲盟友也加强了

---

① 张建：《欧洲安全格局视角下俄罗斯与北约的关系及趋向》，《和平与发展》2019年第4期。

与乌克兰的外交、经济和安全合作，包括双边合作，以及北约和欧盟的各种计划。这些计划的既定目标是建立一个稳定、繁荣且具有西方倾向的乌克兰。这与俄罗斯自定义的大国影响力——将整个乌克兰（而不仅仅是克里米亚半岛）保持在其势力范围内——相冲突。此外，这加剧了俄罗斯对西方的脆弱感和不安全感。

由于历史和现实原因，乌克兰人对自身身份的认同并不一致。乌克兰人分为两个派别，东部与俄接壤地区的居民大多为俄罗斯族，信仰东正教居多，在情感上更亲俄，他们支持乌克兰留在俄罗斯阵营；与之对立的西部地区的民众反对俄罗斯，他们大部分信奉天主教，更倾向于加入西方阵营，这导致了乌克兰国内东西两派势力的分裂与对立。东斯拉夫人是乌克兰与俄罗斯的共同祖先，乌克兰首都基辅被当作现代东斯拉夫民族的发祥地。俄罗斯和乌克兰在历史文化和宗教等方面有着紧密的联系。中世纪时，波兰入侵了乌克兰。1648 年，乌克兰的哥萨克人由于不满波兰人的统治发动了起义，起义最后以哥萨克人向沙皇寻求保护收场。1654 年，俄乌签订条约，开始了乌克兰与俄罗斯的结盟史。1922 年，苏联成立，乌克兰作为首批加盟共和国加入苏联。乌克兰土地肥沃，其黑土面积占世界黑土面积的 40%，农业禀赋极佳，是世界第二大粮食出口国，被冠以“欧洲粮仓”的称号。苏联时期，乌克兰还发展了重工业和军工产业。1991 年苏联解体、乌克兰独立，其后，由于乌克兰政治经济转轨不成功，经济发展水平相对落后。乌克兰国内逐渐形成了一股亲西方势力，他们认同西方的价值观，希望加入北约和欧盟，彻底摆脱俄罗斯的影响。

亲欧派总统泽连斯基不断向欧洲各国以及欧盟领导人强调，乌克兰不仅在地理上是欧洲的一部分，且具有重要的战略意义，同时乌克兰与欧盟有着相同的价值观，有着“欧洲人”的身份认同，加入欧盟将会是乌克兰的最终归宿。[①]乌克兰在2019年2月通过了宪法修正案，宪法85条第（5）款规定了乌克兰的内政与外交政策指导方针与战略目标：让乌克兰成为欧盟以及北约的正式成员国。[②] 乌克兰危机爆发后，乌克兰不断向欧盟施加压力，力图快速加入欧盟。2023年初乌克兰加入欧盟的进程终于有所进展，欧盟给予乌克兰欧盟成员国候选国身份，这虽然距离乌克兰正式加入欧盟仍存在很大的距离，但相比于乌克兰申请加入北约的曲折过程，泽连斯基在对乌克兰加入欧盟这一目标上表现得更为乐观，“欧盟将与乌克兰站在一起，直到乌克兰获胜，届时乌克兰将加入欧盟”。[③] 如果乌克兰加入欧盟，欧盟将与俄罗斯产生另外一条直接边界。

欧盟虽然将乌克兰视为其安全保障的势力范围，但并没有给出乌克兰加入欧盟的时间表，就乌克兰目前国内的状况看，乌克兰满足加入欧盟的标准还需要较长的时间。但是，乌克兰加入欧盟共同

---

① “Настав час для позитивного рішеннящодопереговорівпрочленство Українию Євросоюзі-Главадержавизапідсумкамизустрічі зПрезидентом Єврокомісії в Києві, ”President of Ukraine, May 9, 2023, https://www.president.gov.ua/news/nastav-chas-dlya-pozitivnogo-rishennya-shodo-peregovoriv-pro-82773.

② *Constitution of Ukraine*, Constitution of Ukraine, February 22, 2019, p. 26, https://ccu.gov.ua/sites/default/files/constitution_2019_eng.pdf.

③ “Європейський Союз буде з Україноюдо її перемоги, аУкраїнабудев ЄС–Президентпіслязасідання Європейської радивБрюсселі, ”President of Ukraine, February 9, 2023, https://www.president.gov.ua/news/yevropejskij-soyuz-bude-z-ukrayinoyu-do-yiyi-peremogi-ukrayi-80897.

安全与防务政策的行动和军备层面的进程可能相对较快。事实上，自 21 世纪以来，乌克兰已经参与了欧盟的某些行动，也参与了欧盟战斗群（Battlegroups）。2015 年，乌克兰与欧洲国防局（European Defence Agency）签订了一项行政协定，这一协定也为基辅参与欧盟军事技术项目和方案提供了机会。尽管如此，欧盟成员国将乌克兰纳入欧盟共同安全与防务政策框架的进度还与地缘战略的重新定位、欧盟与北约关系的调整等因素息息相关。

2021 年底，乌克兰议会出台了新版的《国家安全战略》（СТРАТЕГІЯ забезпечення державної безпеки），该战略明确指出了乌克兰未来的战略目标以及国家安全政策的发展方向。在该文件中，乌克兰称将改进国家在安全领域的立法，与欧盟以及北约保持一致，并尽力推动乌克兰在情报、信息安全等领域逐步同北约以及欧盟标准接轨……确保乌克兰的安全与国防部门融入欧洲—大西洋安全空间。① 随着乌克兰危机的持续以及乌克兰战略处境的变化，乌克兰逐步调整了其战略定位。“融入欧洲—大西洋安全空间”的目标仍是乌克兰在安全领域的优先事项，但是在成为北约正式成员国的进程上，乌克兰的表述发生了变化。乌克兰将继续接受来自北约成员国的军事援助，并在安全与防务领域不断向北约标准靠拢，随时做好加入北约的准备。虽然乌克兰加入北约的愿望十分迫切，

---

① “УКАЗ ПРЕЗИДЕНТА УКРАЇНИ №56/2022,” President of Ukraine, February 16, 2022, https://www.president.gov.ua/documents/562022-41377.

但是泽连斯基在一次电视讲话中承认乌克兰将难以在短期内加入北约。[1]

虽然乌克兰“有限的财政资源难以确保现代武器和特种装备的生产和采购，同时乌克兰和俄罗斯联邦在军事安全能力上存在差距”，[2] 但北约和欧盟所提供的军事援助在很大程度上弥补了这一不平衡。俄罗斯在乌克兰的官方叙事中被描述为“侵略者”，乌克兰在其外交部网站上宣称的战略目标不仅包括自身安全需要得到保障，同时还明确指出“必须剥夺俄罗斯今后进行武装侵略的能力”。[3]

三、以德国为首的欧洲国家调整防务政策、加大军事投入

乌克兰危机引发了欧洲地缘政治的对抗，欧洲国家深切感受到自身安全遭到威胁，纷纷调整防务政策、加大军事投入：丹麦、瑞典两个北欧国家计划提高军费开支至 GDP 的 2%。法国、意大利、比利时、西班牙等多个国家也作出增加国防开支的承诺，最为突出的是德国外交与安全政策发生了“时代转折”。德国的“时代转折”

---

① “Zelensky Signals He Doesn't Expect Ukraine to Join NATO Anytime Soon,”CNN, March 15, 2022, https://edition.cnn.com/europe/live-news/ukraine-russia-putin-news-03-15-22/h_24f5671cbbfdad192f1695dca8f9a47e.

② “УКАЗ ПРЕЗИДЕНТА УКРАЇНИ №56/2022,” President of Ukraine, February 16, 2022, https://www.president.gov.ua/documents/562022-41377.

③ “Ключові питання та відповіді про російську агресію,”Ministry of Foreign Affairs Ukraine, June 20, 2023, https://mfa.gov.ua/klyuchovi-pitannya-ta-vidpovidi-pro-rosijsku-agresiyu.

主要表现为突破克制文化限制，向冲突地区输送重型武器；大幅增加国防开支以提高联邦国防军的防御能力，逐步摆脱了对俄罗斯的能源依赖并寻求能源供应多元化。

2022 年 2 月 27 日，德国总理朔尔茨在德国联邦议院发表演讲时宣称，乌克兰危机的爆发使德国正在经历“时代转折”，这意味着以后的世界不再是以前的世界了，德国必须在国家安全方面投入更多的资金。朔尔茨在讲话中强调，为了应对乌克兰危机给欧洲安全带来的威胁，德国必须在向乌克兰提供援助、确保欧洲和平以及结束对俄罗斯的能源依赖等方面开展行动。① 上述讲话给德国的外交政策确定了“时代转折”这一基调，它带来的是以安全防务政策转向为中心，包括能源和经济政策在内的一系列政策调整，具体表现在以下三个方面。

首先，德国的“时代转折”表现为突破克制文化的限制，向乌克兰提供致命性武器，这打破了德国禁止向冲突地区出口致命武器的原则。德国对乌克兰军事援助的立场在乌克兰危机爆发后发生了明显的变化。在乌克兰危机爆发前，德国希望通过非军事手段解决冲突，拒绝向乌克兰提供武器。在冲突爆发初期，德国虽然依旧希望通过外交努力实现停火，但在西方伙伴的影响下，很快宣布向乌克兰提供武器。2022 年 2 月 26 日，联邦政府宣布，德国决定向乌克兰武装部队提供 1 000 枚反坦克武器和 500 枚“毒刺”地对空导

---

① Olaf Scholz, “Regierungserklärung von Bundeskanzler Olaf Scholz am 27. Februar 2022,” Die Bundesregierung, Februar 27, 2022, https://www.bundesregierung.de/breg-de/aktuelles/regierungserklaerung-von-bundeskanzler-olaf-scholz-am-27-februar-2022-2008356.

弹和多门榴弹炮，决定将400件德国生产的反坦克武器从荷兰转移到乌克兰，并将原本来自原东德国家人民军（NVA）库存的榴弹炮和弹药从爱沙尼亚转移到乌克兰。[①] 在“顿巴斯决战”打响后，德国同意向乌克兰输送重型武器并提供军事培训。德国政府网站持续更新德国向乌克兰提供的数量庞大的武器清单，该清单包括致命和非致命性武器援助。[②] 根据该清单的内容，德国的军事援助包括来自德国联邦国防军的物资，以及德国复兴援助计划提供的工业物资。2023年，德国复兴援助计划的资金总额为22亿欧元（2022年为20亿欧元），主要用于支持乌克兰。[③] 乌克兰曾指责德国向乌输送重型武器时表现犹豫、迟缓，对此，德国领导人强调，没有哪一个国家像德国这样大规模地向乌克兰输送武器（据统计，2022年1月1日至2023年3月20日，联邦政府颁发的武器出口许可证总值超过27.2亿欧元[④]）。

其次，德国的“时代转折”表现为大幅增加国防开支，旨在将联邦国防军打造成一支高效、现代、先进的军队，同时增强欧盟和

---

① Die Bundesregierung, “Das ist Putins Krieg,” Die Bundesregierung, Februar 27, 2022, https://www.bundesregierung.de/breg-de/suche/bundesregierung-ukraine-krieg-russland-2007430.

② Die Bundesregierung, “Militärische Unterstützungsleistungen für die Ukraine,” Die Bundesregierung, November 1, 2023, https://www.bundesregierung.de/breg-de/themen/krieg-in-der-ukraine/lieferungen-ukraine-2054514，德国政府持续更新向乌克兰提供武器的清单有部分原因是为了应对外界的批评，调整了披露军事援助信息的程序，以适应美国等“最亲密”盟友的做法。

③ 与此同时，复兴援助计划的资金还用于资助德国增加对欧洲和平基金（EPF）的强制性捐款，而欧洲和平基金又可用于偿还欧盟成员国对乌克兰的援助费用。

④ Die Bundesregierung, “Militärische Unterstützungsleistungen für die Ukraine,” Die Bundesregierung, November 1, 2023, https://www.bundesregierung.de/breg-de/themen/krieg-in-der-ukraine/lieferungen-ukraine-2054514.

北约的防务能力。朔尔茨在 2022 年 2 月 27 日的讲话中宣布，在 2022 年的财政预算中设立 1 000 亿欧元特别基金用于德国联邦国防军的军备升级和现代化，并承诺 2024 年后将德国的国防预算提高到 GDP 的 2%以上①。二战后，德国一直奉行和平主义传统和“克制文化”路线，朔尔茨这一政策调整使德国军队几乎在一夜之间成为欧洲最强大的军事力量。朔尔茨认为，为了保障德国和欧洲的安全，需要更好的装备、现代化的作战设备以及更多的人员，而这需要花费大量资金用于必要的军事投资和军备项目。朔尔茨还强调与欧洲伙伴开展强有力的合作：“我们这样做也是为了我们自己，为了我们自己的安全，因为我们知道，并非所有未来的威胁都可以通过联邦国防军的手段来缓解。”② 为了欧洲能够拥有最新军事防御技术，德国计划与欧洲伙伴，特别是法国一起建造下一代战斗机和坦克。此外，德国还计划与欧洲伙伴一道加强技术领域和社会领域的能力，如开展抵御网络攻击和虚假信息的行动、抵御对德国及其伙伴国的关键基础设施和通信渠道的攻击。2022 年 5 月 8 日，在纪念二战结束的电视讲话中，朔尔茨进一步强调了加强自身防御能力、保卫国家和联盟安全的重要意义，同时他还提到了解决乌克兰危机的四个原则：一是与欧洲和大西洋盟友密切协调；二是保持自己的防御能力、装备联邦国防军；三是德国不会做任何比俄罗斯更伤害德

---

① Olaf Scholz, “Regierungserklärung von Bundeskanzler Olaf Scholz am 27. Februar 2022,” Die Bundesregierung, Februar 27, 2022, https://www.bundesregierung.de/breg-de/aktuelles/regierungserklaerung-von-bundeskanzler-olaf-scholz-am-27-februar-2022-2008356.

② Ibid.

国自身及伙伴的事情；四是不会作出任何会使北约成为战争一方的决定。①

最后，德国的“时代转折”表现为逐步摆脱对俄罗斯的能源依赖并寻求能源供应多元化。德国约60%的能源依赖进口，石油、天然气和硬煤的进口份额在94%—100%。乌克兰危机爆发前，其主要进口来源国包括俄罗斯、挪威、荷兰与美国等，其中约55%天然气和50%的硬煤以及30%的石油自俄罗斯进口。② 乌克兰危机发生后，德国意识到其天然气供应受到威胁，减少对俄罗斯的能源依赖成为德国政府的燃眉之急。在2022年2月27日的讲话中，朔尔茨明确表示将采取更多措施确保德国的能源供应安全，德国将改变方向，以克服对个别能源供应商的依赖。③ 基于欧盟的能源新政和乌克兰危机升级给德国带来的影响，德国采取了多种措施，与俄罗斯油气资源进行切割。据德国官方报道，德国自2023年1月1日起不再购买俄罗斯的石油，正式结束了对俄的能源依赖。乌克兰危机爆发后，德国通过分散采购，在2022年5月对俄硬煤依存度降至约8%。

---

① Olaf Scholz, “Fernsehansprache von Bundeskanzler Olaf Scholz--zum Gedenken des Endes des Zweiten Weltkrieges am 8. Mai 1945 am 8. Mai 2022 in Berlin,” Die Bundesregierung, Mai 8, 2022, https://www.bundesregierung.de/breg-de/service/bulletin/fernsehansprache-von-bundeskanzler-olaf-scholz-2038050.

② Ruediger Bachmann, “What if Germany is cut off from Russian energy?” The Centre for Economic Policy Research (CEPR), March 25, 2022, https://cepr.org/voxeu/columns/what-if-germany-cut-russian-energy.

③ Olaf Scholz, “Regierungserklärung von Bundeskanzler Olaf Scholz am 27. Februar 2022,” Die Bundesregierung, Februar 27, 2022, https://www.bundesregierung.de/breg-de/aktuelles/regierungserklaerung-von-bundeskanzler-olaf-scholz-am-27-februar-2022-2008356.

2022 年 8 月，在欧盟对从俄进口煤炭实施禁运之后，德国就不再购买俄罗斯煤炭。[①] 在欧盟第二阶段石油禁运生效后，德国仅在 2023 年 1 月进口了 2022 年底前已从俄罗斯进口到欧盟的剩余石油 3 500 吨，增加了自挪威、英国和哈萨克斯坦的石油进口来弥补与俄罗斯切割造成的缺口。[②]

对于德国来说，寻找煤炭和石油的替代相对比较容易，完成天然气替代才是摆脱对俄罗斯能源依赖的关键。乌克兰危机爆发后，德国通过增加来自挪威和荷兰的天然气进口，以及增加液化天然气的进口，使得俄天然气输送份额在 2022 年 6 月底下降到 26%。2022 年 9 月 1 日以后，德国不再通过“北溪-1”号进口俄罗斯天然气。[③] 为了吸取对俄罗斯能源过度依赖的教训，德国在北欧、美洲和亚非等多个地区寻找新的能源进口国，力图实现能源供应多元化。2022 年 11 月底，德国与卡塔尔签署天然气供应协议，这份为期 15 年的协议规定，自 2026 年起卡塔尔向德国每年提供 200 万吨液化天然气。[④] 此外，德国还在积极寻求同沙特、阿联酋、阿尔及利亚等国家达成能源合作协议的可能性。2023 年，德国的进口天然气主要来

---

① 陈卫东：《反思 2022 年全球能源市场：3 件大事、3 个关键词、3 个不变》，《中国石油和化工产业观察》2023 年第 1 期。

② Statistisches Bundesamt, “Erdölimporte aus Russland im Januar 2023 auf 3 500 Tonnen gesunken,” Statistisches Bundesamt, März 13, 2023, https://www.destatis.de/DE/Presse/Pressemitteilungen/2023/03/PD23_098_51.html.

③ 德国驻华大使馆新浪微博，德国驻华大使馆，2022 年 1 月 3 日，https://weibo.com/deguoshiguan?refer_flag=1005055013_。

④ 青木、陈子帅：《卡塔尔宣布和德国达成 15 年供气协议》，环球网，2022 年 12 月 1 日，https://3w.huanqiu.com/a/de583b/4AgjsATpuLK。

自挪威、荷兰和比利时，其中挪威已经取代俄罗斯成为德国头号供应国，荷兰和比利时拥有大型液化天然气终端港，可将进口天然气通过管道输往德国。另外，德国天然气的进口曾经完全依赖管道运输，没有液化天然气（LNG）接收设施。这就意味着德国不仅需要寻找新的来源，而且要建设液化天然气接收港和陆上接收站。由于建设陆上永久性液化天然气接收终端耗时较长，德国与其他欧洲国家大多选择建设港口浮动液化天然气接收终端。[①] 2022 年 12 月，德国首个液化天然气码头在威廉港建成，开始接收船运的液化天然气。2023 年 1 月 14 日，第二个液化天然气码头在梅前州的卢布明（Lubmin）落成。德国政府正在持续加码建造液化天然气码头，据估算，到 2030 年前，德国将有足够的液化天然气码头的接收产能，届时德国将成为世界第四大液化天然气进口国。

四、北约地位凸显、欧盟战略自主意识增强

铁幕拉开后，北约存在的意义曾一度被质疑，有学者认为，2013 年乌克兰危机的爆发在一定程度上缓解了北约的生存危机。[②] 2019 年 11 月，法国总统马克龙在接受英国《经济学人》杂志专访时，警告欧洲国家不能再依赖美国来保卫北约盟国，他直言不讳地

① 维小尼：《德国一年就摆脱对俄罗斯能源依赖，是怎么做到的?》，《环球零碳》2023 年 1 月 10 日，https://mp.ofweek.com/power/a356714286397。

② 张建：《欧洲安全格局视角下俄罗斯与北约的关系及趋向》，《和平与发展》2019 年第 4 期。

表示“我们目前正在经历的是北约的脑死亡”，欧洲站在“悬崖边缘”，需要开始从战略高度将自己视为一支地缘政治力量，否则将不能掌控自己的命运。[①] 2023 年 5 月，马克龙在接受采访时认为俄对乌克兰的军事行动给了北约一次“电击”，让北约清醒了。[②] 在 2022 年 6 月的西班牙马德里峰会上，北约成员国领导人批准了《北约 2022 战略概念》，该文件规定了北约未来十年的三大核心任务，即威慑和防御、危机预防与管理、合作安全，并将俄罗斯称为北约成员国安全和欧洲大西洋地区和平稳定的“最重大、最直接的威胁”。[③] 同时，“为加大对俄威慑并应对俄与北约成员国的冲突，北约加强了在东欧地区的军事部署，北约快速反应部队人数由 4 万增至 30 万。北约将俄作为全面威慑和遏制的对象，宣告了欧洲‘后冷战时代’的终结”。[④] 除了加强在欧洲东部部署兵力，北约还致力于接纳较为中立的北欧国家芬兰和瑞典加入北约。芬兰已经于 2023 年 4 月加入北约，由于土耳其等国的阻碍，瑞典加入北约还没有最终完成。这两个国家加入北约将造成俄罗斯与北约国家接壤的陆地边境长度增加一倍，并使其在波罗的海地区和北极地区处于北约国

---

① “Emmanuel Macron Warns Europe: NATO Is Becoming Brain-dead,” *The Economist*, November 7, 2019, https://www.economist.com/europe/2019/11/07/emmanuel-macron-warns-europe-nato-is-becoming-brain-dead.

② 张江平：《俄对乌开展特别军事行动是给了北约一次“电击”》，环球网，2023 年 5 月 23 日，https://world.huanqiu.com/article/4D7aHfFZ1RU。

③ 《北约 2022 战略概念（中文版）》，NATO, June 2022, https://www.nato.int/nato_static_fl2014/assets/pdf/2022/6/pdf/290622-strategic-concept-chi.pdf。

④ 冯仲平：《欧洲：面临乌克兰危机引发的多重挑战，苦寻自主之路》，《世界知识》2022 年第 24 期。

家包围之中。这样一来，原本就已经复杂动荡的地区局势将面临更多不确定性，但却加强了北约在欧洲安全格局中的主导地位。

乌克兰危机促使欧洲大陆和跨大西洋伙伴巩固了联盟，加强了美国、北约在欧洲安全领域的影响力和战略地位。就目前形势看，欧盟必须与美保持军事同盟关系才能应对危机。2023 年 7 月，在北约维尔纽斯峰会上，北约称“乌克兰的未来在北约”，峰会宣布成立北约—乌克兰理事会，就乌多年期援助计划达成一致，并表示将继续支持和审查乌克兰与北约在军事互操作性（interoperable）、乌克兰民主和安全部门改革等方面取得的进展，但并没有给出乌克兰加入北约的时间表，峰会公报强调“当成员国同意且条件满足时”，北约才会向乌克兰发出入约邀请。在此次峰会上，北约成员国还批准了冷战结束以来北约最全面的区域防御计划，这一计划将 30 万部队置于高度戒备状态之下，北约成员国还承诺本国国防支出至少占国内生产总值的 2%。①

乌克兰危机使得欧洲陷入对抗性的安全秩序，这也使得欧盟战略自主成为欧盟更重要的目标。在欧盟层面，“战略自主”这一提法可以追溯到 2013 年 12 月欧洲理事会呼吁发展欧洲自身的防务能力，以增强欧盟的战略自主性。目前“战略自主”已经涵盖包括经济、能源和数字等多个政策领域。2016 年，“战略自主”成为欧盟全球战略的一部分，旨在提高欧盟的防御能力，2017 年设立的欧洲

① 刘恺、华迪等：《北约峰会再“拱火”，俄警告“第三次世界大战”临近》，新华网，2023 年 7 月 12 日，http://www.news.cn/world/2023-07/12/c_1212243790.html。

防务基金是该计划的一部分。特朗普被欧盟视为不可靠的伙伴，在其任美国总统期间，战略自主是欧洲国防政策的优先事项。拜登上任后，积极改善与欧洲关系，但同时也令欧洲战略自主失去了方向。乌克兰危机的爆发对欧洲安全秩序构成严重挑战，暴露出欧洲自身防务能力不足以应对地缘政治威胁的问题，北约在欧洲防务中的作用更加凸显。但承认和接受欧洲安全离不开北约和美国，并不意味着欧洲放弃了对战略自主的追求。[①] 欧盟认识到，欧盟对美军事和安全依赖越强，其成员国加强安全和防务自主的客观能力越低，当美欧利益不一致时，欧盟就会陷入被动。[②] 有关欧盟战略自主的一个核心观点是，欧盟必须能够在没有美国的情况下自主行动。欧盟各国再次警觉到，在地缘政治和安全博弈回归的背景下，实现“战略自主”是欧盟参与大国博弈的入场券，也是其避免再次成为类似冷战中大国争斗“砧板”的唯一出路。

对于欧洲来说，战略自主是其所追求的目标，随着俄罗斯成为欧洲国家的主要威胁，北约也成为欧洲国家安全的保护伞，尽管欧洲国家大幅增加了国防开支，但欧洲离战略自主不是更近了而是更远了。[③] 欧盟外交与安全政策高级代表博雷利指出，欧盟正处于过渡期，欧盟致力于从危机中总结教训，将此前的地缘战略觉醒转化为持久的战略态势，并学会运用“权力”叙事，欧盟应继续加强硬

---

① 冯仲平：《战略自主关乎欧洲命运》，《欧洲研究》2023 年第 1 期。

② 黄颖：《欧盟的“战略自主”困境更加凸显》，《世界知识》2022 年第 10 期。

③ 冯仲平：《战略自主关乎欧洲命运》，《欧洲研究》2023 年第 1 期。

实力的提升。[①] 乌克兰危机对欧洲地缘政治形成挑战，同时也暴露了欧盟安全与防务机制的脆弱性。在新的安全环境中，战略自主的首要目标应该是保护欧盟成员国，维护欧洲的共同利益。然而，在可预见的未来，欧盟仍面临着一个困境：在欧洲新的对抗性安全秩序中，它对美国的战略依赖可能会增加，而美国的长期联盟的承诺仍然充满问号。因此，战略自主必须包括欧盟和北约的密切合作和协调，追求欧洲的集体防御能力。也就是说，乌克兰危机促使欧盟加强共同安全与防务建设，推进欧盟“战略自主”的实施。2022 年 3 月，欧盟通过了旨在增强欧洲防御能力、推进能源自主和促进经济增长的《凡尔赛宣言》，还出台了《战略指南针》计划，该计划“目标是使欧盟成为一个更强大、更有能力的安全提供者。欧盟需要有能力保护其公民，并为国际和平与安全作出贡献”。《战略指南针》列出了欧盟将在军事能力开发、加强欧盟军事和民事行动、促进复原力以及加强伙伴关系四个领域采取步骤。该计划强调，成员国需要更多的支出、更多的合作，以实现规模经济。《战略指南针》确定了成员国之间合作的优先领域，包括战略空运、空间通信、网络防御以及情报、监视和侦察。《战略指南针》最重要的建议是建立一支 5 000 人的“欧盟快速部署能力”（RDC）部队，这支部队将能够调用诸如空运等辅助手段，而到目前为止这些都是美国提供的。《战略指南针》首次将俄罗斯定位为长期、直接的威胁，更加注重维护传统安全，特别是提升军事能力，加大对美国和北约

---

① 金玲：《欧盟对外战略转型与中欧关系重塑》，《外交评论》2022 年第 4 期。

的倚重。

《战略指南针》很大程度上反映了德国的偏好，明确提出欧洲防务是对北约的补充，北约仍是欧洲集体安全的基础。未来，欧洲战略自主的方向并非脱离美国与北约机制的安全保障，而是加强欧盟防务的自我负责。鉴于德法两国的战略文化的差异性，在欧盟《战略指南针》框架下，德法在欧盟防务领域的合作将致力于增加北约军费支出，协调欧洲军事资源，除了联合生产和采购军备之外，德法还将在军备研发项目上密切合作。

但值得注意的是，欧洲防务一体化方面的举措并未从本质上改变欧盟与北约的实力差距。《战略指南针》也不太可能结束跨大西洋和欧洲关于欧盟在欧洲安全中的作用的争论。《战略指南针》并没有以任何方式将欧盟作为北约的替代品，而是反复强调二者之间的互补性。尽管法德领导的欧盟有雄心共同推进新时期的欧盟战略自主，维护欧盟国际地位，但法德在偏好上有所差异，法国强调“欧洲主义”，而德国则注重在“跨大西洋主义”与“欧洲主义”之间寻求平衡。

五、结语

乌克兰危机改变了俄罗斯、乌克兰与欧盟之间的关系，乌克兰与欧盟关系变得密切，欧盟与俄罗斯之间的关系走向对立。在乌克兰危机发生后，冲突的一方乌克兰得到欧盟国家前所未有的支持和援助，其加入欧盟的申请也被列入议事日程，乌克兰加入欧洲大家庭可谓是这场冲突带来的重要影响之一。[①] 冲突的另一方俄罗斯，本是欧盟最大的贸易伙伴、最大的原油和天然气供应国。冷战结束后30年间，虽然欧盟国家与俄罗斯的冲突和摩擦不断，但由于相互之间存在重大的经济和能源需求，它们之间维持着“斗而不破”的关系。但乌克兰危机爆发后，欧盟将俄罗斯视为最大的、最直接的安全威胁，对俄罗斯实施了全方位的严厉制裁，欧盟与俄罗斯之间的经济与能源关系受到极大破坏，双方关系走向了对立和对抗，欧洲安全格局发生了巨大变化。

目前来看，乌克兰危机外溢的可能性不大。原因如下：第一，美国及北约并不想与俄罗斯发生正面冲突，而是将乌克兰推在前面，来承受更多的牺牲和损失，以此最大限度地削弱和消耗俄罗斯；第二，由于欧洲大陆国家紧密相连，从自身利益出发，欧洲国家更加不希望战火继续蔓延；第三，俄罗斯在经济、科技和军事上劣势都很明显，很难通过武力战胜整个西方。俄罗斯对美国和北约还是保持了比较克制的立场，不会轻易扩大攻击的范围，但强调把核武器作为最后的自卫手段，如果局势失控，对俄罗斯同样不利。[②]

可以预见，欧俄之间的对抗，并不会随军事行动的结束而结束。相反，这种对抗将在其他层面继续，包括政治、经济、文化和网络空间等领域。从欧洲的角度来看，欧洲需要建立一个没有俄罗

---

① 冯仲平：《乌克兰危机改变了欧洲安全格局》，《世界知识》2022年第10期。

② 孙壮志：《乌克兰危机背景下的俄罗斯内政外交》，2023年9月12日在中国社会科学院欧洲研究所的专题报告。

斯或者是与俄罗斯对抗的新的地缘政治秩序。乌克兰危机加强了北约的政治和军事凝聚力，并可能为深化欧洲一体化提供动力。乌克兰危机后，欧洲人意识到在一个越来越容易发生冲突的世界里，欧洲需要强大起来。只有到那时，它才能真正建立一个用来维护欧洲利益的安全秩序。为了实现这一新的安全秩序，“欧洲主权”覆盖的战略政策领域至关重要，它不仅包括安全防务领域，且延展到经济、技术主权等多个领域。

韩国半导体产业的战略定位与制约因素

崔明旭*

摘　要　韩国半导体战略经历了从引进追赶到自主创新确立优势的发展过程，呈现出政府大力支持、财阀企业发挥引领作用、加大研发投入、重视人才培养和不与美国发生正面冲突的特点。韩国半导体战略呈现高规格的战略定位和极具针对性的实施特点，目的是以半导体产业链为战略工具，维护并增强对全球半导体生产、安全与知识结构的影响力，但受到半导体周期、国际形势与各国政策等多方面因素的制约。为了应对韩国半导体战略选择对中国半导体布局的负面影响，中国应打造自主可控的芯片全产业链，提高半导体产业抗风险韧性和博弈能力。

关键词　韩国半导体战略；战略定位；实施特点；制约因素

半导体作为国家的“工业粮食”，目前已经成为大国的战略必

* 崔明旭，山东大学东北亚学院讲师、韩国研究中心副主任。

争之物。[①] 近年来，美日欧发达经济体纷纷推出半导体刺激政策，掀起了“半导体之争”。2018 年起，美国对华发动“芯片战争”，[②] 以半导体为武器，试图“围剿”以华为、中芯国际为代表的中国企业。2021 年 6 月，日本为提高半导体国内产能、振兴半导体产业，发布了《半导体与数字产业战略》。2022 年 2 月，欧盟委员会公布了《芯片法案》，[③] 标志着欧盟开始强化自身半导体供应链安全，巩固并增强在芯片制造与设计领域的国际竞争力。2022 年 8 月，白宫签署了《2022 芯片与科学法案》，并组建“芯片四方联盟”（Chip 4）围堵中国芯片崛起。

在此背景下，2021 年 5 月韩国出台《K-半导体战略》，次年 7 月又发布了《半导体超级强国战略》，进一步加大税收优惠，引导新基建投资，培养半导体相关专业人才。其目标是到 2030 年，实现半导体制造产业链中原材料、零部件和设备的本土化采购比重由 30%提高至 50%。[④] 虽然韩国半导体产业起步晚于中国，但经过 60 多年的发展，取得了令人瞩目的成就。2021 年，韩国半导体产值已

---

① 慕容素娟：《芯人物——致中国强芯路上的奋斗者》，清华大学出版社，2020。

② 早在 20 世纪 70—80 年代，美国针对日本也发动过“芯片战争”，最终两国签署《美日半导体协议》，日本的半导体产业逐渐丧失优势。关于美日半导体纠纷请参考田正：《〈日美半导体协议〉冲击下的日本半导体产业发展研究——基于日本高科技企业经营业绩的分析》，《日本学刊》2020 年第 1 期，第 115—137 页。美国对华发动的芯片战争请参考李巍、李玙译：《解析美国对华为的“战争”——跨国供应链的政治经济学》，《当代亚太》2021 年第 1 期，第 4—45 页。

③ 半导体是介于导体和绝缘体之间的材料，本文探讨的半导体产业主要指集成电路产业。而芯片又称微电路（microcircuit）或集成电路（integrated circuit, IC）。在非专业技术领域，通常混用半导体、芯片和集成电路三个概念，本文中芯片与半导体并不相同。

④ 산업통상자원부，“반도체 초강 대국 달성전략”，2022. 7. 21，http://www. motie. go. kr/motie/ne/presse/press2/bbs/bbsView. do?bbs_cd_n=81&bbs_seq_n=165825

仅次于美国，排在全球第二位，成为名副其实的半导体强国。2022年，美国敦促韩国加入“芯片四方联盟”，韩国在全球舞台上开展“半导体外交”。①

韩国半导体产业是如何崛起的？崛起过程中政府发挥了什么作用？半导体崛起又给韩国带来了哪些利益？有哪些短板和困境？回答上述问题需要在方法论上有所突破。半导体产业形成了异常复杂的分工网络、资金网络和市场网络，不对称相互依赖的半导体全球网络形成了不对称的权力关系，相互依赖也因此趋于“武器化”，仅用市场竞争力的视角来理解半导体产业的地位不平等将过于狭隘。② 无政府状态的国际经济体系下，跨国供应链的管理并不是单纯的经济效率问题，其背后有着供应链的权力逻辑和安全关切，在大国战略博弈激化时，供应链的权力属性和安全效应逐渐浮现。③因此，对韩国半导体战略的研究必须突破单一的国际经济学视角，从国家与市场、安全与效率等多方面因素综合考量。

国家与市场的关系是国际政治经济学所关注的核心议题，本文从国际政治经济学的“结构性权力”视角出发，试图从国家权力与市场角度解读韩国半导体战略。英国学者苏珊·斯特兰奇（Susan Strange）作为英国国际政治经济学学派的重要代表之一，在分析跨

① 서울경제，“반도체 외교로 열릴 한미동맹 새지평”，2022. 5. 23，https://www.sedaily.com/NewsView/2662WX0G1R

② 李巍、李玙译：《解析美国的半导体产业霸权：产业权力的政治经济学分析》，《外交评论》2022年第1期，第36页。

③ 李巍、李玙译：《解析美国对华为的“战争”——跨国供应链的政治经济学》，《当代亚太》2021年第1期，第15页。

国公司及其对世界经济的影响时，将世界经济中权力分为结构性权力和联系性权力，提出了“结构性权力分析法”。[①] 她认为，经典现实主义主要集中在联系性权力的研究上，但在世界经济中，结构性权力比联系性权力更为重要。斯特兰奇式的国家—市场关联性的核心在于“世界市场”，斯特兰奇的基本假设是世界市场本身就是一种权力结构，主要包括安全结构、金融结构、生产结构和知识结构等四个方面，在这四种权力结构中，国家一直处于中心地位，国家在这四个领域中所拥有的不同权力决定了国家的财富和实力的差异。[②] 结构性权力以结构作为权力的来源、载体和介质，成为经济层面尤为突出的一种权力类型，是观察国际格局的特征和演变的重要视角，有助于理解当今具有空前复杂性和整体性的国际关系。[③]

半导体产业是知识密集型产业，相关技术更新换代速度快、技术门槛高、研发周期长、投资风险大，被称为是“科技中的科技”。各国都把半导体产业提升到国家战略产业的高度，将半导体产业作为全球电子信息产业的战略制高点。另外，5G 通信、人工智能、大数据、云计算、物联网等都离不开半导体产业。因此，半导体产业不仅是经济效益问题，更涉及安全与权力问题。结合半导体产业发展规律与特点，本文认为与韩国半导体产业有关的结构有三种：生

① 苏珊·斯特兰奇：《国家与市场（第二版）》，杨宇光等译，上海人民出版社，2012，第125页。

② 王正毅：《国际政治经济学通论》，北京大学出版社，2010。

③ 庞珣、何晴倩：《全球价值链中的结构性权力与国际格局演变》，《中国社会科学》2021年第9期，第32页。

产结构、安全结构、知识结构。[①] 本文首先考察韩国半导体战略的发展脉络和实施特点，以此为基础，审视韩国半导体战略的定位及其制约因素与效果评估，最后得出结论以及对中国的启示。

一、韩国半导体战略的发展脉络与实施特点

经过60多年的发展，韩国已成为半导体行业中的佼佼者。根据韩国投资促进局的资料，2020年韩国在全球半导体生产市场的份额为18.4%，从2013年起连续7年位居世界第二；2020年半导体出口额为992亿美元，占据韩国出口总额的19.3%，连续9年保持出口排名第一位。[②] 韩国政府与企业不断强化和突出半导体产业的重要性，将其提升为韩国的重大国家战略项目，持续加大政策支持力度。

（一）韩国半导体战略的发展脉络

韩国半导体产业的发展是典型的追赶超越式过程。回顾韩国半导体行业崛起历程，大致可以分为以下四个阶段。

第一阶段是1965—1980年，韩国半导体处于起步萌芽阶段。[③]

---

① 只有美国具备富有广度和深度的金融市场，使其独享向全球提供兼具安全性和流动性的标准化金融商品。韩国显然没有斯特兰奇认为的金融结构。请参考李晓：《全球金融治理：美元体系的“丧钟”将要敲响?》，《世界知识》2022年第12期，第19—22页。

② Invest KOREA，“반도체산업”，2023.6.8，https://www.investkorea.org/ik-kr/cntnts/i-117/web.do?clickArea=krmain00009

③ 최양규，「한국 반도체 산업의 현주소와 미래전망」，『과학과기술』，2008년 41권 2호，70

产业技术上呈现出先引进消化吸收、再自主创新的发展路径，并实现韩国电子配件及半导体生产的本土化，为韩国的半导体工业奠定了基础。

第二阶段是1981—1996年，韩国半导体步入成长阶段。在韩国政府的政策支援下，大企业宣布进军半导体产业，通过创新方式实现技术追击。在此阶段，韩国抓住了美日半导体纠纷的“窗口期”，成为美国打压日本半导体产业的直接受益者。[①] 韩国充分利用后发优势，缩小与美国和日本等全球技术领先者的差距。

第三阶段是1997—2017年，韩国半导体伴随“金融危机”进入克服危机、全面崛起阶段。在此阶段，三星公司利用了存储器行业的“反周期定律”，在半导体产业萎缩之际兴建四个分厂，该策略对日后三星DRAM芯片营收大幅增长起到巨大促进作用。[②] 2017年，三星晶圆代工业务营收约44亿美元，仅次于台积电、格罗方德和联芯，排名全球第四，也是全球晶圆代工产值最大的垂直整合制造（IDM）企业。[③]

第四阶段是2018年至今，韩国半导体处于震荡调整期。目前半导体已成为各国技术博弈的核心领域，博弈形态也从民间博弈升级为国家间博弈。主要国家为了确保本国半导体技术和产业制造基础

---

① 磨惟伟：《韩国半导体产业发展情况分析及相关启示》，《中国信息安全》2022年第10期，第93—98页。

② 송성수，「추격에서 선도로：삼성 반도체의 기술발전 과정」，『한국과학사학회지』，2008 년 30 권 2 호，540

③ 김현우，“삼성전자，2017 년 세계 반도체 매출 1 위 ‘24 년만에 인텔 제쳤다’ ”，2018. 1. 5，https: //www. econovill. com/news/articleView. html?idxno = 329640

都在构建新的供应链，抢占技术先机。2021 年 5 月，文在寅发布韩国《K-半导体战略》，继续与企业携手并进，在未来 10 年将携手三星电子和 SK 海力士等 153 家韩国企业，投资 510 万亿韩元，约为 4 500亿美元，打造 K-半导体产业带，目标直指 2030 年成为综合实力领先全球的半导体强国，并主导全球半导体供应链（参见表 1）。[①]

表 1　韩国《K-半导体战略》

<table>
<tr><td colspan="3">发展蓝图：打造世界最强的半导体供应链</td></tr>
<tr><td rowspan="4">推进战略</td><td>战略一
构建“K-半导体产业带”</td><td>措施 1：制造——提高半导体生产能力
措施 2：零部件和设备——构建零部件专业化产业园区
措施 3：尖端设备——构建“尖端设备联合基地”
措施 4：封装——构建尖端封装平台
措施 5：设计——构建韩版“芯片设计厂商集群”</td></tr>
<tr><td>战略二
加大半导体基础设施建设</td><td>措施 1：加大税收优惠力度，促进半导体研发和设备投资
措施 2：加大金融支持力度，增加半导体设备投资
措施 3：放宽相关限制，推进快速引入半导体生产设备
措施 4：支持半导体生产制造基础设施建设</td></tr>
<tr><td>战略三
夯实半导体技术发展基础</td><td>措施 1：培养半导体人才，提高核心人才社会地位
措施 2：加强半导体产业内部合作
措施 3：加强半导体核心技术开发*</td></tr>
<tr><td>战略四
提升半导体产业危机应对</td><td>措施 1：商议制定《半导体特别法》
措施 2：强化车用半导体供应链
措施 3：加强制度建设，防止半导体核心技术流向海外
措施 4：打造“绿色”半导体产业</td></tr>
</table>

① 산업통상자원부, “종합 반도체 강국 실현을 위한 ‘K-반도체 전략’ 수립”, 2021. 5. 13, https://www.korea.kr/news/pressReleaseView.do?newsId=156451591

续表

发展蓝图：打造世界最强的半导体供应链	
预期效果	出口：2020 年 992 亿美元→2030 年 2 000 亿美元
	生产：2019 年 149 万亿韩元→2030 年 320 万亿韩元
	雇用：2019 年 18.2 万人→2030 年 27 万人
	投资：2020 年 39.7 万亿韩元→2030 年 510 万亿韩元

资料来源：산업통상자원부, “종합 반도체 강국 실현을 위한 ‘K-반도체전략’ 수립”, 2021.5.13, https://www.korea.kr/news/pressReleaseView.do?newsId=156451591。

注：*包括电力半导体、AI 半导体和尖端传感器等。

（二）韩国半导体战略的实施特点

综合分析韩国半导体的发展历程，其特点可以总结为以下四点。

第一，韩国政府强有力的支持力度。政府通过“主动型扭曲”扮演关键角色，存在实现“良性扭曲”后发赶超的可能。[①] 为了推动半导体产业的发展，韩国政府出台了一系列的支持政策，其对培育韩国自主创新能力和提升半导体产业的国际竞争力发挥了重要作用。

第二，财阀企业充分发挥引领作用。韩国财阀以寡头竞争方式推动着韩国半导体产业的规模经济和技术创新。[②] 尤其是在半导体产业发展过程中，大型企业集团的迅速成长，减少了资本的分散

① 张晓晶、李成、李育：《扭曲、赶超与可持续增长——对政府与市场关系的重新审视》，《经济研究》2018 年第 1 期，第 4—20 页。

② 周建军：《寡头竞合与并购重组：全球半导体产业的赶超逻辑》，《国际经济评论》2018 年第 5 期，第 135—156 页。

性，提高了资本集中度，有助于迅速进入资本密集型行业生产并克服生产初期巨大的财务损失，且有利于吸引人才及进行大规模研发投入，增强韩国半导体的国际竞争力。可以说，财阀是韩国经济发展区别于其他新兴工业化国家的显著特征。韩国攻克 DRAM 技术时采用了国家牵头、政府与企业共同出资、“产学研”合作攻克“卡脖子”技术的管理模式。[①] 韩国以“政府+大财团”经济发展模式为根基，实现半导体产业“资金+技术+人才”高效融合发展。

第三，加大研发经费投入，重视人才，强调技术自主可控。为缩小与国外先进企业的技术差距，韩国公司通过花重金购买技术许可和并购行为来积极引进国外技术。[②] 此外，韩国在半导体产业研发过程中积极吸纳海外人才，特别是招收从美国归来的韩裔工程师，攻关超大规模集成电路技术。[③]

第四，不与美国发生正面冲突。虽然，韩国也曾与美国产生高科技摩擦风险，但并未受到美国非常严厉的科技遏制与打压，主要原因有三：一是韩国选择错位竞争，不与美国半导体行业产生正面竞争，甚至在一定程度上与美国业务互补。[④] 二是韩国适时减少对欧、美地区直接出口电子信息产品，逐渐转向亚洲其他地区，减少

---

① 金瑛、胡智慧、刘涛等：《韩国攻克半导体关键技术的组织管理模式及启示》，《世界科技研究与发展》2019 年第 1 期，第 97—101 页。

② 김수연, 백유진, 박영렬, 「한국 반도체 산업의 성장사：메모리 반도체를 중심으로」, 『경영사연구』, 2015 년 30 권 3 호, 157

③ 余盛：《芯片战争》，华中科技大学出版社，2021。

④ 磨惟伟：《韩国半导体产业发展情况分析及相关启示》，《中国信息安全》2022 年第 10 期，第 93—98 页。

与美国的贸易摩擦。三是以财阀主导、中小企业依附的产业模式中，与美国的国际摩擦主要由韩国三大财阀承担，大多数情况下，财阀选择通过技术互换、共同研发等手段化解纠纷，通过稳定核心利益、作出适当让步化解矛盾。因而，除了美国个别企业对韩国高科技企业发起的少量起诉外，韩国基本未受美国政府大力度的高科技打压。但同时韩国也对美国的“产业霸权”抱有一定的警惕心理。[①]

二、韩国半导体发展战略的定位

高规格战略定位和指向性明确的实施特点，显示出韩国政府推动《半导体超级强国战略》的决心。表面上，韩国半导体战略着眼于打造K-半导体产业带，使韩国成为全球的半导体强国，但其根本目的是以半导体产业链为战略工具，[②] 维护并增强对全球半导体生产、安全与知识结构的影响力。

（一）打造半导体生产强国

半导体领域被视为韩国经济的“救命稻草”，韩国试图借助加大半导体产业投资主导半导体产业链重构进程，维护半导体产业链

① 罗仪馥：《翻越“小院高墙”——中美博弈下的韩国高技术产业》，《文化纵横》2022年第6期，第8—11页。

② 허성무, 「반도체 패권을 둘러싼 한국・중국・미국간 경쟁양상에 대한 연구: 국제정치 및 경제 이론활용」, 『한국통상정보학회』, 2018 년 20 권 4 호, 253

优势地位。2022 年 11 月，韩国总统尹锡悦与荷兰首相马克·吕特会面，双方同意将两国的双边关系提升为战略伙伴关系。两国承诺扩大先进技术的合作，包括芯片、核电站和可再生能源。[①] 作为半导体生产设备强国的荷兰和半导体制造强国的韩国之间加强互补性合作，极大地提高了韩国在全球半导体供应链中的核心地位。

韩国试图借助半导体产业投资来维持在全球半导体产业链的上游地位。《K-半导体战略》高度关注韩国构建起全球最大规模的半导体产业供应链——“K-半导体产业带”，建立集半导体生产、材料、零部件、设备和尖端设备、设计等于一体的高效产业集群。[②]《半导体超级强国战略》则将重点支持下一代系统芯片研发，力争到 2030 年将全球系统芯片市场的占有率从目前的 3%提升至 10%，将材料、零件、设备的自给率从 30%上调至 50%（参见表 2）。[③] 其目的是抢占全球半导体产业链技术高地，提升供应链的自立性和稳定性，成为半导体业领头羊。在此基础上，韩国将掌握和主导全球半导体产业链的话语权与优势地位，打造半导体强国。

---

① 대한민국정책 브리핑，“한-네덜란드 공동언론 발표”，2022. 11. 17，https://www.korea.kr/archive/speechView.do?newsId=132034766

② 산업통상자원부，“종합 반도체 강국 실현을 위한 ‘K-반도체 전략’ 수립”，2021. 5. 13，https://www.korea.kr/news/pressReleaseView.do?newsId=156451591

③ 산업통상자원부，“반도체 초강대국 달성전략”，2022. 7. 21，http://www.motie.go.kr/motie/ne/presse/press2/bbs/bbsView.do?bbs_cd_n=81&bbs_seq_n=165825

表 2　韩国《半导体超级强国战略》

<table>
<tr><td colspan="3">发展蓝图：打造实力雄厚的企业，培养优秀半导体人才，成为半导体超级强国</td></tr>
<tr><td>目标</td><td colspan="2">建立全球供应链内核生产基地的形态
实现半导体产业创新领先国家的飞跃</td></tr>
<tr><td rowspan="4">四大行动方向</td><td>方向一
大力支持企业投资</td><td>措施 1：支持基础设施建设，促进企业投资
措施 2：加强对企业投资的税收减免力度
措施 3：放宽各项限制，营造有利于创业的环境</td></tr>
<tr><td>方向二
官民合作培养
半导体人才</td><td>措施 1：对高校进行创新改革，大力培养半导体人才
措施 2：推动产学合作，共同解决半导体产业人才短缺问题
措施 3：防止优秀人才流失，制定海外人才吸引政策</td></tr>
<tr><td>方向三
确保系统半导体技术
居世界领先地位</td><td>措施 1：集中开发新一代半导体技术
措施 2：支持有潜力的无晶圆厂发展为世界级企业
措施 3：加强系统半导体生态系统内各主体能力</td></tr>
<tr><td>方向四
构建稳定的材料、
零部件和
设备生态系统</td><td>措施 1：继续支持材料、零部件和设备领域核心战略技术研发，推动先导型研发活动
措施 2：构建培育材料、零部件和设备企业创新集群
措施 3：加大对材料、零部件和设备企业的金融支持</td></tr>
</table>

资料来源：산업통상자원부，“반도체초강대국달성전략”，2022. 7. 21，http://www.motie.go.kr/motie/ne/presse/press2/bbs/bbsView.do?bbs_cd_n=81&bbs_seq_n=165825。

（二）创建自主研发优势

科技创新是维系主导地位的根本保障，随着高科技领域的博弈愈演愈烈，各国争相强调加强自主研发能力的重要性。[①] 半导体技术是所有电子技术中最基础、最尖端的部分，又属于资金与技术密

① 任琳、黄宇韬：《技术与霸权兴衰的关系——国家与市场逻辑的博弈》，《世界经济与政治》2020 年第 5 期，第 131—153 页。

集型领域。与以往的各项技术相比，半导体以指数级增长的速度在不断进步。信息产业盛行的是“赢家通吃”的游戏规则，具有较强的“垫脚石技术”效应，[①] 只有极少数胜利者能够赢得所有的利润。芯片技术的研发和生产也需要指数级的投入，这样才能保持技术领先的地位。芯片行业的资金密集、技术密集、与其他产业关联性强等特点，使得芯片企业的赶超之路离不开国家或地区的政府支持。

技术发展要走引进、消化、吸收和创新的道路，政策引导与市场博弈两手都要硬，国家扶持与企业自强两者结合，才能真正地将半导体技术发展起来。《K-半导体战略》中充分体现了对知识和人才的重视。为强化韩国半导体产业基础，《K-半导体战略》提出，建立半导体人才培养和管理体系，占据新科技领域制高点。《半导体超级强国战略》中则强调了扩大对半导体研发和设备投资的税收优惠，引导企业在2026年底前完成340万亿韩元的半导体投资，并争取在未来10年培养15万名专业人才。[②] 此外，2022年7月发表的韩国半导体相关人才培养方案中，明确了至2031年，培养出15万名能引领技术发展的半导体创新人才的目标和三大领域与十大目标（参见表3）。

---

① “垫脚石技术”（stepping-stone technology），指首先创造满足简单需求的电路，以这些电路为模块，再创造中等复杂程度的电路。然后再用它们创造出更复杂的电路，以自展的方式解决复杂需求。更复杂的电路只有在那些简单电路就位之后才能被创造出来，而很难实现“今天栽树、明天摘果”。参见布莱恩·阿瑟：《技术的本质》，曹东溟、王健译，浙江人民出版社，2018。

② 산업통상자원부，“반도체 초강대국 달성전략”，2022. 7. 21，http://www.motie.go.kr/motie/ne/presse/press2/bbs/bbsView.do?bbs_cd_n=81&bbs_seq_n=165825

表 3　韩国半导体相关人才培养方案

<table>
<tr><td colspan="3">发展愿景：培养能够带来半导体领域“超级差距”的专业人才</td></tr>
<tr><td>目标</td><td colspan="2">至 2031 年，培养 15 万名能引领技术发展的创新人才，培养 4.5 万名半导体人才，培养 10.5 万名职高和本硕博级人才</td></tr>
<tr><td rowspan="3">发展方向</td><td>方向一：
扩大招生名额——打破限制，加大支持，扩大半导体相关专业招生人数</td><td>措施 1：打破半导体相关专业招生限制
措施 2：进行半导体等尖端领域的教师及高校运营限制改革
措施 3：通过加大财政支持力度、制定特别扶持政策，打造半导体学院及研究院</td></tr>
<tr><td>方向二：
提高培养质量——致力于培养高素质人才，以融合教育扩大培养基础</td><td>措施 1：高级专业人才——培养引领半导体技术绝对差距的核心专业人才
措施 2：复合型人才——消除专业限制，扩大半导体复合型课程运营范围
措施 3：实务型人才——培养可立即投入现场作业的针对性实务型人员
措施 4：企业在职人员——大幅增设适合不同能力水平的职业培训课程</td></tr>
<tr><td>方向三：
建立发展基础——构建中长期人才培养扶持基础及可持续扶持体系</td><td>措施 1：基地——以首尔大学—半导体共同研究所为培养中心进行集中扶持
措施 2：协作——建立全领域民官联合人才培养协作体系
措施 3：均衡——建立地区及中小企业均衡发展的扶持体系</td></tr>
</table>

资料来源：대한민국 정책브리핑，“반도체 관련 인재 양성방안”，2022.7.19，https://www.korea.kr/news/policyNewsView.do?newsId=156517200；KDI，“반도체 초격차 이끌 인재 ‘10 년간 15 만명’ 양성：반도체관련인재양성방안”，2022.7.19，https://eiec.kdi.re.kr/policy/materialView.do?num=228200&topic=。

不仅如此，韩国政府出资设立了一系列研究所及大学高级课程，并在半导体学科课程中开展了管理人员、工程师和技术人员的培训计划，为韩国半导体产业输送了大量的优秀人才。政府还为高科技人才提供税收和移民福利等优惠政策，为企业、机构和个人间的人才流动提供支持，以达到吸引和留住人才的目标。此外，政府在高校毕业生就业创业方面为半导体行业提供了一系列的优惠政策，以维持该领域的人才供给，培养更多高素质的半导体人才。韩国政府在推进半导体技术创新方面也发挥着重要作用。政府通过大力支持研究院，鼓励企业和学术界合作研究，并大力扶持中小企业和科技创新企业，以推动半导体产业在技术创新方面的进一步提升。

（三）加强与美国技术联盟

半导体产业具有战略性与技术尖端性特点，在军用与民用领域都具有重要战略地位。发展半导体产业不仅关乎经济问题，还关乎安全上的“卡脖子”问题。2017 年 1 月 6 日，美国总统科学技术咨询委员会（PCAST）发布的《确保美国半导体行业长期领导地位》报告中表示，芯片供应链已经不再是一个单纯的经济议题，而是成为一个安全议题。[①] 因此，安全考量是韩国制定半导体战略的核心。韩国半导体战略试图以高端制造技术和芯片设计能力为载体和手段，构建韩美战略经济技术伙伴关系，加强双方全球供应链的韧性和多样性，提高半导体等尖端制造和供应链弹性，打造“韩美全球全面战略同盟”，由此可见，美韩同盟的功能范畴已拓展至经济安

① Executive Office of the President, President's Council of Advisors on Science and Technology, *Report to the President: Ensuring Long-Term U. S. Leadership in Semiconductors*, January 2017, https://obamawhitehouse.archives.gov/sites/default/files/microsites/ostp/PCAST/pcast_ensuring_long-term_us_leadership_in_semiconductors.pdf.

全领域。①

韩国期望以半导体为杠杆增进与美国的经济安全合作，将美韩同盟从军事安全同盟升级、强化为全球全面战略同盟。美韩同盟是典型的非对称性同盟，韩国作为弱国在军事上长期依赖美国。美韩同盟过去以安全为主导，当前正在向以安保与经济安全为主导进行转变。② 近年来，关键产业供应链和战略资源的安全价值凸显，韩国也开始强化“经济安全战略”。在半导体尖端设备方面，《K-半导体战略》提出，构建“尖端设备联合基地”，吸引 EUV 光刻机、尖端蚀刻机相关外资企业，推进与其开展战略合作，弥补韩国半导体供应链短板。在提升半导体产业危机应对能力方面，包括制定出台《半导体特别法》、强化车用半导体供应链和防止半导体核心技术流向海外。③

为了确保美国在世界经济霸主的地位，拜登政府重组以美国为中心的半导体产业供应链。为实现这一目标，美国加快拉拢半导体强国韩国。对此，三星电子将投入近 2 000 亿美元的巨额预算在美国得克萨斯州新建 11 家半导体工厂，其中 2 家工厂新建于得州首府

---

① 吕春燕：《拜登强化美韩同盟及对中韩关系影响》，《和平与发展》2022 年第 3 期，第 60—78 页。

② 李枏：《尹锡悦执政下的美韩同盟与东北亚阵营化趋势》，《东北亚学刊》2022 年第 5 期，第 105—122 页。

③ 例如，一方面加强政府跨部门合作，共享国家核心技术相关专利分析结果，共同开发技术泄露监测预警系统，制订“第四次产业技术保护综合计划（2022—2024）”，加强对企业、高校和公共研究机构的技术保护力度，严防技术泄露；另一方面加强对掌握国家核心技术人才的管理，如进行出国管理、签订竞业禁止协议等。

奥斯汀，其余 9 家工厂新建于泰勒。[①] 通过对美国的半导体投资，韩国希望与美国形成稳定的半导体共赢与合作关系，以降低韩国半导体供应链的脆弱性，延续半导体强国地位。

韩国芯片产业的崛起，离不开美国的支持和默许，但美国在支持韩国芯片产业发展的同时，对韩国也有防范。美国芯片产业为防止过于依赖三星，苹果已将台积电列入了自己的“备胎计划”，通过扶植台积电牵制三星，台积电成为全球最大的晶圆代工厂。如美国继续扶持台积电与日本企业，韩国担心步 20 世纪 80 年代日本的后尘。韩国国会半导体产业竞争力强化特别委员会委员长梁香子表示，“韩国必须加入芯片联盟，美国拥有最多的技术和专利。对韩国来说，芯片不仅是温饱问题，更是安保问题。不加入芯片联盟，导致韩国在芯片领域被中国台湾地区和日本赶超，届时韩国将‘一无是处’”。[②]

总而言之，半导体产业是韩国最具代表性的战略性产业之一，其发展战略侧重于培育自主研发、生产能力和知识创新能力，着力于提高芯片产业的生产、安全和知识产权水平，以在全球芯片博弈中获得更大的战略优势。

---

① 조선일보,“삼성 반도체 미국 공장 11 곳 건설 뉴스에 경각심 가져야 할까닭”, 2022. 7. 23, https://www.chosun.com/opinion/editorial/2022/07/23/OE26JOEBNRBZPFZKTXL4E2VNBQ/

② 박정훈, “양향자 반도체 특위 위원장 ‘반도체, 경제 넘어 안보 생명줄’ ”, 2023. 3. 17, https://www.econovill.com/news/articleView.html?idxno=605591

三、韩国半导体战略的制约因素

尽管韩国半导体战略实施具有一定空间与可操作性，但半导体行业本身的发展规律以及所具有的人才密集、资金密集、技术密集和与其他产业强关联性等特点，使得行业健康发展必须协调好政策、人才、投资、技术和市场的经营关系。除此之外，半导体发展易受半导体周期、国际形势与各国政策等多方面因素的制约。这些因素很可能掣肘韩国半导体战略的实施效果。

（一）设计生产能力的原技术基础弱

韩国的半导体生产能力不足以主导全球半导体产业链转型升级。虽然韩国在 NAND 闪存、DRAM 存储半导体设计与加工等生产领域拥有全球领先的技术优势，以这种技术优势为基础，韩国在半导体领域获得了大量的订单，并始终保持全球存储器第一的位置。随着全球价值链的复杂化与扁平化趋势，半导体制造商的重要性不断提高，从之前的从属依附地位成为“超级乙方”。[①] 但是，芯片庞大复杂的全球供应链涉及全球数千家专业公司，美国贸易组织半导体工业协会估计，一个芯片厂商拥有 16 000 多家上下游供应商。[②]

① 刘洪钟：《霸权护持与超越——高科技产业全球价值链博弈的政治经济学》，《世界经济与政治》2023 年第 2 期，第 136 页。

② “The Semiconductor Industry and the Power of Globalization,” *The Economist*, December 1, 2018, https://www.economist.com/briefing/2018/12/01/the-semiconductor-industry-and-the-power-of-globalisation.

同时，作为大规模装置产业的存储半导体，受到供求波动以 2 年为周期价格反复涨落，也对韩国半导体出口额有较大的负面影响。

不仅如此，作为后起之秀，目前韩国在系统半导体领域产业竞争力不足。其中，无晶圆厂占有率不到 2%，代工市场占有率也与中国台湾相差甚远，根据 2021 年第 1 季度数据，代工市场全球占有率中中国台湾台积电以 55% 占第 1 位，三星电子以 17% 占第 2 位。韩国全国经济人联合会 2022 年 10 月 24 日发布报告称，通过分析标准普尔（S&P） Capital IQ 的全球市值前 100 的半导体企业，发现韩国仅有三星电子（第 3 位）、SK 海力士（第 14 位）和 SK Square（第 100 位）三家半导体企业入围。[①] 另外，中国已经是半导体消费大国，巨大的国内市场规模优势提高了自身在全球价值链上的议价能力。[②] 在此背景下，强行转移在华生产基地只会给韩国半导体行业带来无可挽回的损失。

虽然韩国生产制造工艺技术较为优秀，但支撑这些的基础技术还有待提高。第一，韩企未在全球半导体材料、零部件与装备市场上表现出强有力的竞争力。在全球半导体相关设备前 20 中，韩国企业只有 2 家。韩国陷入了技术竞争力不足进而导致韩国民众偏爱外国设备、韩国设备竞争力再次减弱的恶性循环。第二，在系统半导体设计领域，因高级人才资源不足、无法承担较高的固定投资、核

① 박현익, “세계 100 대 반도체 기업 중 한국 3 곳뿐…시총순위-수익성도 뒷걸음”, 2022. 10. 24, https: //www. donga. com/news/article/all/20221024/116118708/1

② 刘洪钟：《全球价值链治理、政府能力与中国国际经济权力提升》，《社会科学》2021 年第 5 期，第 3—20 页。

心 IP 设计能力不足与较高的市场进入壁垒等劣势，近 10 年在全球无晶圆厂半导体市场份额中韩国所占比重一直徘徊在 1.5%左右。第三，在封装测试领域，在韩国生产的设备也只是海外企业在韩分公司与韩国企业各占一半市场份额。尖端封测领域韩国技术远远落后于中国台湾企业，韩企大部分都缺乏核心技术。第四，在测试领域，韩国国内测试市场狭小，专门进行测试的企业只有 5 家左右，测试工艺的尖端装备主要依靠拥有装备技术、熟练工程师、丰富经验的美日等国。

（二）对美国存在不对称的依赖

美国组建由其主导的“芯片四方联盟”，实则是“排华小圈子”和“去中国化”供应链联盟，重建美国的半导体霸权，阻挠中国半导体产业的崛起。拜登政府将技术问题安全化，以国防为由强化安全军事同盟，在企业层面限制相关企业与中国在半导体领域的合作。[①] 由于存储半导体的不可替代性，韩国在一定程度上能在中美之间维持模糊的“中立”立场。但基于美国拥有半导体源头技术、日本拥有半导体生产不可或缺的材料和设备优势，在全球半导体供应链重构中，韩国选择参与美国领导的半导体产业联盟。“芯片四方联盟”作为排他性联盟，已经超出了普通产业扶持政策的范畴，呈现出浓厚的地缘政治色彩，使全球半导体产业链面临前所未有的

① 赵善、李巍：《霸权护持：美国“印太”战略的升级》，《东北亚论坛》2022 年第 4 期，第 24—46 页。

不确定性。

首先，在华韩企市场份额被侵蚀，增加韩国半导体发展的机会成本。美国为了争夺对全球半导体供应链的竞争优势，构建基于战略联盟而非产业生态的“供应链联盟”。美国违反市场规律，用政治逻辑撕裂半导体产业链布局，通过排他性的“地缘政治条款”让国际芯片巨头企业“选边站”，实质上是推行“半导体霸权主义”，意在从东亚夺回半导体产业的主导权，目的是为美国自身利益服务。这不仅是中美问题，也会损害韩国的利益。中国市场约占韩国半导体出口的40%，尤其三星西安工厂生产的NAND闪存芯片约占公司总产量的40%；SK海力士无锡工厂的DRAM产量约占公司总产量的50%。[①] 如此一来，若三星电子和SK海力士接受美国政府的补贴，就意味着不得不放弃在中国的业务。2022年以来，韩国出口减少与贸易赤字的主要原因是半导体行业的不景气。因此，忽视或放弃占半导体出口40%的中国市场，对韩国企业和国家整体经济的打击巨大。[②] 虽然韩国业界表示“正在努力摸索应对方案”，但似乎并没能找到合适的解决方法。

其次，韩国半导体产业对外依存度较高，存在被边缘化的可能性。第一，韩国芯片产业在技术领域对美国依赖度高。韩国芯片设备国产率较低，在导体刻蚀、离子注入、离子研磨、先进过程控

① THE FACT, “美반도체법, 경제패권, 삼성·SK, 해법찾기 난항”, 2023.3.3, http://news.tf.co.kr/read/economy/2002370.htm

② THE FACT, “美반도체법, 경제패권, 삼성·SK, 해법찾기 난항”, 2023.3.3, http://news.tf.co.kr/read/economy/2002370.htm

制、沉积等核心技术领域依赖美国技术，其中电子设计自动化领域的技术对美国依赖最为明显，韩国芯片领域始终无法脱离美国技术。第二，韩国芯片产业在金融方面对美国严重依赖。美国金融机构以投资者的身份，通过参股或控股的方式，直接享有对三星和SK海力士的股东权力。例如，贝莱德集团在三星有5.03%的股份，尽管三星未在美国上市，但其股份的28%由美国投资者所掌握。SK海力士、美格纳半导体、首尔半导体等韩企在美国上市，接受美国的监管规则。第三，韩国芯片产业对美国买方市场的依赖依然存在。美国的直接芯片消费量已被中国超越，但芯片产业下游的美国芯片应用商仍具有强大的采购权力。例如，苹果公司是全球最大的芯片采购企业，而且采购的绝大部分是高端芯片，这些企业运用需求端杠杆控制着全球芯片产业链的调整与变革。韩国认为，在全球半导体供应链重组的大趋势下，参与以美国为中心的技术联盟符合韩国的长期利益。在此过程中，韩国半导体供应链所面临的安全风险不容小觑。在半导体制造装备产业中，主要国家的占有率为美国占41.7%、日本占31.1%、荷兰占18.8%、韩国仅占2.2%。① 此外，韩国在硅和镓资源方面对中国的依赖度很高，光掩膜、光刻胶对日本依赖度较高。因此，韩国或将为“选边站”付出更多的供应链管理成本。

最后，美国扰乱全球半导体市场预期，将拖累韩国半导体产业

---

① 오세경,「한국 반도체 산업의 공급망 리스크와 대응방안」, 서울: 대외경제정책연구원, 2021

良性发展。2021 年 9 月，美商务部要求半导体供应链企业填写调查问卷，以提高芯片供应链透明度为由，要求跨国芯片企业提供其芯片库存数量、订购明细、各产品销售、客户公司信息等 26 项供应链相关信息。美国的此举降低了行业投资信心和水平，增加了行业生产经营的成本和风险，以牺牲半导体领域跨国企业全球效率和利润为代价，将晶圆制造环节回归美国本土，掣肘全球半导体行业创新发展。但不像原子弹、火箭和卫星，芯片制造需要成本低、性能好，才有市场竞争力。目前全球电子消费市场复苏乏力，高端芯片需求转弱，多家龙头企业都在降低产能以应对市场下行趋势，此时美国差异化的产业政策却反其道而行之，更会加剧芯片领域的产能过剩问题，扰乱国际贸易秩序。这种扭曲市场规则的行为，最终可能导致芯片产业过剩，甚至可能迫使替代芯片的产品出现。

（三）高端人才供需赤字严重

世界各国半导体大国为了吸引高精尖半导体人才，正在推进进取性人才培养政策与引进政策。韩国各部门合作运营教育课程，但短期内人才赤字严重。根据 2021 年韩国半导体产业协会的数据，半导体产业领域全体产业人才规模为 176 509 名。2021—2031 年预计半导体产业规模按年均 6.2%增长，还需求人才 12.7 万名。在全部职务和学历方面，产业人才都将大幅增加，特别是对博士（6.8%）和硕士（5.7%）的需求将大幅增加。从 2021 年起，10 年内新毕业大学生中预计 1.9 万人就职于半导体产业，但实际需求是 5.4 万人；

新毕业的硕博士有 0.4 万人就职于半导体产业，但实际需求是 2.3 万人。[①] 但韩国半导体行业目前是以职业高中、专业学士等初级实务人才为中心的人才供给结构。因人才需求剧增，如果维持现行供给体系，有可能加剧人才供给不足问题。

韩国正在集聚民—官—学的力量培养半导体专业人才，即为了确保半导体产业的“超级差距”，集结“企业（民）+相关部门（官）+大学等教育机构（学）”共同的力量。

第一，大学内对新设和增设半导体相关学科具有规制与限制。以大学信息公示为准，2022 年半导体合同专业规模为 11 所学校 20 个专业，约 795 人，半导体特性化学科正在以合同学科为中心扩大，但运营不稳定，还需新设相关学科。此外，大学内半导体专业教授规模不足，从产业界人才利用机制不足，半导体教育、研究构建大学层面的设施存在局限性。特别是韩国半导体行业的发展需要根据不同领域（设计、工程、设备、包装等）的高价尖端设备等配套专业人才。

第二，韩国半导体教育课程运营缺乏阶段性支援战略。韩国国内半导体专业研究生规模减小，半导体专业硕士、博士毕业生规模由 2017 年的 136 名减少为 2020 年的 100 名，高级人才持续流失，半导体研发生态系统减弱。半导体领域缺乏国家层面的大规模研发投入，如 1997—2010 年有系统集成半导体基础技术开发项目，但

---

① 대한민국 정책브리핑, “반도체 관련 인재 양성방안”, 2022.7.19, https://www.korea.kr/news/policyNewsView.do?newsId=156517200

2010—2020 年并无相关项目，直到 2020 年重新启动新一代智能型半导体技术开发项目。考虑到半导体产业的多学科属性，应消除学科之间的隔阂，进行多学科为基础的交叉半导体教育，但灵活性教育课程设置还不够完善，“隔板”较高。另外，在职人员离职频繁发生，企业层面的再教育负担较大。2020 年，半导体产业 383 名未补充人才的 97%来自有经验者 372 名，新进入半导体产业的人才严重不足。①

第三，半导体人才培养基础不足。相关部门及民官合作不足，部门间合作及功能分担不清，培养半导体人才的企业、教育机关间沟通及资源共享不足。求职者向首都圈聚集，中小企业人才短缺问题严重，均衡发展方案欠缺。半导体相关企业人才短缺最为严重的是中小企业。根据 2021 年产业技术人才供需实态调查，90. 3%面临人才短缺问题的是 299 人以下的中小企业。

第四，半导体专业人才、市场需求和技术水平等半导体产业增长基础相对薄弱。其一，半导体专业人才方面，存在半导体相关人才总规模不足的问题，还存在中小配套企业很难引进优秀人才的困境，在半导体设计领域存在设计师专业人才不足等问题。根据韩国 2020 年半导体产业人才实态调查数据，以 2019 年为例，韩国半导体产业的人才缺口每年约为 1 500 人左右，其中博士 71 人、硕士

① 대한민국 정책브리핑, “반도체 관련 인재 양성방안”, 2022. 7. 19, https://www.korea.kr/news/policyNewsView. do?newsId=156517200

127 人、本专科生 949 人、高中毕业生 206 人等共 1 510 人。[①] 其二，市场需求方面，半导体作为下游产业的零部件，主要需求方包括汽车与智能手机、电视等电子产业跨国公司，但因全球供应链撕裂风险，未形成稳定的市场需求，波动性较强，有“断链”的风险。其三，技术水平方面，电力半导体、AI 半导体等未来有潜力的领域中使用的核心零部件大部分依赖进口。以 AI 半导体技术差距为例，根据国际信息化专业人才管理中心数据，2018 年韩国的系统半导体技术水平是美国的 84%。[②]

四、结论

在全球信息化加速发展的当下，对于半导体产业发展的关注不仅重要而且紧急。然而，由于半导体产业较为复杂的分工网络、资金网络和市场网络，不对称相互依赖的半导体全球网络形成了不对称的权力关系，因而仅用市场博弈力等既有研究视角理解半导体产业缺乏解释力。本研究通过引入“结构性权力”及其相关概念，能够从生产结构、安全结构、知识结构三个维度解构韩国半导体产业发展的历史和特点，从其发展的四个阶段中归纳出政府支持力度强、财阀发挥引领作用、人才和经费充足、不与美国正面冲突的四

① 산업통상자원부, “종합 반도체 강국 실현을 위한 ‘K-반도체전략’ 수립”, 2021. 5. 13, https: //www. korea. kr/news/pressReleaseView. do?newsId=156451591

② 산업통상자원부, “종합 반도체 강국 실현을 위한 ‘K-반도체전략’ 수립”, 2021. 5. 13, https: //www. korea. kr/news/pressReleaseView. do?newsId=156451591

个特征，进而从生产动因、安全动因以及知识动因的视角创新性地分析韩国发展半导体产业的根源及限制其战略实施的现实因素。即尽管韩国从维护半导体产业链优势地位、巩固韩美技术与经济联盟以延续强国地位和赢得人才知识博弈等角度出发，走出了韩国芯片发展的独特道路。但韩国半导体产业同样面临着设计生产能力不足、缺乏支撑性技术、对美国的不对称依赖以及各层次人才培养基础的不足等限制性因素，这对于中国半导体产业发展具有启发性价值。

结合全球博弈态势发展变化，韩国未来加入“芯片四方联盟”的概率增加，在美国多重施压下可能会减少与中国在相关行业的合作和进出口贸易，从而为中韩半导体领域脱钩和贸易水平下降埋下隐患，导致中国技术领域“卡脖子”现象恶化。对此，中国作为韩国重要的芯片出口市场，一方面，充分利用中国市场规模优势向韩国企业表明不断扩大和深化对外开放的态度，避免被韩国舆论绑架；另一方面，利用以国内大循环吸引全球资源要素，增强国内国际两个市场两种资源联动效应，减少对相关资源的依赖，通过政策调整增强抗压能力，同时鼓励韩国中小企业在华发展，创造两国合作空间。中国还应打造自主可控的芯片全产业链，注重技术和人才，提升中国半导体发展的韧性和博弈能力。

长期来看，需要培育中国的半导体产业生态系统和技术创新体系，实现自身在半导体产业链、供应链和价值链中的升级。芯片是“工业粮食”，芯片产业是国民经济和社会发展的战略性、基础性和先导性产业，关乎国家的信息安全和经济建设；芯片产业是中美产业与科技博弈乃至整个大国战略博弈的必争之地，芯片技术要不来、买不来。增强关键领域自主创新能力，提升中国在关键产业领域的自主可控生产能力、延伸国内产业链布局乃至打造关键产品生产的“全产业链”，抢占知识结构性权力的战略制高点已成为维护国家安全权力的不二之选。[①] 但同时，由于芯片技术门槛高、研发周期长、投资风险大，芯片领域不会出现“一夜暴富”的神话，需要政策、资本和人才等多维度的长期支撑。

① 刘斌、刘颖：《全球结构性权力变迁与中国的战略选择》，《外交评论》2022 年第 4 期，第 110—132 页。

青年学人

信仰与态度：东南亚国家对华认知的微观数据分析

郝栋男　孔建勋*

摘　要　随着“一带一路”倡议在越来越多的国家、地区和国际组织中得到认同，如何构建智慧、自信和负责任的大国形象，在新时期背景下提升中国的国际影响力成为学界研究的重要议题。本文以东南亚普通民众为研究对象，基于亚洲晴雨表调查（The Asian Barometer Survey，ABS）第四波数据，分析东南亚国家民众对中国国际影响力认知的宗教差异及其成因。研究表明，东南亚地区民众的中国影响力认知情况的宗教差异较大，同时，东南亚民众对中国影响力好感度有待进一步提升。鉴于此，本文提出，从国家制度构建和政策推进、塑造宗教组织形象和扩大媒体宣传等方面继续促进东南亚民众对于中国国际影响力的认知和好感度，对于新时代中国推进共建“一带一路”、规

* 郝栋男，云南大学国际关系研究院博士生；孔建勋，教育部哲学社会科学实验室云南大学“一带一路”研究院教授。

避宗教风险、提升国际影响力拥有重要意义。

关键词 东南亚；宗教；中国国际影响力

近年来，随着“一带一路”倡议的走深、走实，中国与共建“一带一路”国家的合作已在经济、文化、卫生等多个领域呈现深入融合之势。这种趋势不仅增进了中国与国际社会的互动和关联，同时也提升了中国的国际影响力。然而，这一国际影响力的提升必然伴随着来自不同国家和程度的质疑与抹黑。近年来，西方反华势力再次炒作“中国威胁论”和“权力转移论”，在一定程度上误导了共建“一带一路”国家民众对于中国国际影响力的认知。东南亚国家与中国陆海相连，作为近邻，有着长期的历史关系。二战后，东南亚国家与中国的关系经历了复杂的调整。冷战结束后，随着国际局势的变化、中国的快速发展，以及双方对外政策的调整，东南亚国家与中国的关系发生了巨大的变化，进入了一个新的发展时期。特别是进入21世纪，通过确立和深化战略伙伴关系、推进战略对接、构建自贸区等方式携手共建高质量“一带一路”，东南亚与中国的关系已得到全新的发展。在这种背景下，如何充分发挥地缘优势，继续扩大中国在东南亚地区的国际影响力，以提升东南亚民众对中国的积极认知，成为在推进共建“一带一路”下提升中国国际影响力的重要议题。

作为东西方文化交汇的重要节点，东南亚地区形成了宗教多元和融合的独特面貌，犹如一面璀璨的“宗教万花筒”。在这片土地上，佛教、基督教、伊斯兰教、印度教、锡克教、道教、原始宗教等各种宗教在各个角落绽放。[①] 可以说，对于任何与东南亚相关的议题，宗教都是一个不可或缺的核心因素。宗教引领着民众的精神世界，塑造并改变着他们的世界观和价值观，而不同宗教的教义差异也影响着民众对世界的认知方式，同时也贯穿于信仰者的行为方式之中。因此，本文认为，在探讨东南亚地区民众对中国国际影响力认知差异的议题时，将宗教因素纳入考虑是十分重要的。

一、研究缘起

宗教自人类社会出现以来就或多或少影响着人们处理国家间事务的方式，可以说，世界范围内的大部分重大国际事件都离不开宗教的影响。现代意义上的国际关系研究开始于20世纪初，但是研究重点在于权力分配、体系构建等宏观层面，宗教因素未受到过多重视。冷战结束后，世界转向一级格局，意识形态的争斗逐渐销声匿迹，宗教因素开始成为国家间冲突和碰撞的主要原因，“宗教被宣称从‘威斯特伐利亚的放逐’回归‘国际舞台的中心’”。[②] 具有代表性的观点即亨廷顿的“文明冲突论”，即强调冷战结束后，文化因素在全球冲突中的主要地位。他将近年来的全球冲突和战争归根于文化之间的断层，不同文化信仰之间权力均势的变化导致了越来

① 赵常庆、刘庚岑：《东南亚人口的宗教构成》，《东南亚研究资料》1981年第4期。

② 徐以骅：《宗教与当代国际关系》，《国际问题研究》2010年第2期。

越多的国际冲突。[1] 伊斯兰世界和美国之间持续不断的冲突、中东地区阿拉伯国家和以色列的战争，以及近年来频发的局部宗教流血事件，均可以佐证这一观点。

人类文明的进程与宗教的传播有着莫大的联系，人类历史的发展过程中几乎所有政治、社会活动都与宗教有关。可知，宗教因素在国际关系领域虽不是首要因素，但也不能忽视其在全球政治进程中的重要作用，无论在过去还是现当代，“宗教都是影响国际政治的一个重要砝码”，[2] 尤其是在宗教信仰现实情况多样且错综复杂的东南亚国家，宗教信仰在大部分议题中都被视作一个非常重要的解释变量，影响着东南亚政治宏观层次和微观层次的方方面面。

迄今为止，在许多国家中，宗教仍是民众最重要的精神依托。因此，在中华文化逐步走向世界的新时代，从宗教层面提升中国国际影响力、构建中国形象的作用越发明显，也给新时代的中国带来新的挑战和契机。东南亚作为“一带一路”倡议的核心区域之一，有着多元的宗教信仰，不同宗教信仰对个体和社会的影响有所不同，影响人们对中国文化、价值观和政治体系的认知和接受程度。同时，东南亚国家与中国在政治、经济和地缘战略等方面有紧密联系，了解其民众对中国国家影响力的认知差异有助于洞察国际政治中的动态变化。因此，通过已有数据观测不同宗教信仰民众对于中

① 塞缪尔·亨廷顿：《文明的冲突与世界秩序的重建》，周琪译，新华出版社，2010，第5—8页。

② 金泽：《略论宗教与国际关系》，《中国宗教》2019年第2期。

国影响力认知的差异是非常有必要的。本文旨在分析亚洲晴雨表调查第四波数据中东南亚八个国家（包括菲律宾、泰国、印度尼西亚、新加坡、越南、柬埔寨、马来西亚和缅甸）的数据结果，直观地展现东南亚八国民众对中国在东南亚地区的影响力大小认知以及正面或负面评价，在此基础上为中国国家形象构建、提升对象国民众对中国影响力认知的好感度及继续深化共建“一带一路”提供政策建议。

二、宗教因素与中国影响力认知

不言而喻，作为一个大国，中国在东南亚有着很大的影响力。如何看待和认识中国的影响力，这是东南亚国家在与中国相处和发展关系时面临的现实问题。“影响力”可以被定义为一个行为体在需求、欲望、偏好或意图方向上左右另一个或多个行为体的行动或行动意向。[①] 简而言之，国家的国际影响力即能够左右其他国家决策的能力。既有的关于中国国家影响力认知的解释路径大致包括“硬实力”和“软实力”两个视角。硬实力是一个国家在国际事务中的强制性、支配性能力，[②] 如经济实力、军事实力、科技实力等。因此，基于硬实力视角的中国国际影响力路径研究主要集中在经济

① 罗伯特·A. 达尔、布鲁斯·斯泰恩布里克纳：《现代政治分析》，吴勇译，中国人民大学出版社，2012，第 22 页。

② 项久雨：《硬实力与软实力的关系之辨》，《武汉大学学报（哲学社会科学版）》2010 年第 6 期。

影响力（包括经济实力增长和经济发展模式影响力）[①]、军事实力影响力[②]、科技水平影响力等。[③] 不同于硬实力，软实力是一种同化性的力量，指代一个国家的文化、价值观念、社会制度等影响自身发展潜力和感召力的因素。[④] 基于软实力视角的中国国际影响力路径研究则主要集中在文化影响力（包括文化吸引力和文化外交等）层面。[⑤]

既有的中国国际影响力认知解释路径的研究重点在于国家硬实力和软实力方面，宗教因素时常被认为重要性较低而受到忽视，但正如孙誉伦等学者论述，西方国家扩张的资本主义精神等能够影响对象国认知的元素，多来自宗教信仰因素的推动，[⑥] 宗教已然成为国际关系中国家影响力发展的重要“软实力”之一。[⑦] 随着宗教因素在国际关系中的作用扩大，时代对中国如何讲好中国故事、传播好中国声音提出了宗教层面的要求。

前人的相关研究多关注中国影响力认知中的宗教因素议题的

---

① Shambaugh, David, “China’s Soft-power Push: The Search for Respect,” *Foreign Affairs* 94, no. 4 (2015): 99–107；席金瑞：《中国在东南亚影响力的民意调查分析》，《东南亚研究》2019 年第 3 期。

② DeLisle, Jacques, “Foreign Policy through Other Means: Hard Power, Soft Power, and China’s Turn to Political Warfare to Influence the United States,” *Orbis* 64, no. 2 (2020): 174–206.

③ Hu M C, Mathews J A., “China’s National Innovative Capacity,” *Research Policy* 37, no. 9 (2008): 1465–1479.

④ 黄金辉、丁忠毅：《中国国家软实力研究述评》，《社会科学》2010 年第 5 期。

⑤ Zanardi C., “China’s Soft Power with Chinese Characteristics: The Cases of Confucius Institutes and Chinese Naval Diplomacy,” *Journal of Political Power* 9, no. 3 (2016): 431–447；居黎东：《文化与国家形象、国际影响力》，《当代世界》2015 年第 12 期。

⑥ 孙誉伦、王义桅：《公共外交的宗教话语与世俗话语之争》，《公共外交季刊》2021 年第 1 期。

⑦ 范磊、杨鲁慧：《宗教公共外交与“一带一路”软环境建设》，《中国周边外交学刊》2018 年第 1 期。

意义，即宗教因素缘何会影响对象国民众的中国影响力认知。自“9·11”事件始，文明或宗教之间的冲突受到越来越多的重视，宗教因素在国际关系中的重要性与日俱增，且已成为各国对外关系中不可回避的考虑因素。[①] 此外，全球80%以上的人群信奉各式各样的宗教，[②] 面对如此庞大的人群基数以及相互之间迥异的教义，如何提升其对中国影响力的好感度，是推动共建“一带一路”不容回避的问题。[③] 也有学者从中国目前的外交实际情况来阐述研究宗教因素与中国影响力认知的重要性。何亚非认为，目前中国已经注意到宗教因素在提升中国国际影响力和好感度维度的意义，且已为此提出了一系列的应对方案和政策，但仍应注意到，当前宗教层面的负面影响尚存在，故借中国强大的宗教资源，传播中国智慧、讲述中国故事、发出中国声音，以提升中国国际影响力仍任重道远。[④] 徐以骅认为，“宗教目前基本上是中国外交中的‘负资产’，制约了我国积极正面的国际形象的塑造”。利用宗教力量弥补外交短板，可以为国家形象构建提供支持。[⑤]

以上既有的中国国家影响力认知路径研究为中国在东南亚地区日益扩大的影响力研究提供了不同的视角，但却存在两个不可忽视

① 徐以骅：《宗教与当代国际关系》，《国际问题研究》2010年第2期。

② Brook S.,“Ethnic, Racial, and Religious Structure of the World Population,” *Population and Development Review* 5, no. 3 (1979): 505-534.

③ 范磊、杨鲁慧：《宗教公共外交与“一带一路”软环境建设》，《中国周边外交学刊》2018年第1期。

④ 何亚非：《宗教是中国公共外交的重要资源》，《公共外交季刊》2015年第1期。

⑤ 卓新平、徐以骅、刘金光、郑筱筠：《对话宗教与中国对外战略及公共外交》，《世界宗教文化》2012年第4期。

的问题：其一，在中国国际影响力的解释路径层面，中国国际影响力的感知主体不应只包括国家行为体，民众对此议题的认知往往更能反映真实情况，因此，有必要对中国国际影响力认知进行微观层面的数据分析；其二，在宗教信仰与国际影响力关系层面，既有研究多立足于理论研究和新闻、政府文件等文本分析，虽然研究主体以普通民众为主，但缺失了数据支撑，无法保证研究结果的客观性和科学性。

本文的核心议题为“东南亚不同宗教信仰民众对中国影响力认知的差异及成因分析”，即从微观层面探寻东南亚民众宗教信仰对中国国家影响力认知的差异性影响，研究的理论起源于既有文献对宗教信仰与社会行为、文化认同、认知框架的论述，即宗教信仰有塑造民众社会行为、价值观、社会身份和认知、思考方式的功能。具体而言，宗教缘何能够对民众中国国家影响力认知产生差异性影响，可以从以下三个角度阐释。

首先，从宗教信仰与认知框架来看，宗教影响民众对世界和信息的理解方式，即宗教故事、象征和符号可以塑造人们的思考方式，影响他们对事物的解释和评估。[①] 宗教信仰通常传递一套独特的价值观和世界观，涉及生命意义、善恶判断等问题。这些价值观和世界观在一定程度上塑造了个体的思考模式，影响他们对外界事件和国家影响力的看法。不同宗教可能强调合作、互助、权力分配

① 乔艳阳、张积家、李子健：《宗教和经济对民族文化及思维方式的影响——以景颇族为例的文化混搭效应探析》，《西南民族大学学报（人文社科版）》2017 年第 8 期。

等不同价值观，从而影响个体对中国影响力的看法。

其次，从宗教信仰与文化认同角度来看，宗教信仰影响个人和社会的文化认同，塑造人们的文化价值观、仪式习惯和认同感，影响他们对自己和他人的看法。① 个体的宗教信仰可能使他们更倾向于认同特定文化价值观，影响他们对中国国家影响力的看法。不同宗教信仰可能导致不同的文化认同，进而产生认知差异。

最后，从宗教信仰与社会行为角度来看，宗教信仰影响人们的日常生活、行为准则和社会交往。② 宗教信仰在塑造人们的认知、文化认同的同时，也深刻地影响了他们的社会行为模式。通过分析宗教信仰对社会行为的影响，可以揭示出不同宗教信仰对个体的行为决策、社会互动、合作行为等方面产生的影响。例如，某些宗教信仰强调社会公平和互助，信徒可能更倾向于合作与共享；而另一些宗教可能鼓励个体的个人奋斗，可能导致不同的社会行为模式。这些行为方式可能影响他们对中国及其影响力的看法，进而导致认知差异的产生。

三、东南亚不同宗教信仰民众的认知差异

本文以亚洲晴雨表调查第四波数据为数据来源。亚洲晴雨表调查是台湾大学朱云汉教授发起的，亚洲多国学者共同参与的一项跨

---

① 尕藏加：《从历史视域中管窥宗教信仰与文化认同——以早期汉藏佛教交流为中心》，《世界宗教研究》2021 年第 4 期。

② 杨云波：《关于做好德宏州芒市民族宗教工作的思考》，《管理学家》2014 年第 20 期。

国调查研究计划，2001—2016 年已进行了四轮调查。第五轮调研数据收集自 2018 年开始，但在东南亚片区仅提供了部分国家的数据，因而文章使用的是亚洲晴雨表调查第四轮的东南亚片区数据，包括菲律宾、泰国、印度尼西亚、新加坡、越南、柬埔寨、马来西亚和缅甸八个国家，各个国家的样本量分布如图 1 所示。亚洲晴雨表调查第四波数据的东南亚国家样本包括诸如“锡克教”等样本量偏小的宗教变量，考虑到实证分析过程中的数据可靠性，文章仅涉及基督教、伊斯兰教和佛教三种样本量较大的宗教信仰的样本。具体而言，信仰基督教的受访者样本 1 620 份、信仰伊斯兰教的受访者样本 2 218 份、信仰佛教的受访者样本为 4 565 份，总样本量为 8 403 份。此外，本文在研究东南亚民众对于中国影响力认知的部分增设了民众对美国等大国影响力认知的角度，通过两国数据的对比以增强数据结论的准确性和客观性。

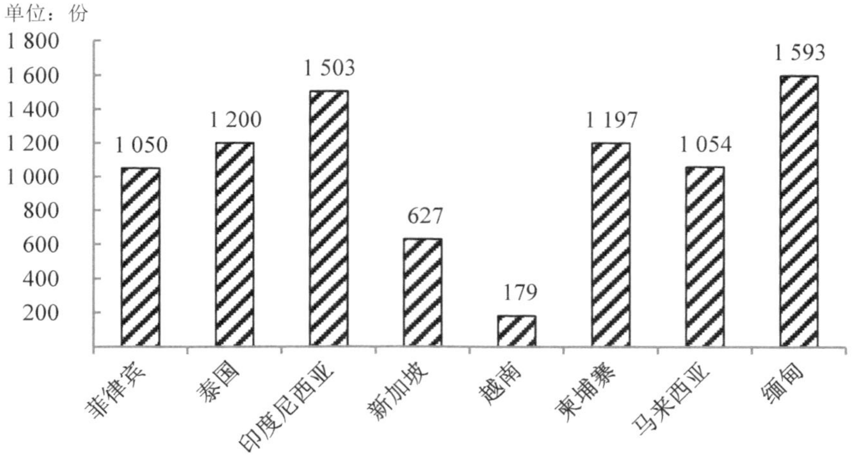

图 1　亚洲晴雨表调查第四波数据中东南亚国家样本量分布

资料来源：如无特别标注，本文所使用数据均来源于亚洲晴雨表调查第四波数据。

（一）不同宗教信仰民众的中国影响力大小的认知

关于不同宗教信仰民众对大国影响力认知的问题，包括对于目前和10年后在亚洲影响力最高的国家的看法、对于中美两国在受访者本国影响力大小的认知。在该问题中，“目前”指代填写调查问卷的年份，“10年后”指代填写调查问卷年份的10年之后，其中，泰国、菲律宾、马来西亚、新加坡调研时间为2014年；柬埔寨、越南、缅甸调研时间为2015年；印度尼西亚调研时间为2016年。问卷中设置“10年后在亚洲影响力最高的国家”的问题，目的在于了解受访者对未来的预期，并方便研究人员分析“亚洲影响力最高的国家”这一问题的可视化趋势和演变。表1为不同宗教信仰的民众对于目前和10年后在亚洲影响力最高的国家认知。首先，从不同宗教信仰的受访者对于两个问题的态度可以看出，不论是对目前还是10年之后在亚洲最具影响力国家的认知，基督教徒受访者多偏向于美国，而佛教徒受访者整体偏向于中国，穆斯林受访者则比例相当；三大宗教信徒的受访者对日本和印度在亚洲的影响力大小认知差异较小。其次，从不同宗教信仰受访者目前和10年后对亚洲最具影响力国家的认知差异比较来看，认为10年后美国最具影响力的基督教徒受访者比例较目前有略微的上升，而认为10年后中国最具影响力的基督教徒受访者比例较目前有部分下降；穆斯林受访者的前后认知差异则有较大变化：认为10年后美国最具影响力的穆斯林受访者比例较目前有较大下降，而认为10年后中国在亚洲最具影响力的穆斯林受访者比例上升10%左右；佛教徒受访者同穆斯林受访者情况几乎相同。

表1　不同宗教信仰民众对目前（采访年份）和10年后（采访年份后10年）在亚洲影响力最高的国家认知

单位：%

宗教	变量	中国	日本	印度	美国
基督教	目前	28.81	16.61	1.59	53.00
	10年后	30.63	15.98	3.17	50.22
伊斯兰教	目前	37.25	18.99	1.60	42.16
	10年后	48.09	20.33	1.04	30.53
佛教	目前	49.83	13.95	2.57	33.65
	10年后	57.69	15.02	2.56	24.73

资料来源：作者自制。

从表1所展示的数据信息可以看出，基督教徒受访者多认为美国在亚洲的影响力最大，佛教徒受访者多认为中国在亚洲的影响力最大，穆斯林受访者认为中国和美国在亚洲的影响力相当。此外，基督教徒受访者中认为美国在10年后的地区影响力最大的比例上升，而佛教徒受访者和穆斯林受访者多认为10年后中国的地区影响力最大的比例上升。由此可以得出推论，在东南亚民众的认知中，基督教徒多认为美国在亚洲的地区影响力最大，且在10年后仍是如此；佛教徒多认为中国在亚洲的地区影响力最大，且多认为中国在10年后仍是亚洲最具影响力的国家；穆斯林则认为中国和美国在亚洲影响力的比例相当，未偏向任何一方，但从10年后的影响力来看，穆斯林群体有更多的民众认为10年后中国的地区影响力最大。

图2展示的是东南亚不同宗教信仰的民众对于中美两国在受访

者本国的影响力差异的认知，图中数据代表了认为中国和美国在本国拥有很大或较大影响力的受访者占比。可知，更多的基督教徒受访者认为相比中国而言，美国在本国的影响力更大，二者差距超过10%；而除基督教徒受访者以外的其他宗教信仰受访者均认为中国在本国的影响力要大于美国，且佛教徒受访者认为两国的差异更大，穆斯林受访者认为两国的差异更小。由此可以得出推论，在东南亚民众心中，基督教徒偏向于认为美国在本国的影响力更大，而穆斯林、佛教徒偏向于中国。

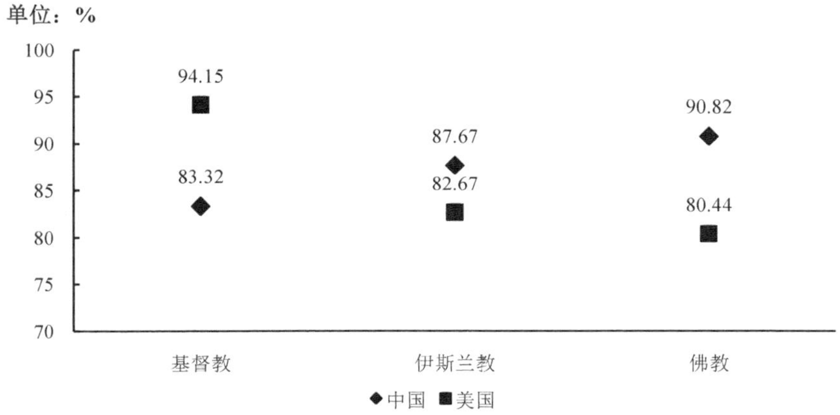

图 2　不同宗教信仰民众对于中国和美国在本国的影响力认知

资料来源：作者自制。

从表 1 和图 2 两组交互数据的信息可以得知，东南亚民众在对大国在亚洲和本国的影响力认知方面的宗教差异较大。基督教徒多倾向于美国，而佛教徒更倾向于中国；且相比较而言，穆斯林不倾向于任何一方，认为中国和美国在东南亚以及本国的影响力相当。

（二）不同宗教信仰民众的中国影响力性质认知

数据中关于不同宗教信仰民众对于大国在本地区和受访者本国的影响力性质（正面或负面）的认知问题包括：中国和美国对于本地区的影响力是利大于弊还是弊大于利？以及中国和美国对受访者本国的影响是正面的还是负面的？表 2 展示的是受访者对于中国和美国在受访者本地区影响力的性质（正面或负面）的认知差异。从图中可以看出，不同宗教信仰的受访者对于该问题的认知差异较大。首先，基督教徒受访者中有 39.60%认为美国在本地区的影响利远大于弊，而认为中国在本地区的影响利远大于弊的民众则不到一成；认为中国弊大于利和弊远大于利的基督教徒受访者占比 53.59%，而认为美国利大于弊和利远大于弊的基督教徒受访者占 90.03%。可以得知，基督教徒受访者对于中国和美国在本地区的影响力性质认知差异非常明显，即倾向于美国，同时多认为中国在本地区的影响力弊大于利。其次，穆斯林受访者中有 68.57%认为中国在本地区的影响力偏向于正面，且有 58.73%受访者认为美国在本地区的影响力偏向于负面，可知，穆斯林受访者更加倾向于中国。最后，佛教徒受访者中有 81.80%认为美国在本地区的影响力偏向正面，中国仅占 66.36%，可知，佛教徒受访者对于中美两国在本地区的影响力性质的认知差异较小，但更偏向于认同美国的影响力。

表 2　不同宗教信仰受访者对于中美在本地区影响力性质的认知差异

单位:%

宗教	变量	利远大于弊	利大于弊	弊大于利	弊远大于利
基督教	中国	9.20	37.20	33.95	19.64
	美国	39.60	50.43	8.20	1.78
伊斯兰教	中国	10.38	58.19	25.06	6.38
	美国	6.99	34.28	40.74	17.99
佛教	中国	16.24	50.12	22.12	11.52
	美国	24.88	56.92	15.80	2.40

资料来源：作者自制。

由上述数据和分析可以推论，东南亚民众对于中美在本地区的影响力态度有较大的宗教差异。基督教徒、佛教徒偏向于认同美国的影响力，而穆斯林偏向于认同中国的影响力。同第一节结论结合可知，尽管多数受访者认为中国在东南亚地区的影响力超过了美国，但是部分认为中国带来的是负面的影响。

图 3 是不同宗教信仰的受访者对于中国和美国在受访者本国的影响力性质认知差异，图中数据代表“认为中国或美国在本国的影响力是正面”的比例。可以直观地看出，除穆斯林受访者外，信奉基督教、佛教受访者认为美国在受访者本国的影响力是正面的占比均高于中国。

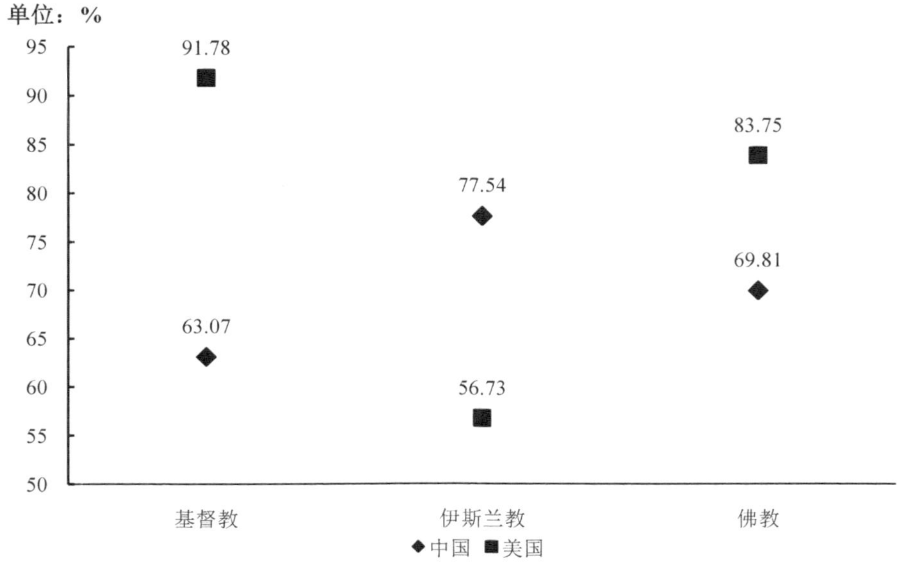

图 3　不同宗教信仰受访者对于中美在本国影响力性质的认知差异

资料来源：作者自制。

根据图 3 及数据分析可以得出推论，东南亚民众对于中美在本国的影响力性质层面的宗教差异非常明显：佛教、基督教更认可美国在本国的影响力，而穆斯林则更认同中国在本国的影响力。

（三）数据结论

作为共建“一带一路”的重心之一，东南亚民众的中国影响力认知迫切需要进一步提升和深化，以在东南亚民众中塑造中国良好的国际形象，为共建“一带一路”的顺利推进提供民心基础。然而，亚洲晴雨表调查第四波数据显示，东南亚民众对中国影响力的认知差异较大，需要引起重视。根据前两节的数据分析，本文得出以下两个方面的结论，并将在结论的基础上提出目前在东南亚民众的中国影响力认知方面的政策思考。

1. 东南亚民众的中国影响力认知情况的宗教差异较大

东南亚是全球宗教信仰情况最复杂的地区之一，佛教、伊斯兰教和基督教三大宗教在东南亚的信徒尤多，因此在提升东南亚民众的中国影响力认知的实际运作过程中，必须兼顾不同国家的不同宗教实际情况，做到因教因地制宜。① 但数据结果表明，当前不同宗教信仰民众对于中国在东南亚地区的影响力认知差异巨大，基督教徒尤其不认可中国在该地区的影响力。其一，邻近中国的东南亚内陆国家多信奉佛教，马来西亚和印度尼西亚（海洋国家）则主要信奉伊斯兰教，受国家间宗教距离的影响，目前中国对提升东南亚民众的中国影响力认知的举措和政策侧重于佛教和伊斯兰教，如“世界佛教论坛”“中国—东南亚民间高端对话会”“东南亚宗教研究高端论坛”等宗教交流平台和活动的建设和开展，而针对基督教的交流较少。其二，基督教作为欧美发达国家主要信奉的宗教，短时期的宗教交流无法从深层次改变长期以来的中西方文化差异以及基督教徒对中国的认知，鉴于此，提升东南亚基督教徒对中国影响力的认知和好感度仍任重而道远。

2. 增强东南亚民众对中国影响力好感度的实际效果有待进一步提升

数据结果直观地显示，东南亚基督教徒、佛教徒更认同美国在该地区的影响力，而穆斯林更倾向于认可中国在该地区的影响力。首先，该结果表明，尽管多数东南亚民众认可中国在该地区的影响

① 薛树琪：《创新思维　推动我国宗教领域公共外交工作》，《中国宗教》2015 年第 10 期。

力超过美国，但中国的国际形象却偏向负面，这也从侧面表明中国目前对于东南亚民众对中国影响力好感度的实际提升效果较差。其次，数据结果同中美两国宗教信仰情况及东南亚国家同中美两国的宗教距离实际情况相近。据1999年统计数据，有超过百分之八十的美国民众信奉基督教；[①] 中国的主要宗教信仰则包括佛教和各本土教派；加之伊斯兰世界同美国长时间的文化冲突，因此可以得出结论，从国家间的宗教距离角度来说，美国更接近东南亚地区的基督教，同伊斯兰世界较为疏远，而中国更接近佛教。王正绪等学者在分析亚洲晴雨表调查第二波数据后得出认为，东南亚地区的佛教和儒教教徒更认同中国的影响力，[②] 同本文结论契合。因此，不同宗教信仰的民众对于中美两国影响力的认知差异很大程度上源自两国同东南亚的宗教距离，而同中国提升东南亚民众对中国影响力好感度的相关举措和政策的关联度较小，且对比亚洲晴雨表调查第二波数据结论可知，各宗教信仰的民众对于中国影响力的认知无较大变化，从侧面表明目前中国对于东南亚民众中国影响力认知塑造的成效较弱，仍有较大的发展空间。

四、提升东南亚民众对中国影响力正面认知的路径思考

根据本文的数据和分析结果解读可以发现，当前东南亚民众对

---

① 吕其昌：《美国宗教及其对政治的影响》，《国际论坛》2003年第5期。

② 王正绪、杨颖：《中国在东南亚民众心目中的形象——基于跨国问卷调查的分析》，《现代国际关系》2009年第5期。

于中国国际影响力认知和好感度存在较大差别，并存在部分负面态度。事实上，对于中国来说，加强与东南亚国家的关系的目的是构建一个良好的共同发展、共同安全，合作发展、合作安全的环境。为提升中国在东南亚地区的国家形象与国际影响力，消除文化隔阂，保持双边及多边友好睦邻关系，有必要针对如何提升东南亚地区民众对中国影响力的认知和好感度进行路径思考。基于此，本文提出以下三点建议。

第一，在提升东南亚民众的中国影响力认知过程中，注重兼顾多种宗教信仰群众尤其是基督教徒的看法。具体而言，可以从以下两个层面推进。首先，从政府外交政策层面，应适当提高对宗教因素的重视程度，在此基础上形成整体战略，全方位了解东南亚宗教信仰的现实情况，根据地域差异、教义差异等制定有针对性的一系列政策。其次，从地方政府和民间组织交流层面来看，应择时择地积极召开多种宗教国际交流活动。目前来看，国内发起和承办的宗教交流活动多以佛教交流活动为主，关于伊斯兰教和基督教的国际交流活动较少。鉴于伊斯兰教和基督教在东南亚地区同样拥有庞大的信教群体，各地方政府和宗教团体应积极承办相关的交流活动。

第二，重视提升东南亚信教民众对中国影响力的好感度。数据显示，尽管大部分民众认为中国在东南亚地区的影响力超过了美国，但将其看作负面影响的受访者占大多数。因此，在提升东南亚信教群众对中国影响力认知的同时，应注重提升其对中国影响力的好感度。具体而言，可以从宗教民间交流和媒体宣传两个维度采取措施。首先，宗教界人士或宗教组织需在推进东南亚民众中国影响力认知和好感度过程中发挥更大作用。宗教界人士在各宗教各教派中享有较高的威望和知名度，往往能够获得众多信徒的拥护和支持，因此，在对外交流中要充分发挥非政府的宗教界人士的作用，如筹办国际性的宗教对话活动、在当地开展宗教和慈善活动、举行在对象国的海外宣讲会等。其次，改革开放以来，中国的宗教组织和团体承办了多次国际性的宗教交流活动，如“中国宗教走出去战略高层论坛”“世界佛教论坛”“国际道教论坛”“中美基督教高峰论坛”和“中国·印尼伊斯兰文化展演”等，对加强国内宗教团体同国际宗教界的交流和互动、扩大中国宗教的影响力发挥了重要的作用。因此，需继续重视国际性宗教交流活动的作用，积极承办或开展各种形式的国际宗教交流活动。同时，宗教组织或团体应大力发展针对对象国民众的慈善工作，塑造有良知、有担当、有责任心的宗教组织形象，作为提升中国形象和国际影响力的路径之一。最后，应整合媒体资源，发挥媒体宣传优势。在进行广播、电视、报纸等传统媒体宣传的同时，也要重视网络、社交媒体等新媒体的作用，利用其在东南亚地区强大的覆盖面、渗透力和传播速度，传播中国宗教文化，讲述中国宗教故事。同时，要重视国内对宗教团体和宗教组织在对象国的社会责任履行情况的宣传，抛弃“只做不说”的观念，做到“边做边说”，力求消除反华势力污蔑中国形象的消极声音，从媒体宣传层面塑造宗教团体和宗教组织形象，积累良好的国际声誉，为提升中国形象，扩大中国影响力和认同感提供民意基础。

第三，在政府、宗教团体和媒体三管齐下的过程中，应当警惕境外宗教极端势力的渗透，杜绝同宗教极端主义组织间的接触和交流，提升对危害国家安全、公民安全的势力的辨识能力。具体而言，政府在制定提升东南亚民众对中国影响力认知的战略和政策过程中，应旗帜鲜明地反对国际宗教极端主义，拒绝任何形式的接触；宗教团体和宗教界人士应坚持爱国立场，在进行国际宗教交流时，严格把控交流活动人员，鉴戒宗教极端主义势力在不同国家、民族，甚至在不同派别之间制造隔阂和对立；媒体在向信教群众宣传中国文化、塑造国家形象的过程中，应警惕敌对势力对中国“宗教极端主义宣传”的污名言论，把握宣传力度。

通过综合的策略，聚焦宗教信仰差异、提升好感度以及防范极端主义，我们可以为促进东南亚民众对中国国家影响力的积极认知创造更有希望的前景。这样的努力不仅有助于加强国家间的友好合作，也有望彻底消除由于误解所引发的隔阂。最重要的是，这一努力将为整个区域的稳定和繁荣贡献更大的力量，为推进共建“一带一路”高质量发展保驾护航。

韩国促贸援助经验及其对中国的启示*

全银华　赵世璐**

摘　要　消除贫困是联合国可持续发展的重要目标，有能力的国家承担对外援助责任是实现这一目标的重要途径，也是推广"构建人类命运共同体"理念的最好实践。韩国在促贸援助，特别是贸易便利化对外援助领域具有领先优势。韩国促贸援助项目主要特征为：涉及重要境外投资（发展中）国家；援助对象呈多样均衡；援助类型合理；促贸援助奉行"有效性"和"一致性"原则。结合分析结果，本研究建议中国以共建"一带一路"为契机，加大促贸援助力度并扩展维度；利用《区域全面伙伴关系协定》（RCEP）等机制，加强区域内贸易便利化援助与合作；加快规范完善沿海沿边内陆各级口岸基础设施，同时

* 本文系2020年国家社科基金重大项目"中国特色自由贸易港国际法治研究"（20&ZD205）、上海海关学院"RKC全面审议工作与国际贸易单一窗口互联互通研究"（2312748K2023）的阶段性成果。

** 全银华，韩国首尔国立大学农业与生命科学院博士研究生，主要研究方向：农产品贸易、农业政策和区域发展；赵世璐，上海海关学院《海关与经贸研究》编辑部编辑，主要研究方向：国际经济法。

升级全国范围内“单一窗口”应用水平和系统功能；建立符合中国国情的促贸援助评估体系；“软硬实力”输出两手抓，并进一步拓展促贸援助主体。

关键词 对外发展援助；韩国促贸援助；贸易便利化；单一窗口；共建“一带一路”

促贸援助是对发展中国家及最不发达国家从贸易中受益的基础设施和能力的援助，是官方对外发展援助（ODA）的重要组成部分，[①] 同时也是国际社会中重要的发展议题。[②③] 全球贸易秩序深受始于2019年末的新冠疫情影响，目前仍未能恢复到疫情前水平，严重阻碍了各国经济发展，[④] 这进一步刺激了各国在促贸领域的援助力度。2022年7月，在日内瓦举行的第8次促贸援助全球审议会议上，副总干事张向晨表示，2020年的促贸援助总金额达到了创纪录的487亿美元，[⑤] 足以反映国际社会对促贸援助的重视程度。中国共产党第二十次全国代表大会指出，对外援助是国家事业的重要组

---

① “Aid for Trade Fact Sheet,” WTO, accessed August 1, 2023, https://www.wto.org/english/tratop_e/devel_e/a4t_e/a4t_factsheet_e.htm.

② 曹俊金：《论贸易援助评价制度及对我启示》，《国际展望》2014年第2期，第123—139页。

③ 朱丹丹、黄梅波：《中国对外援助能够促进受援国的经济增长吗？——兼论“促贸援助”方式的有效性》，《中国经济问题》2018年第2期，第24—33页。

④ 雷蒙：《促贸援助：未来路往何方?》，中华人民共和国商务部，2022年9月20日，http://chinawto.mofcom.gov.cn/article/xxfb/202209/20220903349785.shtml，访问日期：2023年8月1日。

⑤ “Aid for Trade Global Review 2022—Session 28—Plenary: Sustainable Aid for Trade,” WTO, accessed August 1, 2023, https://www.wto.org/english/news_e/news22_e/ddgxz_28jul22_e.htm.

成部分。[①]

"一带一路"作为中国向世界提供的良好发展机遇，是开展促贸援助的重要平台，该倡议的实施推动了中国对外援助的升级和发展，同时也是中国对外援助的转型契机。[②] 参与共建"一带一路"的国家多为发展中国家，对基础设施、物资、人才、技术等需求较大。反过来又因为这些发展中国家面临着一系列与贸易相关的基础设施障碍，阻碍了它们参与国际贸易的能力，进一步限制了社会发展的步伐。[③] 在世界经济动荡的新形势下，中国作为最大的发展中国家，通过对外援助为世界经济注入新动力，不仅能体现大国担当，也能加快推进国家对外合作发展的战略目标。

中国对外援助基于"伙伴关系—人道主义—内外市场"的动因模式，[④] 秉持着平等、互助、共赢的理念。对外援助本身可能在短期内消耗大量的人力和财力，甚至是"费力不讨好"，导致在援助初期对援助国印象产生副作用，但长期而论能有效提高援助国家的国际地位。[⑤] 不仅如此，国际形象的提升对中国企业"走出去"能

---

① 《国家国际发展合作署召开全署大会传达学习党的二十大精神》，国家国际发展合作署，2022 年 10 月 26 日，http://www.cidca.gov.cn/2022-10/26/c_1211695202.htm，访问日期：2023 年 8 月 1 日。

② 白云真：《"一带一路"倡议与中国对外援助转型》，《世界经济与政治》2015 年第 11 期。

③ "Aid for Trade," WTO, accessed August 1, 2023, https://www.wto.org/english/tratop_e/devel_e/a4t_e/aid4trade_e.htm.

④ 任晓、郭小琴：《解析中国对外援助——一个初步的理论分析》，《社会科学文摘》2016 年第 12 期，第 20—23 页。

⑤ 刘丽娜：《援助能改善对华印象吗——关于中国对外援助的国家形象管理效应的海量数据分析》，《世界经济与政治》2022 年第 7 期，第 34—57 页。

产生良好的“延展效应”,[①] 从而进一步增进受援国与援助国家之间的经贸往来和友好交流。目前，中国对外援助事业获得了国际社会广泛认可，但是以有限的文献来看，促贸领域的援助效果似乎尚不理想。阎虹戎等[②]基于 120 个国家的数据发现，中国对非洲促贸援助提升了受援国自主发展水平，提高了这些国家对华出口能力，但是促贸援助的出口效应影响并不显著，而这与莱米（Lemi Adugna）的研究结论[③]相似。阎虹戎等认为，这是中国促贸援助起步时间较晚，资金占比少的原因所造成的。[④] 胡文秀和马秀娟表示，在“一带一路”视角下，中国对外援助因为援助资金单一、援助项目与实际需求脱节，以及援助机制不完善等问题造成了一定的负面影响。[⑤] 刘恩专和路璐则认为，有关促贸援助的有效性争论仍在持续，而且现实和有效性理论之间也存在明显反差。[⑥] 综观现有的研究，可以发现在援助动机、模式和资金分配上的结论高度一致，但是在包括促贸援助领域在内的整体援助效果层面上尚未达成一致结论。[⑦]

---

① 孙楚仁、徐锦强、梁晶晶：《对外援助促进了中国企业对受援国邻国的直接投资吗?》，《国际贸易问题》2022 年第 9 期，第 142—156 页。

② 阎虹戎、张小鹿、黄梅波：《互利共赢：中国对外援助与受援国出口能力提升》，《世界经济研究》2020 年第 3 期，第 95—106 页。

③ Lemi Adugna, “Aid for Trade and Africa’s Trade Performance: Evidence from Bilateral Trade Flows with China and OECD Countries,” *Journal of African Trade* 4 no. 1-2 (2017): 37-60.

④ Ibid.

⑤ 胡文秀、马秀娟：《“一带一路”视域下中国对外援助的发展与转型升级研究》，《山西高等学校社会科学学报》2022 年第 6 期，第 30—36 页。

⑥ 刘恩专、路璐：《贸易援助有效性的理论逻辑与实现路径》，《河北学刊》2021 年第 1 期，第 158—164 页。

⑦ 刘恩专、路璐：《促贸援助有效性再检验及作用机制的异质性分析——来自“一带一路”沿线受援国的经验证据》，《现代财经（天津财经大学学报）》2021 年第 5 期，第 83—98 页。

在此背景下，笔者认为除了逐步扩大促贸援助规模，更需优化贸易援助的多样性、改进对外援助结构，这将有利于分散援助效果不确定性带来的评价风险。那么如何快速有效地提升促贸援助是中国在对外发展合作上面临的重要挑战。王孝松和田思远表示，中国在过去的对外援助中已经积累了大量的经验，且形成了自己的援助特色，但与发达国家的对外援助体系相比尚未形成明确的制度安排，所以建议加强三方合作，充分利用不同国家的援助经验和资源。① 因此，笔者以在 2021 年第 68 届联合国贸易和发展会议（UNCTAD）上新晋升为发达国家的韩国为研究对象。在从“受援者”到“授援者”的变更过程中，韩国积累了不同角度的对外援助经验。不但在中国主要采取的对外援助模式，即“南南合作”上具有丰富的实践经验，在经济转型过程中也积极探索“三角合作”的援助模式。② 同时，韩国是对外促贸援助资金最多的 20 个提供者之一。虽然从援助体量上与其他发达国家存在较大差距，但就双边官方发展援助（即排除多边机构的捐助模式）来看，从 2006 年至疫情暴发前的 2019 年，韩国对外援助支出资金增长率最高，为 251.2%。③另外，贸易便利化措施援助是促贸援助的重要内容，而韩

① 王孝松、田思远：《制度质量、对外援助和受援国经济增长》，《世界经济研究》2019 年第 12 期，第 13—30 页。

② 정지원등,「국제사회의 남남협력 현황과 우리의 추진방안」, KIEP, 2011 년 .

③ “Aid for Trade at a Glance 2022,” OECE/WTO, accessed August 3, 2023, https://www.wto.org/english/res_e/booksp_e/a4tatglance2022_e.pdf.

国的贸易便利化[①]居世界领先水平，因此韩国在对外促贸援助领域对中国具有较高的借鉴意义。

随着改革开放、“一带一路”倡议等布局深化，包含贸易便利化措施在内的促贸援助和对外合作将有利于中国的总体发展方针。虽然尚未发现中国有关信息技术领域的促贸援助项目，但近些年，中国的信息技术日新月异，综合国力迅速提升，在不久的将来中国促贸援助也将迎来多元化局面。本文拟从中国长远经贸战略布局的问题意识出发，多角度分析韩国促贸援助项目经验，并从中提炼出对中国的启示。

一、韩国促贸援助主要内容

韩国是为数不多的在二战后通过获得大量经济援助，从世界最贫穷国家发展为发达国家，如今，韩国已成为经济合作与发展组织发展援助委员会（OECD-DAC）的第 15 大捐助国。[②] 因此，在对外援助方面分享其成功发展经验具有很强的说服力。尤其在以单一窗

---

① 在当今世界，贸易便利化作为降低贸易成本的重要手段，已经成为各国促进国际贸易发展的新的着力点。2013 年，约三分之二的世界贸易组织成员在巴厘岛举办的部长级会议上通过了《贸易便利化协定》（*Agreement on Trade Facilitation*, TFA），该协定于 2017 年 2 月 22 日正式生效。《贸易便利化协定》对跨境贸易程序作出了合理的统一与规范，旨在提高货物流通效率，并且通过透明、公平的贸易便利化环境进一步减少贸易带来的摩擦。世界贸易组织发现，发展中国家的贸易成本非常之高，若能全面执行《贸易便利化协定》内容，全球的贸易成本将会平均减少 14.3%，并预计在 2015—2030 年，《贸易便利化协定》的实施将使世界出口每年增加约 2.7%。

② “Donor Profile of South Korea,” *Donor Tracker*, accessed August 3, 2023, https://donortracker.org/country/south-korea.

口（single window）为主的贸易便利化对外援助方面，韩国的比较优势明显，其原因如下。

第一，韩国是典型的出口导向型国家。目前，韩国已生效的区域贸易协定（RTA）数量为20个，位列世界前茅。2020年，韩国商品出口量排名世界第7，约占国内生产总值（GDP）的37.6%（中国约占20%）。第二，韩国是信息技术领域的强国，海关现代化水平高。韩国是全球领先的电子政务发展国家，而单一窗口作为其电子政务实践最佳典范已经在多国推广使用。[①] 韩国初代通关自动化系统启动于20世纪70年代，国家单一窗口项目则是始于2003年，并在全球开创100%电子清关先例。[②] 另外，归功于先进的单一窗口系统，韩国在跨境贸易指数评价指标中的进出口文件合规性处理时间和成本上均处于世界领先水平。[③]

韩国促贸援助项目大致可分为4个领域：贸易振兴、教育与培训、多边贸易谈判、区域贸易协定。2010—2021年，各领域累积项目数量分别为399个、266个、81个和3个，[④] 总约定援助额为6 230.3万美元，相应约定累积援助资金额占比分别为77.0%、

① 孙浩：《对标韩国，促进上海国际贸易单一窗口发展》，《科学发展》2017年第3期，第72—77页。

② Joon-Ho LEE, “Single Windows, TPOs and SMEs,” accessed August 3, 2023, https://www.cepal.org/sites/default/files/events/files/29_sept_-_joonho_lee_0.pdf.

③ 王伟：《韩国国际贸易单一窗口的构建与启示》，《当代经济》2017年第15期，第106—109页。

④ 有些为阶段性实施项目。这种情况下，同一个项目名称的项目数量可能会根据实施的阶段分为一个或多个。

19.6%、1.0%及2.4%。[①] 其中促贸援助项目和资金多集中在前两个领域，不过，“教育与培训”领域无法展示韩国促贸援助的多样性和主观动因。因此，本文以“贸易振兴”领域作为研究对象分析韩国促贸援助内容。

（一）项目主管部门

如表1所示，韩国在“贸易振兴”领域的主管部门共有7个。它们对外援助项目数量分别是：韩国国际协力团（KOICA）204个、海关154个、企划财政部25个、韩国进出口银行旗下的对外经济协助发展基金（EDCF）12个、外交部2个、前外交通商部[②] 1个、政府政策协调办公室1个。其中，韩国国际协力团的项目总量和资金总额最多，占比分别为51.1%和58.1%。其次是韩国海关，为38.6%和27.3%。另外，从每个国家受援助的平均项目数量来看，韩国进出口银行（12个）由于只援助了一个地区，因此最高，韩国国际协力团（3.8个）次之，随后是企划财政部（2.5个）和韩国海关（2.3个）。不过，不论是韩国国际协力团还是韩国海关，平均项目受援助数量最高的地区是亚洲。在亚洲内进一步细分则是以远东地区为首，其次为西南亚和中亚地区。

---

① 作者根据韩国官方发展援助（KOREA Official Development Assistance）官网数据整理而得，参见 https://www.odakorea.go.kr/ODAPage_2022/eng/cate01/L01_S01_01.jsp，资料截至2022年9月1日。

② 2013年，韩国外交通商部更名为外交部，原通商（对外贸易）职能移交给新设的产业通商资源部。

表 1　韩国促贸援助概况

韩国促贸援助地区（个）*		韩国国际协力团			韩国海关			企划财政部		
		项目数量（a）	援助国家数量（b）	a/b	项目数量（a）	援助国家数量（b）	a/b	项目数量（a）	援助国家数量（b）	a/b
亚洲（30）	远东（10）	63	9	7.0	41	9	4.6	1	1	1.0
	中东（5）	5	3	1.7	6	4	1.5	—	—	—
	西南亚、中亚（15）	63	12	5.3	49	14	3.5	6	3	2.0
非洲（25）	撒哈拉以南（20）	24	10	2.4	18	15	1.2	—	—	—
	撒哈拉以北（5）	7	4	1.8	3	2	1.5	2	1	2.0
美洲（18）	南美洲（7）	17	5	3.4	8	6	1.3	8	3	2.7
	中美洲、北美洲（11）	19	6	3.2	10	7	1.4	8	2	4.0
大洋洲（5）	—	5	3	1.7	10	4	2.5	—	—	—
欧洲（6）	—	1	1	1.0	8	6	1.3	—	—	—
总和		204	53	3.8	153**	67	2.3	25	10	2.5

资料来源：作者根据 KOREA Official Development Assistance 官网资料整理而得，参见 https://www.odakorea.go.kr/ODAPage_2022/eng/cate01/L01_S01_01.jsp，数据截至 2022 年 9 月 1 日。

注：* 此外，韩国进出口银行、外交部、前外交通商部、政府政策协调办公室分别在多美尼加共和国（中美洲）、大洋洲不明确地区、美洲不明确地区和印度尼西亚（远东）各有 12 个、2 个、1 个及 1 个项目。括号内为该地区援助国家总和，该总和是删除重复以及不明确地区后计算所得。

** 韩国海关在亚洲有一个未分配地区援助项目，所以援助项目总和应该比实际加总多一项。但是因为无法确定是否与已包含的援助国家重叠，因此从最终总和中去除计算。

（二）援助对象

受援国共 84 个，集中在亚洲（30 个）、非洲（25 个）、美洲（18 个）、欧洲（6 个）和大洋洲（5 个），涵盖一半以上的发展中国家以及 62.5%的亚洲国家、46.3%的非洲国家和大部分面积的中南美洲国家。[①] 虽然韩国国际协力团的促贸援助项目和金额都远超韩国海关，然而海关援助项目的国家数量却高于韩国国际协力团。这主要是因为韩国国际协力团的项目多涉及包括派遣专家或志愿者形式的技术型交流，这对当地基础设施、工作或生活环境有一定的要求。相反，海关项目多以邀请来自发展中国家的留学生或实习生、展开高级促贸政策研讨会为主。

（三）援助类型

援助形式大多为无偿捐助，少部分为贷款。特别是近 10 年来，所有“贸易振兴”领域的对外援助都是无偿捐助形式。项目时间长达 7 年，短则一个星期以内。其中由韩国进出口银行从 2005 年至 2012 年，以贷款形式向多米尼加共和国援助的“通关系统自动化”项目耗时最长。而近年来耗时最长的项目是 2017—2022 年，分两阶段实施的埃塞俄比亚“国际贸易单一窗口电子系统”项目，资助额

① 作者根据 KOREA Official Development Assistance 官网资料整理而得的数据，参见 https://www.odakorea.go.kr/ODAPage_2022/eng/cate01/L01_S01_01.jsp，数据截至 2022 年 9 月 1 日。

达749万美元。[①] 此外，项目基本上是以韩国和受援国之间双边合作模式展开。

（四）援助方式

韩国促贸援助分为5大方式：发展中国家留学生或研修生援助；派遣专家或志愿者；技术领域合作；成套项目援助；国际组织特定目的计划和资金支持（一般由外交部负责管理）。其中技术合作占比最高，为63.2%。其次是发展中国家留学生或研修生援助占17.5%，成套项目援助占9.5%，派遣专家或志愿者占9.3%，而剩余的国际组织特定目的计划和资金支持类型仅占0.5%。

（五）援助内容

对2010—2021年“贸易振兴”领域累积的399个项目名称中的关键字进行分析，可见援助内容包括以下方面：（1）“通关系统自动化、单一窗口等海关现代化”援助分别占项目数量和资金的28.3%和64.1%；（2）“促进海关管理技术和能力”为19.8%和9.7%；（3）“高级别贸易便利化双边研讨会”占17.0%和3.7%；（4）“贸易促进”援助占12.3%和1.9%；剩余的包含“派遣专家和志愿者”“海关官员工作研讨会”“双边海关知识分享”等。

---

① ODA Korea，“ODA 통계 심층분석”，2022.10.10，https://odakorea.go.kr/ODAPage_2018/category05/L01_S03.jsp

二、韩国促贸援助的特点及动因

根据上文有关韩国促贸援助的主要内容，下面总结了韩国促贸援助的特点并分析了推动韩国促贸援助的内外因素。

（一）韩国促贸援助特点

韩国的促贸援助主要有以下几个特征。

第一，援助国家涉及以制造业和批发零售业、矿业、电力及天然气工业等为主的重要境外投资国家。韩国在制造业和批发零售业领域境外投资最高的地区是亚洲，而促贸援助对象最多的地区也正是亚洲。这意味着，如果亚洲地区的贸易水平提高，也将有助于韩国境外企业的产品出口和流通。2019 年韩国在亚洲地区的制造业境外投资额为 106.4 亿美元，2020 年新冠疫情暴发以后削减至 77.4 亿美元，而在 2021 年强势回归到 96.8 亿美元，占韩国在亚洲总境外投资额和全球制造业总境外投资额的 50%以上。[①] 此外，秘鲁、阿根廷、巴西和墨西哥等自然资源和劳动力资源丰富的中南美国家是韩国除金融保险业以外投资矿业、电力和天然气以及制造业的重要地区。

第二，援助对象呈现出多样均衡的特征，这也体现了韩国在促

---

① 한국수출입은행, “해외직접투자통계”, 2022.9.27, https://www.data.go.kr/data/3040164/fileData.do

贸领域均衡的外交援助策略。促贸援助对象不仅包含与韩国建交较早或保持良好外交关系的国家，也包含尚未建交的国家。韩国在“贸易振兴”领域中48.8%的国家来自1970年以前（含1970年）与韩国建交的国家，而建交较晚的国家也包含在其促贸援助对象之中。不仅如此，尚未建立外交关系的古巴也在韩国的援助范围内。从地理分布上看，虽然援助项目和数量有一定区别，但整体来看援助遍布世界各洲。

第三，援助类型合理，以无偿援助为主。无偿援助是韩国促贸援助的主要类型，这是因为很多发展中国家在短期内并不一定具备自主建设贸易设施以及贷款偿还的能力。以韩国自身经验而言，国际上对韩国的无偿援助形式也是伴随20世纪60年代经济好转逐渐发生变化。1975年以后，官方无偿援助性质的项目则基本终止，转为以公共贷款为主的大型经济发展项目。因此，韩国政府清晰地认识到无偿帮助发展中国家奠定从0到1的底层基础，才能有望开发其从1到100的自我造血的潜能。

第四，对外贸易援助奉行“有效性”（effectiveness）原则。从援助内容和方式可以看出，“通关系统自动化、单一窗口等海关现代化”等相关的技术型援助为项目数量和资金之最。这是韩国充分利用了自身优势的结果。同时这也能说明韩国在对外贸易援助上的“真诚”态度，因为在所有的贸易便利化措施当中，建立单一窗口及通关系统自动化是成本最高的措施之一。①

第五，对外贸易援助奉行“一致性”（coherence）原则。这主要体现在援助主管机构间分工明确、运作机制透明。除了韩国对外援助的主要负责机构韩国国际协力团以外，也有如海关、企划财政部、韩国进出口银行等其他机构的参与。虽然主管机构较多，但功能属性不同，起到互补作用，且有利于受援国根据自身需求阶段性、多方位地学习先进贸易便利化经验。

（二）韩国促贸援助的动因

韩国积极参与促贸援助有诸多动因，具体情况如下。

第一，回馈国际社会，同时承担发达国家的责任和义务。自1945 年 8 月韩国解放直至 20 世纪 60 年代，韩国基本依靠国际援助渡过了建国初期难关，并奠定了战后经济崛起所需的基础设施建设。② 1945—1999 年韩国获得的净官方发展援助名义金额为 77 亿美元，以 2010 年为基期换算约为 456 亿美元。1982 年是韩国接受官方发展援助的分水岭。这一年韩国接受的净官方发展援助名义额从3.3 亿美元降至 0.3 亿美元，③ 此时韩国人均名义 GDP 也达到了

---

① *World Trade Report 2015*, WTO, accessed November 3, 2022, https://www.wto.org/english/res_e/booksp_e/wtr15-2d_e.pdf.

② 박복영등,『한국 경제발전경험의 대 (對) 개도국 적용가능성: 아프리카에 대한 시사점을 중심으로』, KIEP, 2007 년

③ 参见 Duol Kim and Ryu Sang Yun, “ODA to Korea: Measurement and Comparison,” *The Korean Journal of Economic Studies*, no. 62 (2014): 147-187。

2 000美元。[①] 如今韩国发展为世界经济前十位国家之一，根据国际货币基金组织（IMF）数据，2021 年韩国人均 GDP 超过 3 万美元，在人口 5 000 万以上级别国家中排名第六。因此，从情感和道义上，回馈国际社会是韩国的必然选择。如图 1 所示，伴随经济稳步增长，韩国对外提供的官方发展援助金额及其占国民总收入的比重均呈逐年上升趋势。

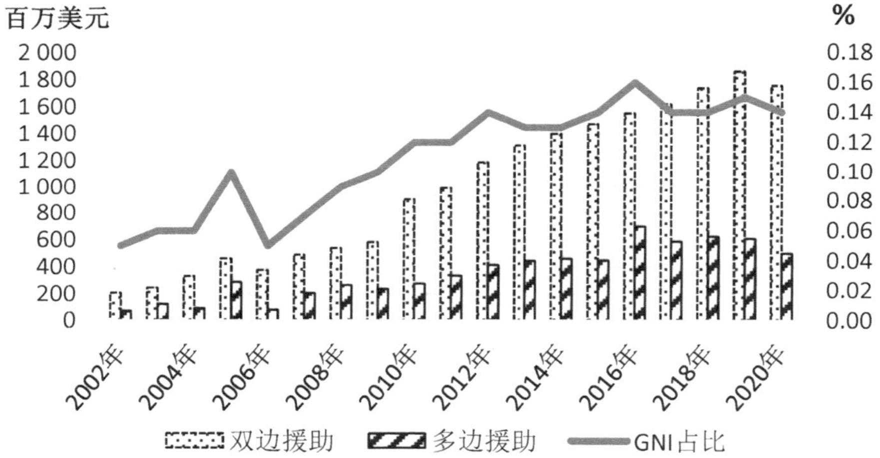

图 1　2002—2020 年韩国提供的官方发展援助额变化趋势

资料来源：韩国统计厅（KOSIS）。

第二，扩展韩国外贸经济关系的现实需要。韩国国土面积相对狭小，人口密度高，资源匮乏，这也是导致韩国在经贸战略上积极探索对外合作、开发资源可能的原因。协助提升主要经贸伙伴抑或是潜在经济伙伴的贸易水平是对外经济扩展链条中不可或缺的部分，经贸伙伴的贸易现代化水平提升可以极大程度地提高其与韩国

① 参见韩国统计厅（KOSIS）数据。

的贸易速度，甚至贸易量。以韩国援助占比最高的“单一窗口和通关自动化”内容来讲，尤其在全球新冠疫情肆虐、经济萎缩的环境下，不管是在通关作业方面，还是在振兴出口方面，单一窗口电子系统带来的优势都显而易见。

第三，提升国家影响力的重要手段。海关现代化构建是项复杂的系统工程。它不是简单的硬件设备和软件技术的结合，更需要监管、制度、基础设施以及人力资源方面的配合。这显然对许多发展中国家而言力所不能及。加上第四次产业革命的到来，数字技术和基础设施的差距进一步扩大了发达国家与发展中国家之间的发展水平差距，造成了新的不平等局面。因此，作为新兴发达国家，韩国有望通过利用自身优势提升国际形象，进一步扩大其影响力。

第四，促贸援助也是提升韩国自身贸易便利化水平的重要途径。对外援助并不一定是单向输出的过程，同时可以是反向输入，因此不失为一种交流中进化的过程。只有持续世界领先水平的贸易便利化水平，才可能对受援国产生吸引力。韩国海关通关系统“UNI-PASS”通过迭代升级，于 2016 年迎来了第四代操作系统，每次迭代都扩展了诸多新型业务板块。目前，第四代操作系统连接 169 个政府部门和金融机构，58 000 个交易商以及 5 000 个物流公司。系统兼容多个国际标准模块，可在世界任何国家通过电脑或手机与其他国家进行交易。

三、中国对外贸易援助的特点、现状及存在的主要问题

接下来，本文将总结我国对外贸易援助的特点和发展现状，以便与韩国进行比较，并从中识别问题，最后提出相关的启示和建议。

（一）中国对外贸易援助的现状

中国对外援助历史悠久。从 20 世纪 50 年代开始，中国的援助从周边如朝鲜和越南等社会主义国家逐渐扩展到其他发展中国家。对外援助变化同时反映着时代的变迁。随着改革开放，中国由计划经济转向社会主义市场经济，对外援助形式也更加多元灵活。2018 年 4 月，中国正式成立国家国际发展合作署，这标志着中国的“对外援助”理念转变为开展“国际发展合作”的实践创新，[①] 形成了具有中国特色的对外援助发展模式。[②]

中国对外援助方式大致分为八种：成套项目、物资提供、技术合作、人力资源开发合作、援外医疗队、紧急人道主义援助、志愿者服务和债务减免等，其中前三者为主要的对外援助方式。另外，还有南南合作援助基金。该基金是习近平主席在 2015 年 9 月联合国

---

① 常思纯：《对外开发援助的域外经验及国际镜鉴——以日本对外开发援助为分析中心》，《河南师范大学学报（哲学社会科学版）》2022 年第 5 期，第 29—36 页。

② 杨枝煌、杨南龙：《中国特色对外援助 70 年的基本图景及其优化建议》，《国际贸易》2019 年 12 期，第 68—75 页。

发展峰会上宣布设立的援助基金，首期提供 20 亿美元，并在 2017 年首届“一带一路”国际合作高峰论坛上宣布增资 10 亿美元。截至 2019 年底，该基金用于“促贸援助”的占比为 0.69%。[①]

进入 21 世纪以来，特别是 2010 年以后，中国对外援助进入了新的发展阶段，对外援助规模进一步扩大。[②] 根据《新时代的中国国际发展合作》白皮书内容，2013—2018 年中国对外援助总金额为 2 702 亿元人民币。中国对外援助资金类型可参见表 2 的划分。此外，不同于韩国，中国对外援助执行负责机构只有商务部。

表 2　中国对外援助资金分布按不同类型划分的占比

按资金类型划分	按国别收入水平划分	按区域及国际组织划分
优惠贷款：48.5%	最不发达国家：45.7%	非洲地区：44.7%
无偿援助：47.3%	中低收入国家：34.8%	亚洲地区：36.8%
无息贷款：4.2%	中高收入国家：14.9%	拉丁美洲和加勒比海地区：7.3%
	国际组织及其他：4.6%	国际组织及其他：4.2%
		大洋洲地区：3.7%
		欧洲地区：3.3%

资料来源：中华人民共和国国务院新闻办公室：《新时代的中国国际发展合作》白皮书，2021。

从援助领域来看，中国的大部分对外援助集中在农业、基础设施、工业、公共设施和教育等领域。中国的贸易援助类型应更侧重于世界贸易组织分类中的第二种基础设施领域和第三种生产

---

① 中华人民共和国国务院新闻办公室：《〈新时代的中国国际发展合作〉白皮书（全文）》，2021 年 1 月，http://www.scio.gov.cn/zfbps/32832/Document/1696685/1696685.htm。

② 国家国际发展合作署：《〈中国的对外援助〉白皮书（中文）》，转自国务院新闻办公室网站，2018 年 8 月 6 日，http://www.cidca.gov.cn/2018-08/06/c_129925064_2.htm。

能力领域。[1] 比如，在“一带一路”国际合作议题上，中国根据相关国家的发展需求，积极推动设施互联互通，支持参与国家的公路、铁路、桥梁、通信管网、港口等基础设施建设。除此之外，为了促进贸易便利化，中国向包括坦桑尼亚、格鲁吉亚、菲律宾等在内的20多个国家提供了集装箱检查设备用来打击走私犯罪并提高通关效率。中国还帮助柬埔寨、缅甸等国建立动植物检疫、农产品检测以及仓储体系以提高这些国家的出口竞争力。另外，中国在贸易数字环境方面的创新共享，也能反向促进发展中国家的贸易能力，如支持老挝建立农村电子商务体系。与此同时，中国也通过派遣专家顾问、组织邀请官员研修等方式搭建“一带一路”政策沟通平台，对装备制造标准化、贸易便利化等相关议题展开深入交流。而且各国赴中交流人员可到技术开发区、工业园区实地考察，借鉴中国发展模式和经验，进一步夯实本国政策基础。2013—2018年，中国还以贸易便利化、电子商务、动植物检验检疫、国际物流运输等专题在相关国家举办超过300期的贸易相关研修。

中国对外援助以不干涉受援国内政、不附带任何政治条件为基本原则。随着中国国力日益强大，以中国为代表的新型“水平范

---

① 国际贸易组织将贸易援助大约分为四个领域：（1）技术援助。包括帮助受援国制定贸易战略以及如何更有效地进行贸易谈判等。（2）基础设施。援助建设运输道路、港口和电信设施等。（3）生产能力。通过投资工业部门，使受援国实现出口多样化并建立比较优势。（4）调整援助。帮助降低与关税削减、优惠侵蚀或贸易条件下降相关的成本。参见“Aid for Trade Fact Sheet,” WTO, https://www.wto.org/english/tratop_e/devel_e/a4t_e/a4t_factsheet_e.htm。

式”援助受到了国际关注。不同于传统的“垂直范式”[①] 对外援助，“水平范式”援助资金更多流向以经济基础建设为主的领域。虽然“水平范式”在消除贫困、战乱等问题上不能立竿见影，但是能有效激发受援国的经济内生动力，[②] 体现“授之以鱼且更要授之以渔”的价值，切实地丰满了发展中国家羽翼，满足了发展中国家可持续自主发展的意志。中国也将在21世纪协同韩国、印度为代表的新型经济体更加积极地参与国际发展援助，塑造新型对外援助体系。[③]

事实上，对外发展援助不外乎两个特性，其一是利他和道义属性，其二是“耐心资本”属性。在这两点属性上，不论是从文化底蕴还是现实实力来说，中国都具有比较优势。一方面，“共同富裕、兼济天下”是中华民族传统理念，根植于中国人的思想中。这也是为什么哪怕在新中国成立初期自身极为困难的情况下，中国仍坚持量力承担相应国际义务的原因。另一方面，如今的中国“耐心资本”充裕，具有比较优势。换句话说，对风险有较高承受能力，可超长期对一种“关系”投注资本。[④] 这对投资资本要求较高的贸易

---

① 对外援助有两类理想范式：其一是“垂直范式”，它的核心是援助国对受援国具有优惠性质的、促进经济社会发展的财政贡献，属于“南北关系”范畴，有一定的干涉性质；其二是“水平范式”，是基于共同经历和感情的团结协作、互惠互利的伙伴关系，属于“南南合作”范畴，不干涉是基本原则。参见庞珣：《新兴援助国的“兴”与“新”——垂直范式与水平范式的实证比较研究》，《世界经济与政治》2013年第5期，第31—54、156—157页。

② 杨攻研、刘小玄、刘洪钟：《中国对外援助在中低收入国家的减贫效应研究》，《亚太经济》2021年第4期，第120—129页。

③ 罗建波：《中国对外援助与国际话语权建设》，《对外传播》2020年第11期，第26—30页。

④ 刘恩专、路璐：《促贸援助有效性再检验及作用机制的异质性分析——来自“一带一路”沿线受援国的经验证据》，《现代财经（天津财经大学学报）》2021年第5期，第83—98页。

便利化援助是巨大优势。加上世界各发展中国家的贸易便利化发展空间仍然巨大，中国有望在不久的将来扩大该部分促贸援助。

（二）中国对外贸易援助存在的主要问题

在充分利用相对优势过程中，中国也表现出其在促贸援助方面的短板。比如，援助内容上相对单调、模式较为固定。① 具体来讲，中国突出的基建能力和制造能力使得硬件援助占比过于突出。笔者从中华人民共和国商务部对外援助司网页查询，尚未发现中国提供类似韩国主要在“通关系统自动化、单一窗口等海关现代化”内容上提供的对外贸易软件技术领域的援助项目。其原因应为中国的单一窗口起步时间相对较晚。因此在技术、覆盖率、效率等层面相较发达国家还有一段距离。而且根据《“十四五”海关发展规划》，中国距实现社会主义海关现代化基本建设目标还有一段时间（预计在2035 年完成）。虽说对许多发展中国家，特别是最不发达国家而言，基础设施和硬件需求应高于对于软件的需求，但许多新兴经济体，如东南亚、中亚、南美等地区国家的软件设施建设也同样紧迫。

此外，中国尚未形成符合自身特点的促贸援助评价体系。合理的援助评价体系有助于客观地反映援助实际情况，从而提高援助项目合规性。经济合作与发展组织发展援助委员会对发展评估大致从六个维度考量：相关性、有效性、效率、一致性、影响以及

---

① 宋微：《“一带一路”倡议下以对外援助促进对外经贸合作的政策思考》，《国际贸易》2020 年第 6 期，第 80—88 页。

可持续性。[1] 但是，因为各国国情、援助方式不同而导致评估重点各有侧重。[2] 以韩国为例，韩国国际协力团几乎每年都针对其援助项目向受援伙伴进行满意度问卷调查。该调查的评价模型是基于企划财政部开发设计的公共服务顾客满意度指数（Public-service Customer Satisfaction Index，PCSI），公共服务顾客满意度指数在2016年补充升级，目前韩国使用的是公共服务顾客满意度指数2.0版本。公共服务顾客满意度指数2.0包含四个评价维度：项目服务质量（service quality）、不一致性（discrepancy）、社会责任度（social responsibility）以及总体满意度（overall satisfaction）。每个维度再各细分为不同的评价内容，最终根据各个维度的权重进行加总。[3]

对以上中国在对外贸易领域援助中所体现的援助创新不足、监督评估力度不够的两个问题，2021年《新时代的中国国际发展合作》白皮书表示，在未来国际发展合作中应优化项目管理，并借鉴国际经验，根据自身国情制定对外援助统计指标体系。另外，虽然

---

① 经济合作与发展组织发展援助委员会：《采用更好的准则实现更优质的评估》，2020年，https://www.oecd.org/dac/evaluation/revised-evaluation-criteria-chinese-2020.pdf。

② 刘娴：《把握对外援助评估的五个新维度》，CAID国际发展与援助，2021年10月，https://caidev.org.cn/news/1150。

③ "2022 Summary Report of KOICAs External Customer Satisfaction Survey," KOICA, accessed August 3, 2023, http://www.koica.go.kr/koica_en/8235/subview.do?enc=Zm5jdDF8QEB8JTJGYmJzJTJGa29pY2FfZW4lMkYyMDk2JTJGMzgzNDI0JTJGYXJ0Y2xWaWV3LmRvJTNGcGFnZSUzRDElMjZzcmNoQ29sdW1uJTNEJTI2c3JjaFdyZCUzRCUyNmJic0NsU2VxJTNEJTI2YmJzT3BlbldyZFNlcSUzRCUyNnJnc0JnbmRlU3RyJTNEJTI2cmdzRW5kZGVTdHIlM0QlMjZpc1ZpZXdNaW5lJTNEZmFsc2UlMjZwYXNzd29yZCUzRCUyNg%3D%3D.

中国对外援助事业在整体效应上产生了巨大的积极作用，但是中国电子政务水平有待提高，网络上可查阅的促贸援助相关数据内容不够丰富，工作透明度较低，不利于学者深入地展开分析研究，而这点在其他的研究中也得到了相似的论证。[①][②] 当然，资料不够充分也不利于建立中国在对外援助领域的国际话语权。

四、启示

通过分析韩国促贸援助情况，可以给中国对外贸易援助带来如下启示。

第一，充分利用共建“一带一路”平台，加大促贸援助力度和扩大维度。中国是一个区域大国，是世界上邻国最多的国家之一，各国相互间拥有密切的利益链接，保持开放合作的区域发展关系尤为重要。[③] 如表 3 所示，共建“一带一路”的 64 个国家和地区中有 34 个国家与韩国在“贸易振兴”领域海外援助国家重合。而共建“一带一路”国家贸易便利化程度存在较大差距，这是中国对外贸易的阻碍之一。[④] 中国可对标韩国国际贸易单一窗口，加强两国在

① 冯凯、李荣林、陈默：《中国对非援助与非洲国家的经济增长：理论模型与实证分析》，《国际贸易问题》2021 年第 11 期，第 21—36 页。

② 熊青龙、黄梅波：《中国对外援助评价研究——基于一项调查问卷》，《国际经济合作》2022 年第 3 期，第 64—71 页。

③ 张蕴岭：《构建中国特色的区域国别学理论》，《东亚评论》2022 年第 2 期，第 1—6 页。

④ 王敏：《“一带一路”背景下贸易便利化对我国跨境电商发展的影响——基于我国与东盟十国样本的实证分析》，《商业经济研究》2022 年第 11 期，第 143—146 页。

促贸援助领域合作，深化“一带一路”经贸体系布局。

表 3　共建“一带一路”国家与韩国在“贸易振兴”领域海外援助重合国家

地区	共建“一带一路”国家名单*
东亚 1 国	蒙古
东盟 10 国	新加坡、马来西亚、印度尼西亚、缅甸、泰国、老挝、柬埔寨、越南、文莱、菲律宾
西亚 16 国	伊朗、伊拉克、土耳其、叙利亚、约旦、黎巴嫩、以色列、巴勒斯坦、沙特阿拉伯、也门、阿曼、阿联酋、卡塔尔、科威特、巴林、埃及
南亚 9 国	印度、巴基斯坦、孟加拉国、阿富汗、斯里兰卡、马尔代夫、尼泊尔、不丹、东帝汶
中亚 5 国	哈萨克斯坦、乌兹别克斯坦、土库曼斯坦、塔吉克斯坦、吉尔吉斯斯坦
独联体 7 国	俄罗斯、乌克兰、白俄罗斯、格鲁吉亚、阿塞拜疆、亚美尼亚、摩尔多瓦
中东欧 16 国	波兰、立陶宛、爱沙尼亚、拉脱维亚、捷克、斯洛伐克、匈牙利、斯洛文尼亚、克罗地亚、波斯尼亚和黑塞哥维那、黑山、塞尔维亚、阿尔巴尼亚、罗马尼亚、保加利亚、北马其顿**

资料来源：清远市商务局：《关于印发 2019 年促进经济发展专项资金（外贸方向）促进外贸发展，“一带一路”沿线国家和地区名单（附件 1—8）》，http://www.gdqy.gov.cn/0117/700/201903/de5e16e3ff624cac94be1e82ed4ca642/files/85437b6469a14840a3e9a85f52fed99d.pdf，访问日期：2023 年 8 月 1 日。

注：* 下划线国家为重合部分。

** 原资料为马其顿，但因马其顿共和国于 2019 年 2 月 12 日正式更名为北马其顿共和国，所以在此使用更名后的名称。

第二，利用《区域全面伙伴关系协定》加强区域内贸易便利化援助与合作。贸易便利化议题可大致分为世界贸易组织框架和区域国别框架下两类。[①] 韩国在其区域贸易协定下涉及的贸易便利化种类较为全面，相较之下，中国涉及的内容较少、水平较低。[②] 如若能从签订区域贸易协定的发展中国家着手实践，合作提升区域自由贸易伙伴的贸易便利化综合水平，可进一步降低贸易成本，促成贸易双方利益最大化。比如东盟互联互通、地区性“单一窗口”战略具有参考价值，[③] 可将其模式借鉴扩展到《区域全面经济伙伴关系协定》，有助于进一步促成亚太区域经济一体化，而区域内贸易便利化援助和合作也可以为日后更大范围的贸易便利化对外援助积累相关经验。

第三，加快规范完善沿海沿边内陆各级口岸基础设施，同时升级全国范围内“单一窗口”应用水平和系统功能。一方面，“打铁还需自身硬”，若要通过扩展促贸援助多样性来降低有效性评估带来的风险还需要具备自身优势。中国各省市“单一窗口”使用情况和水平参差不齐，从平均水平来看与发达国家还有一定距离。另一方面，随着中国经济不断发展，产业面临升级，海外投资额也不断扩大。特别是劳动密集型产业面临成本上涨，逐渐失去竞争优势的现实问题。有研究表明，贸易便利化对中国劳动密集型和技术密集

① 赵世璐：《国内贸易便利化研究现状及展望》，《上海海关学院学报》2011 年第 3 期，第 83—89 页。

② 杨旭东：《韩国贸易便利化研究》，硕士学位论文，吉林大学世界经济系，2019。

③ 王勤、李南：《东盟互联互通战略及其实施成效》，《亚太经济》2014 年第 2 期，第 115—120 页。

型的制造出口影响大于资本密集型产品。[1] 因此，从整体提高“单一窗口”的系统功能和应用水平将极大地提高中国对外贸易的效率，有利于提高商品在国际市场上的竞争优势。[2]

第四，建立符合中国国情的促贸援助评估体系。党的十八大以来，随着中国对外发展合作事业蓬勃发展，建立系统、科学的对外援助评估体系也被视为重要任务。对外援助评估主要有三点作用：其一，了解项目效用成果，从而改进项目设计；其二，满足公众和政府对公共财政的透明度需求；其三，得到客观公正的援助评价，掌握对外援助事业话语权。目前，中国政府致力于建立“花钱必问效、无效必问责”的财政管理体系，引导每一分公共财政资源都得到有效配置，[3] 但对外援助评价体系尚不成熟。随着中国推动共建“一带一路”，南南合作援助基金扩大，需要加速落实符合中国国情的促贸援助评估体系，以提高中国促贸援助项目的合规性和有序性发展。

第五，“软硬实力”输出两手抓，并进一步拓展促贸援助主体。发展中国家的经济发展往往是通过对先进国家的学习和模仿实现的。这不单单体现在硬件领域，也包括软件领域，二者的共同点是制度输出（或输入）方面的具体载体。作为“一带一路”倡议者，

① 葛纯宝、于津平：《“一带一路”沿线国家贸易便利化与中国出口——基于拓展引力模型的实证分析》，《国际经贸探索》2020 年第 9 期，第 22—35 页。

② 王伟：《贸易单一窗口对中国出口竞争力的影响研究》，博士学位论文，天津财经大学国际贸易系，2016。

③ 刘娴：《把握对外援助评估的五个新维度》，CAID 国际发展与援助，2021 年 10 月，https://caidev.org.cn/news/1150，访问日期：2023 年 8 月 1 日。

中国应在与其他发展中国家一起夯实“硬件”基础的同时，努力打磨自身“软件”实力，展现“软硬兼济”的大国风范。此外，在商务部主导的基础上，应灵活发挥企业的专业优势以弥补政府部门在专业领域的不足，积极拓展促贸援助主体。从理论上讲，中国并没有义务和责任像发达国家那样对其他发展中国家进行对外援助。不过，在现有的世界贸易组织规则下，中国维持发展中成员地位的压力将会越来越大，[①] 即相应被要求承担的国际责任也会越来越重，探索多元化的促贸援助方式将是中国经贸领域的重要课题之一。

① 全银华、IM Jeongbin：《中国“入世”20 年农产品贸易概况及农业谈判之变革动向》，《海关与经贸研究》2021 年第 6 期，第 11—28 页。